A POLÍTICA PÚBLICA COMO CAMPO MULTIDISCIPLINAR

EDUARDO MARQUES
CARLOS AURÉLIO PIMENTA DE FARIA
(Orgs.)

A POLÍTICA PÚBLICA COMO CAMPO MULTIDISCIPLINAR

2ª edição

editora unesp

EDITORA FIOCRUZ

Fundação Editora da Unesp (FEU)
Praça da Sé, 108
01001-900 – São Paulo – SP
Tel.: (0xx11) 3242-7171
Fax: (0xx11) 3242-7172
www.editoraunesp.com.br
www.livrariaunesp.com.br
feu@editora.unesp.br

Editora Fiocruz
Avenida Brasil, 4036, térreo
Manguinhos
21040-361 – Rio de Janeiro – RJ
Tel.: (21) 3882-9039
Fax: (21) 3882-9006
www.fiocruz.com.br/editora
editora@fiocruz.br

CIP – BRASIL. CATALOGAÇÃO NA PUBLICAÇÃO
SINDICATO NACIONAL DOS EDITORES DE LIVROS, RJ
Meri Gleice Rodrigues de Souza – Bibliotecária, CRB-7/6439

P829
2.ed.

A política pública como campo multidisciplinar / organizado por Eduardo Marques, Carlos Aurélio Pimenta de Faria. – 2.ed. – São Paulo: Editora Unesp; Rio de Janeiro: Editora Fiocruz, 2018.

ISBN 978-85-393-0747-0 [Editora Unesp]
ISBN 978-85-7541-564-1 [Editora Fiocruz]

1. Ciência política 2. Política pública. I. Marques, Eduardo. II. Faria, Carlos Aurélio Pimenta de.

18-50901 CDD: 320
CDU: 32

A primeira edição desta obra foi apoiada pelo Centro de Estudos da Metrópole (CEM).

Editora afiliada:

Asociación de Editoriales Universitarias de América Latina y el Caribe

Associação Brasileira de Editoras Universitárias

SUMÁRIO

Introdução 7

A multidisciplinaridade no estudo
das políticas públicas 11
Carlos Aurélio Pimenta de Faria

As políticas públicas na Ciência Política 23
Eduardo Marques

Sociologia e políticas públicas 47
Soraya Vargas Cortes

As políticas públicas segundo a Antropologia 69
Piero C. Leirner

A contribuição da Administração Pública para a
constituição do campo de estudos de políticas públicas 91
Marta Ferreira Santos Farah

Relações internacionais e políticas públicas:
a contribuição da análise de política externa 127
Maria Regina Soares de Lima

Psicologia Social e políticas públicas:
linguagens de ação na era dos direitos 155
Peter K. Spink

O direito nas políticas públicas 181
Diogo R. Coutinho

Demografia e políticas públicas: uma combinação sugestiva e necessária 207
José Marcos Pinto da Cunha

História e políticas públicas 231
Gilberto Hochman

Referências bibliográficas 249

Sobre os autores 285

Introdução

Eduardo Marques e Carlos Aurélio Pimenta de Faria

Este livro se origina do fórum "A Multidisciplinaridade na Análise de Políticas Públicas", organizado por nós no 7º Encontro da Associação Brasileira de Ciência Política (ABCP), realizado em Recife em agosto de 2010. O presente volume, contudo, conta com novas contribuições, não presentes no debate original. Nosso objetivo quando organizamos aquela atividade coletiva foi ajudar a adensar no Brasil o conhecimento sobre as teorias produzidas por diferentes disciplinas para o estudo das ações do Estado. A área temática de políticas públicas é interdisciplinar por natureza, o que tem lhe conferido ao mesmo tempo grande pujança e riscos de fragmentação, dada a dificuldade da construção de patamares teóricos comuns de discussão. Outro objetivo da coletânea é ofertar aos estudantes e pesquisadores brasileiros das políticas públicas um panorama sucinto de como os distintos campos do saber têm abordado, no país, este nosso objeto comum. Cabe destacarmos que todos os trabalhos aqui publicados foram produzidos especialmente para este volume, sendo, portanto, inéditos.

Em termos substantivos, a maior parte dos estudos sobre políticas públicas no Brasil, até os anos 1980, se dedicou a análises macrossociológicas sobre o Estado e a respeito dos efeitos de suas políticas sobre diversos aspectos da sociedade brasileira, como a formação da nação, o desenvolvimento econômico, a constituição da cidadania, a formação das classes sociais, entre outros. Contraditoriamente, embora o Estado brasileiro tenha sempre sido discutido e citado intensamente, os detalhes de suas ações, assim como os elementos e processos que impulsionavam o seu funcionamento, permaneceram muito pouco tematizados pela literatura.

Os anos 1980 foram certamente o momento inicial de constituição de uma literatura nacional sobre políticas públicas, tarefa realizada a partir de várias disciplinas. A principal motivação para esse esforço analítico estava em repensar o Brasil, seu Estado e suas ações no contexto da redemocratização, enfocando em especial nossos legados históricos e as características de nossas políticas e do nosso modelo de proteção social (Santos, 1979; Draibe, 1989), o que permitira a construção, a partir de vários campos disciplinares, de importantes críticas setoriais às políticas do regime militar em áreas como saúde, previdência, habitação e saneamento, entre outras (exemplos são: Oliveira; Teixeira, 1985; Maricato, 1987; Azevedo e Andrade, 1981; e Melo, 1989).

Nas duas décadas seguintes, os avanços continuaram em um ambiente de grande mudança política no país, com a consolidação do regime democrático. Os debates nacionais alargaram substancialmente nossa compreensão sobre as reformas de políticas públicas, o surgimento de esferas participativas de gestão das políticas, assim como sobre processos não diretamente associados às políticas públicas, mas com destacada influência sobre elas, como a composição de governos e o funcionamento de nosso presidencialismo de coalizão (Figueiredo; Limongi, 1999). Apenas para exemplificar, podemos apontar os avanços da Ciência Política na compreensão dos efeitos dos formatos institucionais sobre as ações do Estado (Arretche, 2002; 2007) e sobre reformas de políticas específicas (Menicucci, 2007), assim como da Sociologia sobre o entendimento das dimensões associadas aos processos de participação em políticas e ao funcionamento das novas esferas participativas, que têm caracterizado o período contemporâneo no Brasil (Cortes, 2007; 2009).

Entretanto, os avanços recentes da área foram feitos em temas específicos e o campo de estudos, como um todo, acabou por sofrer uma maior dispersão temática e teórica do que nos anos 1980 (Melo, 1999). Acreditamos que esse processo foi provocado pelo próprio crescimento dos estudos sobre políticas públicas no país, assim como pela crescente especialização dos debates no interior de cada comunidade disciplinar, tratando-se, portanto, de um efeito inesperado do sucesso desse campo de estudos. De fato, uma simples pesquisa no Google Acadêmico, apenas em páginas de português do Brasil, indica um crescimento exponencial da produção de documentos com as expressões "políticas públicas" ou "política pública" no título, passando de 538 entre 1990 e 1995 para 1.301 entre 1996 e 2000, 2.728 entre 2001 e 2005 e 3.028 entre 2006 e 2010. Se fizermos o mesmo exercício em um universo propriamente acadêmico, o portal Scielo, por exemplo, o resultado é basicamente o mesmo: dentre as 465 publicações com uma das duas expressões como palavra-chave, nada menos do que 65% foram publicadas entre 2006 e 2010. Embora esse tipo de levantamento também indique o crescimento das próprias bases eletrônicas, justamente por isso dá ideia ao mesmo tempo do crescimento da área e da expansão da sua capacidade de influência. Só temos razões para imaginar a continuidade dessa expansão, seja pela multiplicação de cursos de graduação e pós-graduação em políticas públicas, seja pela criação de carreiras de gestor de políticas em vários governos subnacionais, seguindo o governo federal.

É uma tarefa urgente, portanto, sistematizar o campo dos estudos de políticas públicas a partir das contribuições produzidas pelas várias áreas disciplinares e temáticas envolvidas. Para provocar tal diálogo, neste livro escolhemos um conjunto de disciplinas que produziram olhares específicos sobre as políticas públicas, algumas de forma mais central na própria disciplina, como a Ciência Política, a Sociologia e a Administração Pública, e outras de forma mais periférica nos paradigmas disciplinares, como a Antropologia, Relações Internacionais, o Direito, a Psicologia, a Demografia, a Economia e a História. Propositalmente não incluímos áreas setoriais de políticas, como a saúde, a educação e o planejamento urbano, pois apesar da importância de muitas das contribuições oriundas dessas áreas, quase sempre elas mobilizaram teorias e enquadramentos importados das disciplinas anteriores, sendo a sua produção, portanto, contemplada através das primeiras.

Acreditamos que dado o caráter multidisciplinar da área, a melhor forma de construir um campo comum de discussão entre perspectivas, que permita o acúmulo de conhecimento a respeito das ações do Estado, é observando e promovendo diálogos entre os enquadramentos conceituais e as teorias que cada campo disciplinar mobilizou. A produção de um debate transdisciplinar – em que sejam ultrapassadas as fronteiras das disciplinas de forma profícua para a produção do conhecimento – depende, portanto, da construção de um debate multidisciplinar, para o qual o presente livro pretende contribuir.

A MULTIDISCIPLINARIDADE NO ESTUDO DAS POLÍTICAS PÚBLICAS

Carlos Aurélio Pimenta de Faria

Se a evolução da ciência ocorreu também, como se sabe, por intermédio da especialização, cuja eficiência dificilmente poderá ser negada, não deixa de ser contundente a metáfora da ciência como um arquipélago, como ilhas de conhecimento flutuando em um vasto oceano de ignorância (Karlqvist, 1999, p.380). A amplamente reconhecida fragmentação do conhecimento é produzida por especialistas e produz mais especialização e fragmentação.

Inúmeras questões hoje candentes na agenda pública, como a problemática ambiental, por exemplo, demandam tratamento interdisciplinar que as tradicionais instituições produtoras do conhecimento têm sido incapazes de ofertar, desinteressadas em prover ou lentas em fazê-lo (Brewer, 1999, p.328).

Mas não apenas o desejo e a necessidade de explorar problemas e questões que não estão confinados nos limites de uma única disciplina, demandando intervenção governamental e o reposicionamento dos produtores de conhecimento, têm produzido o clamor, já antigo, pela interdisciplinaridade. O desenvolvimento de novas tecnologias, a provisão de diferentes incentivos ao trabalho interdisciplinar, a reforma dos centros universitários de pesquisa e a criação de novas instituições produtoras do conhecimento, abrigadas no governo, em Organizações Não Governamentais (ONGs) e em *think tanks*, têm gradualmente redundado na intensificação da pesquisa interdisciplinar. Essa intensificação tem sido comprovada por diversos estudos bibliométricos (por exemplo, Braun; Schubert, 2007).

Nos Estados Unidos, por exemplo, diferentes estratégias têm sido adotadas para o fomento da pesquisa interdisciplinar no ambiente universitário, tanto por agências do governo federal como, principalmente, pelas universidades de ponta (Sá, 2008). Recursos têm sido destinados para a estruturação de centros de pesquisa interdisciplinar (*incentive grants*), estruturas de suporte administrativo e logístico para o trabalho interdepartamental têm sido criadas (*campus-wide institutes*) e, em menor escala, novos modelos de recrutamento e avaliação nas faculdades têm sido instituídos.

Nesse quadrante, a interdisciplinaridade é vista também como um problema organizacional e/ou gerencial. A questão central, nestas estratégias, é a busca de redução dos custos de transação do trabalho interdisciplinar.

Isso porque, por definição, o trabalho interdisciplinar implica a participação de diversos indivíduos, sendo um trabalho de grupo bastante desafiador, até porque, muitas vezes, aqueles que detêm conhecimento essencial de partes do problema se encontram apartados em campos distantes tanto intelectualmente como em termos físicos. A logística das interações no interior do grupo torna-se, assim, um significativo desafio gerencial (Brewer, 1999, p.334).

Essas estratégias de indução da investigação interdisciplinar partem do reconhecimento de que a conformação das disciplinas e dos departamentos universitários faz com que eles, disciplinas e departamentos, se tornem muito resilientes, no tempo e no espaço, sendo poderosos os incentivos, de ordem organizacional, mas também profissional e individual, para a sua perpetuação e reprodução.

As universidades são, via de regra, estruturadas em torno de disciplinas e, por essa via, favorecem o desempenho individual dos pesquisadores (Brewer, 1999). Afinal, a institucionalização de um campo de estudos, de uma disciplina, vem tradicionalmente acompanhada da criação de associações profissionais, de conferências e de periódicos que influenciam, direta ou indiretamente, a alocação de recursos materiais e simbólicos.

É nesse sentido que se pode dizer que a "resiliência das disciplinas é o resultado da institucionalização dual da macroestrutura dos mercados de trabalho disciplinares e da microestrutura das universidades individuais, cada uma abrigando departamentos similares" (Abbott, 2001 apud Sá, 2008, p.539). Ressalte-se que os departamentos universitários são tanto produtores como consumidores dos profissionais acadêmicos que operam nesses mercados de trabalho disciplinar (idem). Já se disse que "o mundo tem problemas, mas as universidades têm departamentos" (Brewer, 1999, p.328).

Vale recordarmos, de passagem, como ressaltado pelos teóricos das instituições, que a dependência da trajetória tende a ser marcante e que a "legitimidade, em oposição à eficiência, é muitas vezes o principal determinante da sobrevivência institucional" (Sá, 2008, p.539).

Sendo assim, mesmo que a academia tenha passado a incentivar e premiar a interdisciplinaridade, ela normalmente deixa intactos os processos e mecanismos que frequentemente desestimulam e/ou punem aqueles interessados na pesquisa interdisciplinar ou interdepartamental.

Se a atual onipresença do discurso acerca da necessidade da pesquisa interdisciplinar talvez torne desnecessário elencarmos as grandes esperanças depositadas no empreendimento, parece-nos aconselhável listarmos aqui, muito brevemente, alguns desestímulos ou barreiras, quais sejam:

> - As diferentes culturas e quadros de referência envolvidos no trabalho interdisciplinar;
> - Os diferentes métodos e/ou objetivos que pautam as pesquisas, tanto no interior das disciplinas como entre elas;
> - As diferenças nas linguagens e no jargão entre as disciplinas e entre elas e o "mundo exterior";
> - Os desafios pessoais relativos à aquisição de confiança e respeito por parte daqueles trabalhando em diferentes disciplinas e campos;
> - Os impedimentos institucionais relacionados aos incentivos, financiamento e prioridades dados ao trabalho interdisciplinar *versus* o trabalho disciplinar;
> - Os impedimentos profissionais relativos à contratação, promoção, status e reconhecimento. (Brewer, 1999, p.335)

- A socialização precoce dos pesquisadores no cânone disciplinar;
- O fato de a revisão pelos pares (*peer review*), tão central hoje na atividade acadêmica, ser também, usualmente, revisão disciplinar.

No caso do Brasil, podemos destacar, muito brevemente e a título de exemplificação, algumas formas de incentivo e alguns dos constrangimentos à pesquisa interdisciplinar. No que diz respeito aos incentivos, além do discurso generalizado, usualmente receptivo, e de recorrentes iniciativas de fomento por parte de várias das associações científicas do país, como, por exemplo, aquelas articuladas pela Sociedade Brasileira para o Progresso da Ciência (SBPC), podem ser listados:

- A criação, pela Coordenação de Aperfeiçoamento de Pessoal de Nível Superior (Capes), em 2008, de uma grande área multidisciplinar, que hoje abriga as áreas interdisciplinar; ensino de ciências e matemática; materiais e biotecnologia. Dentro da área interdisciplinar foram criadas as subáreas meio ambiente e agrárias; engenharia/tecnologia/gestão; saúde e biológicas; e sociais e humanidades.[1]
- A criação de novos programas de pós-graduação centrados na pesquisa interdisciplinar, bem como a redefinição de linhas de pesquisas de programas mais antigos. Segundo a Capes, a grande área multidisciplinar é, hoje, aquela que mais cresce. Apenas no ano de 2010, "mais de 200 propostas de novos cursos de pós-graduação interdisciplinares foram recebidas pela Capes".[2]
- O foco, cada vez mais presente também no Brasil, na aplicação do conhecimento, no seu retorno para a sociedade e na vinculação entre pesquisa e desenvolvimento. Tal ênfase deve, sem dúvida, ser pensada também como um incentivo à pesquisa interdisciplinar.

Como constrangimentos, além daqueles já citados, temos, entre outros:

- O fato de serem escassas no país as linhas de financiamento especificamente destinadas à pesquisa interdisciplinar. Recorde-se, por exemplo, o fato de os recursos do Programa de Apoio a Núcleos de Excelência (Pronex) do CNPq e do seu sucessor, os Institutos Nacionais de Ciência e Tecnologia (INCT), também do CNPq, terem priorizado o trabalho em rede, ou interinstitucional, mas não a investigação interdisciplinar;
- O fato de o mecanismo utilizado pela Capes para a avaliação da qualidade da produção bibliográfica dos pesquisadores brasileiros, o Qualis Periódicos, ainda não ser unificado. O Qualis "afere a qualidade dos artigos e de outros tipos de produção, a partir da análise da qualidade dos veículos de divulgação, ou seja, periódicos científicos". Contudo, o mesmo periódico, ao ser classificado por mais de

1 O comitê multidisciplinar da Capes, contudo, foi constituído em 1999.

2 Fonte: <http://www.capes.gov.br/servicos/sala-de-imprensa/36-noticias/4013-professor-homenageado-luiz-bevilacqua-fala-da-area-interdisciplinar>. Acesso em: 16 dezembro 2010.

uma área do conhecimento, normalmente recebe avaliações diferentes, não raro muito discrepantes. Isso deve ser considerado como um desincentivo à interdisciplinaridade, porque um pesquisador que busque divulgar a sua produção acadêmica em um periódico "de outra área" estará, quase automaticamente, contribuindo para que a sua própria produção e a da instituição à qual ele está vinculado tenham um peso relativo menor.

- Ainda que este não seja, propriamente, um constrangimento, deve-se destacar, também, o fato de a Lei de Diretrizes e Bases da Educação Nacional (LDB), de 1996, que rege os sistemas de ensino do país, ter sido omissa no que diz respeito ao trabalho interdisciplinar. Perdeu-se, assim, uma oportunidade importante de fomentá-lo.

Se a problemática dos incentivos e constrangimentos à pesquisa interdisciplinar pode ser pensada dessa maneira genérica, cabe recordarmos que as peculiaridades das distintas áreas do conhecimento, e não apenas das variadas molduras institucionais, pautadas nacionalmente, são elementos que também devem ser levados em consideração. No que diz respeito às ciências sociais, parece haver consenso quanto ao fato de as fronteiras que delimitam o campo, internamente, serem tênues e, em larga medida, arbitrárias (Reis, 1991), sendo frequente a integração entre disciplinas próximas, que passam a constituir novos campos disciplinares (Santos, 2007).

No caso da Ciência Política, a exclusividade de seu objeto tem sido há muito debatida e questionada. A outra face da mesma moeda é que o seu potencial de diálogo interdisciplinar é amplamente reconhecido, mesmo que, para alguns, prevaleça, na área, a abordagem multidisciplinar, em vez da interdisciplinar.[3] Já se disse, inclusive, ser possível rotular a Ciência

3 Ainda que a distinção entre multidisciplinaridade, interdisciplinaridade e transdisciplinaridade não seja explorada em maiores detalhes neste trabalho, cabe, aqui, resgatarmos a proposição feita por Piaget (1972), para quem as relações entre as disciplinas podem ocorrer da seguinte maneira: como *multidisciplinaridade*, que ocorre quando a solução de um determinado problema demanda a agregação de informações de mais de uma ciência ou área do conhecimento, sem que haja preocupação de interligar as disciplinas entre si e sem que elas sejam alteradas ou enriquecidas no processo. De acordo com Santos (2007), trata-se de um "encontro entre monólogos disciplinares". Na *interdisciplinaridade* cria-se uma interação entre duas ou mais disciplinas em uma mesma investigação, havendo intercâmbio e integração, sendo os conceitos e teorias utilizados repensados conjuntamente e as metodologias

Política como essencialmente "parasitária", já que ela não poderia existir sem estar vinculada a outras disciplinas (Warleigh-Lack; Cini, 2009).

De passagem, cabe recordarmos que, para alguns, a Ciência Política seria também caracterizada, atualmente, por uma forte *intra*disciplinaridade, ou seja, pela balcanização do conhecimento acadêmico sobre a política e pela crescente introspecção e independência de suas subáreas (idem).

A subárea denominada Análise de Políticas Públicas (APP) (ou as *Policy Sciences*), por sua vez, dificilmente poderá ser acusada de introspecção ou de ser também responsável pela balcanização mencionada. Contudo, sua crescente independência não parece atestada por qualquer suposta perda de contato com as demais subáreas da Ciência Política, muito pelo contrário, mas também pelo fato de a APP assumir explicitamente, desde o seu nascedouro, a sua vocação interdisciplinar.

De acordo com a grande maioria dos relatos, a APP, como campo do saber acadêmico, tem origem bastante recente. Como aconselhamento ao Príncipe, contudo, raízes longínquas podem ser buscadas, em séculos anteriores, ou mesmo desde que há registro histórico. O trabalho pioneiro de Harold Lasswell, porém, é normalmente creditado por ter inaugurado o campo de trabalho na academia, em fins da década de 1940 e início da de 1950 (DeLeon, 2006).

As chamadas *Policy Sciences*, desde a sua origem, buscaram explicitamente se orientar pela aplicação rigorosa do conhecimento científico às questões que afetam a governança e o governo (idem). De acordo com Fischer,

> Lasswell desejava criar uma ciência social aplicada que pudesse atuar como uma mediadora entre os acadêmicos, os tomadores de decisão do governo e os cidadãos ordinários, provendo soluções objetivas para problemas que pudessem reduzir ou minimizar a necessidade de debate político improdutivo sobre os assuntos de políticas públicas do dia. (Fisher apud DeLeon, 2006, p.39)

---

compartilhadas pelas várias disciplinas. Segundo a denominação de Santos (idem), trata-se, aqui, de um "diálogo constituído entre disciplinas diferentes". Na *transdisciplinaridade*, vista como etapa superior da interação entre as disciplinas, a cooperação entre as várias áreas é tamanha que se torna difícil separá-las, o que poderia desembocar na criação de uma nova macrodisciplina. Nesse último caso, a formulação de Santos (idem) é um pouco distinta: "respeito à diferença em vozes polifônicas".

Essa *hibris* tecnocrática, esse positivismo desabrido, deixou marcas na subárea ainda bastante perceptíveis hoje em dia.

A abordagem das chamadas *Policy Sciences* distingue-se dos esforços acadêmicos precedentes, basicamente, como amplamente apontado pela historiografia do campo, bem como por seus fundadores, por se sustentar sobre o seguinte tripé:

(1) Trata-se de uma perspectiva analítica (e de intervenção) explicitamente *voltada para os problemas*, problemas sociais e políticos que devem ser contextualizados, o que faz com que a abordagem seja

(2) *multidisciplinar* nas suas articulações práticas e intelectuais. Isso porque, muito singelamente, como apontado por DeLeon, "quase todo problema social ou político tem múltiplos componentes que estão associados às várias disciplinas acadêmicas, não recaindo claramente em nenhum domínio disciplinar exclusivo" (DeLeon, 2006, p.40-41).

(3) As *Policy Sciences* são consciente e explicitamente *orientadas por valores*, particularmente o *ethos* democrático e a busca da dignidade humana.

Cabe destacarmos que os "problemas determinam a teoria e os métodos, não o contrário, em claro contraste com a investigação de base disciplinar e aquela guiada pela curiosidade" (Brewer, 1999, p.328). "Chamar a atenção para a multiplicidade de métodos sugere a redução da tendência prevalecente na análise disciplinar de celebrar a metodologia à custa da substância" (ibidem, p.329).

De toda forma, mesmo que a busca de solução para os problemas sociais, via políticas públicas, ainda paute parte significativa da pesquisa acadêmica no campo (e a quase totalidade da pesquisa realizada no âmbito governamental), cabe aqui recordarmos Mintrom. Para esse autor, ainda que a produção de aconselhamento confiável e de alta qualidade continue sendo uma expectativa por parte de muitos analistas de políticas, o aconselhamento seria hoje principalmente uma subcategoria do campo mais amplo da análise de políticas. "A transição da análise de políticas como uma subcategoria do aconselhamento para o aconselhamento como uma subcategoria da análise representa uma mudança significativa de orientação e de prioridades desde os tempos iniciais" (Mintrom, 2007, p.146).

Claro está que aqueles princípios e práticas originários, tão veementemente defendidos, não foram transplantados com igual vigor de seu ambiente norte-americano de origem para toda a vasta gama de países nos quais a APP posteriormente floresceu. E mesmo que as promessas dos pais-fundadores da subárea não tenham tido o sucesso inicialmente esperado, sendo inúmeros aqueles que questionam, mesmo com acidez, os trabalhos do campo (e muito da ingenuidade originária), é inegável a proliferação e institucionalização da APP não apenas no âmbito universitário, mas também no governamental e no societário, no centro e na periferia do capitalismo.

No caso brasileiro, como sintetizado por Arretche, o crescente interesse pelo estudo das políticas públicas

> está diretamente relacionado às mudanças recentes da sociedade brasileira. O intenso processo de inovação e experimentação em programas governamentais – resultado em grande parte da competição eleitoral, da autonomia dos governos locais, bem como dos programas de reforma do Estado –, assim como as oportunidades abertas à participação nas mais diversas políticas setoriais – seja pelo acesso de segmentos tradicionalmente excluídos a cargos eletivos, seja por inúmeras novas modalidades de representação de interesses – despertaram não apenas uma enorme curiosidade sobre os "micro" mecanismos de funcionamento do Estado brasileiro, como também revelaram o grande desconhecimento sobre sua operação e impacto efetivo. (Arretche, 2003, p.7-8)

Quando se pensa no caráter intrínseca e originariamente interdisciplinar da APP, deve-se recordar não apenas as dificuldades no intercâmbio disciplinar, listadas há pouco, mas também a necessidade de se produzir um diálogo fluido e um reconhecimento recíproco entre analistas acadêmicos, gestores governamentais e tomadores de decisão. Nesse campo do saber, a interdisciplinaridade deve ser utilizada tanto para criticar a parcialidade e a rigidez das disciplinas acadêmicas quanto como um veículo para produzir sinergias no conhecimento existente, para a criação de novos *insights* relativos aos fenômenos sociais e políticos (Kelly, 2009, p.47).

Na APP, espera-se que a interdisciplinaridade "determine a maneira como as questões devem ser problematizadas, as opções de políticas disponíveis para o governo e a narrativa utilizada para descrever o comportamento daquelas pessoas afetadas" (ibidem, p.49). Ainda de acordo com Kelly, a APP, bem como outros campos de investigação das ciências sociais, tem fronteiras porosas, sendo aberta a novas ideias. "Nos últimos 25 anos, o processo de mudança pode ter sido incremental ou gradual, mas nesse período as teorias, valores centrais e metodologias da pesquisa e do ensino sobre as políticas públicas mudaram consideravelmente" (ibidem, p.50).

Testemunhamos hoje, no Brasil, a crescente legitimação e institucionalização da APP, tanto no âmbito acadêmico como no governamental e no societário. Se novas agências governamentais têm sido criadas ou reativadas para o planejamento estatal e para a avaliação das políticas públicas, nos três níveis de governo, no plano da sociedade a instrumentalização do conhecimento científico tem sido uma constante por parte de ONGs e grupos de interesse, que não raro se tornam também produtores de conhecimento acerca das políticas públicas e dos problemas societários. Isso pode ser exemplificado pela criação recente, no país, de um número não desprezível de *think tanks*.

No caso do conhecimento acadêmico sobre as políticas públicas no Brasil, devem-se ressaltar, dentre outras tantas evidências da grande centralidade assumida pelo campo no país, os diversos novos cursos de graduação dedicados às políticas públicas ou à gestão pública, espalhados por todo o país.[4] Vários desses novos cursos assumem plena e abertamente o caráter interdisciplinar desse campo do saber.

Esses novos cursos têm sido implantados, quase sempre, pelas Instituições Federais de Ensino Superior (Ifes), reagindo aos incentivos proporcionados pelo governo federal a partir do Programa de Apoio a Planos de Reestruturação e Expansão das Universidades Federais (Reuni). O Reuni foi instituído pelo Decreto nº 6.096, de 24 de abril de 2007, sendo

---

4 Sem a pretensão de esgotarmos esse universo em expansão, podemos citar os seguintes cursos de graduação implantados há pouco: UFMG (Gestão Pública); UFRGS (Políticas Públicas); UFRJ (Gestão Pública para o Desenvolvimento Econômico e Social); UFRN (Gestão de Políticas Públicas); UNB (Gestão de Políticas Públicas); Unipampa (Gestão Pública); e USP/Each (Gestão de Políticas Públicas). Cabe também destacarmos os novos cursos de Administração Pública, ministrados a distância pelas seguintes universidades federais: Ufla; UFSJ; Ufop; UFVJM e Unifal. Devem-se ressaltar, por fim, os novos Cursos Superiores de Tecnologia em Gestão Pública, com dois anos de duração, ofertados pelos seguintes institutos federais de ensino: Cefet-MA; Cefet-SC; Cefet-PA; Ifto e Instituto Federal Farroupilha.

uma das ações que integram o Plano de Desenvolvimento da Educação (PDE). De implantação muito recente (2009 e 2010, na sua maioria), esses cursos, ao enfatizar o campo das políticas públicas ou da gestão pública, constituem-se como inovação importante no cenário da expansão do ensino superior no país, uma vez que a expansão promovida pela rede privada/confessional, notadamente na década de 1990 e na primeira metade da de 2000, definitivamente não privilegiou esse campo do saber. Talvez se possa especular que, tendo ocorrido em um período de baixa valorização do Estado no âmbito societário, a expansão da rede de ensino superior privada/confessional no Brasil tenha procurado priorizar campos do saber e áreas profissionais mais valorizadas pelo mercado. Seja como for, importa ressaltarmos, aqui, a institucionalidade desses novos cursos de políticas públicas ou gestão pública.

Ainda que os institutos de ciências sociais das Ifes do país tenham tido, normalmente, papel preponderante na estruturação e oferta desses novos cursos, eles estão, tipicamente, sob a responsabilidade conjunta não apenas dos departamentos de Ciência Política, Sociologia e Antropologia, mas contam também, muitas vezes, com a colaboração dos departamentos de Administração, Economia, Direito, Ciências Contábeis, Planejamento Urbano e Regional e Relações Internacionais. Parece evidente que a articulação interdepartamental (e interdisciplinar) para a formulação e oferta desses cursos seja o resultado tanto de carências institucionais (relativas ao tamanho do corpo docente e à capacidade administrativa dos departamentos e institutos) quanto da crença na necessidade de uma abordagem multi ou interdisciplinar das políticas públicas e/ou da gestão pública.

Neste ponto de nossa argumentação, cabe recordarmos aqui a trajetória percorrida pelas Relações Internacionais (RIs), como campo do saber e área de atuação acadêmica. Analisando a história da interdisciplinaridade nas RIs, Ashworth (2009) mostra-nos como, tendo inicialmente sido um espaço de encontro transdisciplinar para acadêmicos de várias disciplinas, as RIs deixaram de ser transdisciplinares quando, durante a década de 1950, elas foram capturadas pela Ciência Política, principalmente norte-americana, que teria cortado os seus laços com as outras disciplinas, levando a um isolamento de três décadas. Apenas após 1980 o campo teria voltado a se articular com outras disciplinas de uma maneira mais significativa e sustentada.

No caso do campo das políticas públicas no Brasil, que agora, transbordando a sua já consolidada institucionalidade na pós-graduação e na pesquisa, instala-se na graduação de modo tão súbito e disperso, tanto geográfica quanto institucionalmente, parece claro que estão sendo estruturadas articulações interdepartamentais e interdisciplinares ainda mais significativas. O título da presente coletânea, *A política pública como campo multidisciplinar*, deve ser interpretado, contudo, como um reconhecimento explícito, por parte dos organizadores, de que no país a área tem ainda um longo caminho a percorrer no sentido da desejada superação da multidisciplinaridade, se não para a constituição do campo como transdisciplinar, pelo menos para a rotinização da interdisciplinaridade na pesquisa e no ensino sobre as políticas públicas.

Elisa Reis afirmou uma vez, há mais de vinte anos, talvez de forma por demais otimista, que "a disciplinaridade funciona como uma convenção, não como uma convicção ou imposição" (Reis, 1991, p.246). Mesmo reconhecendo as inúmeras e poderosas barreiras à investigação interdisciplinar, que não desaparecerão em função apenas da boa-fé de seus adeptos, talvez se possa hoje, no Brasil, correr o risco de alguma ingenuidade ao esperar que essa nova institucionalidade assumida pela APP no país possa contribuir para fazer da interdisciplinaridade do campo algo mais (ou menos) que uma utopia ou, pelo menos, algo mais que um solilóquio acadêmico.

As políticas públicas na Ciência Política

Eduardo Marques

Este capítulo sumariza as trajetórias do enfoque da Ciência Política sobre as políticas públicas desde as primeiras formulações, nos anos 1930 e 1940, até o período contemporâneo. O principal objetivo do trabalho é mapear em grandes linhas os referenciais teóricos que informaram os estudos sobre políticas públicas no interior da Ciência Política, no Brasil e no exterior. Não tenho a intenção de discutir os enquadramentos que as políticas públicas têm sofrido pela literatura brasileira, tarefa já realizada por Melo (1999) e Figueiredo (2010), mas discorrer de forma resumida sobre os principais modelos teóricos e analíticos que a Ciência Política desenvolveu para analisar o Estado e suas políticas. Embora de forma bastante resumida, essa recuperação tem por objetivo contribuir para a sistematização mais ampla das perspectivas disciplinares sobre as políticas empreendidas neste livro, e dos diálogos estabelecidos entre elas, nesse caso observadas a partir das interpretações da Ciência Política.

Como não poderia deixar de ser, a escolha dos autores e as ênfases estabelecidas são produto de minha interpretação dessa literatura e, consequentemente, têm caráter eminentemente autoral.[1] Como vamos ver, muitos deslocamentos ocorreram ao longo dos últimos cinquenta anos nessa literatura, reduzindo a importância da racionalidade e do próprio processo de decisão na formulação de políticas, trazendo para o centro das análises outros momentos do ciclo de produção de políticas, como a forma-

---

1 Não pretendo, portanto, resenhar detalhadamente a produção sobre o tema, tarefa já realizada em trabalhos como Souza (2007), Arretche (2003) e Viana (1996), assim como também em diversos manuais de estudos de políticas em língua estrangeira, como Moran, Rein e Goodin (2006) ou Parsons (1995).

ção da agenda e sua implementação. Essas mudanças de enfoque destacaram ainda crescentemente o papel das agências estatais, burocracias e instituições, por vezes de forma isolada, ou às vezes em configurações de atores em interação, assim como o papel das ideias e valores na produção das políticas públicas. Entretanto, se pudesse destacar um único elemento que sumarize esses deslocamentos, este seria a crescente politização do processo de produção de políticas, entendidas cada vez mais como processos complexos, atravessados por diversas dinâmicas de poder, embora em constante interação com os ambientes institucionais, relacionais e cognitivos que as cercam, ambientes esses também construídos ativamente pelos atores.

Antes de tudo é necessário localizar o que são políticas públicas. Embora haja várias definições, parto aqui da ideia de que se trata do conjunto de ações implementadas pelo Estado e pelas autoridades governamentais em um sentido amplo. Trata-se do estudo do "Estado em ação", na feliz formulação de Jobert e Muller (1987), e, portanto, estudar políticas é analisar por que e como o Estado age como age, dadas as condições que o cercam.[2] O início dessa trajetória foi marcado por certa indistinção, característica do período de formação das disciplinas, das contribuições da administração pública com aquelas propriamente oriundas da Ciência Política.[3] As primeiras análises de políticas apresentavam uma superposição de preocupações operacionais e normativas com outras de natureza analítica (Minogue, 1983). No campo da administração pública desenvolveram-se estudos mais centrados em preocupações operacionais e propositivas, tendo por objetivo sugerir caminhos para melhorar o funcionamento das políticas e do Estado. O viés analítico, diferentemente, marca de forma

2 Consequentemente, cada perspectiva de análise sobre as políticas se inspirou em teorias a respeito da natureza, do funcionamento e das características do Estado. Entre tais perspectivas figuram principalmente o pluralismo, o marxismo, a teoria das elites e o neoinstitucionalismo. Não apresentarei neste texto tais teorias, não apenas pela ausência de espaço, mas porque basta para nossos objetivos compreender o funcionamento em si dos modelos de análise. De forma geral, entretanto, a literatura de políticas públicas até os anos 1970 é de inspiração pluralista, embora com influências pontuais do marxismo e da teoria das elites. A partir dos anos 1980, o neoinstitucionalismo influencia crescentemente as análises, mas em diversas perspectivas recentes as raízes pluralistas ainda se fazem sentir. Quando pertinente, situarei o leitor quanto aos elementos teóricos mais gerais que emolduram os modelos de análise.

3 É interessante observar os paralelismos dessas perspectivas nos capítulos de Marta Ferreira Santos Farah e de Peter K. Spink, nesta coletânea.

mais clara os limites da Ciência Política, dedicada a compreender e analisar as políticas e o Estado. Além disso, quando questões operacionais estão no centro das preocupações, de uma forma geral, os problemas enfrentados pelas políticas são pensados como processos eminentemente técnicos a serem resolvidos tecnicamente, enquanto um olhar analítico tende a considerar os mesmos processos como complexos, plenos de conflitos e gerados por vários centros de dinâmica.

A separação dentre literaturas predominantemente normativas e analíticas foi sumamente importante para o desenvolvimento de um campo de análise sobre as políticas públicas, embora evidentemente todas as análises partam de horizontes normativos. Isso porque as políticas públicas envolvem a consideração de ao menos dois tipos de causalidade – um sobre as causas do problema a ser objeto da política e outro sobre o efeito pretendido da política sobre tal problema. A maior parte das propostas de intervenção contém essas duas causalidades de forma implícita (e não comprovada), o que talvez explique ao menos parte dos insucessos obtidos com certa frequência. Os modelos analíticos, entretanto, têm que explicitar tais causalidades sustentadas (ou presumidas) necessariamente e de forma independente dos objetivos últimos das políticas, sob risco de cometer grandes confusões. Embora evidentemente ainda desconheçamos muitos dos elementos envolvidos, a trajetória das últimas décadas levou à formação paulatina de conhecimento cumulativo a respeito das políticas que nos permite entender com algum grau de detalhe, nos dias de hoje, os processos que cercam as ações do Estado.

Precursores – Behaviorismo, sistemas e decisão

O momento inicial de constituição da preocupação com as políticas é usualmente datado pelo trabalho do cientista político norte-americano Harold Lasswell, ativo especialmente em estudos sobre a mídia e as comunicações entre os anos 1930 e 1970. Lasswell sustentava uma interpretação elitista da política baseada na forma pela qual as massas seguiam as lideranças, tendo inclusive desenvolvido conexões entre a psicologia e a questão da liderança política. Partindo da ideia de que a política referia-se a "quem obtém o que, quando e como", a análise de Lasswell (1936) se situava inteiramente no interior do behaviorismo, considerando que os elementos importantes a serem analisados se baseavam no comportamento dos indivíduos. No bojo dessa concepção, o autor defendeu a constituição de uma análise científica do governo no que denominou de *policy analysis*, de forma dispersa ao longo de suas obras publicadas nos anos 1930 e 1940 e mais claramente a partir do fim dos anos 1940. No centro da formulação de tal "ciência do governo" estava a busca de compreensão dos efeitos dos contextos sociais e políticos que cercam as políticas, assim como a centralidade da racionalidade nos processos de decisão. A racionalidade envolvida nas políticas era considerada como sinóptica – que permite acessar o todo de forma resumida, mas abrangente. A decisão, organizada a partir de tal racionalidade, era considerada como o mais importante momento da produção de políticas públicas.

Outra contribuição fundadora dos estudos de políticas se desenvolveu de forma paralela e, em parte, superposta, e diz respeito aos trabalhos de Herbert Simon (1947; 1957) no campo da teoria das organizações. Simon foi um precursor na aplicação da psicologia experimental à economia e à compreensão de estruturas organizacionais, assim como do desenvolvimento da inteligência artificial. Sua contribuição fundou um entendimento comportamentalista da escolha diferente da então prevalente, com base em decisões sinópticas. Simon, diferentemente, ancorou sua interpretação da decisão no conceito de racionalidade limitada (*bounded*). Segundo essa perspectiva, a racionalidade dos indivíduos seria limitada pela informação disponível, por suas características (e restrições) cognitivas e pelo tempo e recursos limitados de que dispõem para decidir. Essa interpretação se afasta da ideia de que decidir significa otimizar, ou de que seria possível planejar ou mesmo escolher de forma sinóptica, considerando todas as alternativas em todos os cenários, visto que todo o processo é influenciado pelas limitações da cognição humana, assim como pelas condições organizacionais que cercam a decisão, denominadas de "estrutura do ambiente da decisão" por Simon (1945). A existência dessas limitações circunscreveria a racionalidade na decisão, embora não a tornasse irracional. Partindo dessa ideia, Simon sustentava a possibilidade da construção de conhecimento sistemático sobre o "comportamento administrativo", o que levaria à compreensão do decisor e, consequentemente, das políticas por ele decididas. Na verdade, a centralidade da decisão em seu quadro conceitual é tão grande que para ele o ciclo das políticas, ou o conjunto de fases em que se pode dividir o processo de produção de políticas, incluiria apenas "inteligência, desenho e escolha", terminando, portanto, antes mesmo do início da produção concreta das políticas, e se restringindo à preparação e à tomada de decisão.

Ainda no interior do behaviorismo, mas com preocupações mais próximas da Ciência Política, se situou também nas décadas de 1940 e 1950 o cientista político canadense David Easton. Ele pretendia contribuir para a construção de um arcabouço geral que permitisse a explicação da "alocação autárquica de valores na sociedade", como ele definia a política (Easton, 1953). Trabalhando com uma representação do mundo social oriunda da aplicação da teoria dos sistemas (Rapaport, 1970) e internamente ao paradigma do pluralismo,[4] o autor abordou a vida política como um sistema de comportamento aberto, influenciado pelas dinâmicas de outros sistemas sociais (Easton, 1970). As políticas públicas, em especial, seriam explicadas pelas interações entre o sistema de políticas, o sistema político e os demais sistemas, no decorrer de ciclos de produção de políticas (Easton, 1953; 1965). Embora a ideia do ciclo já estivesse presente em Lasswell e Simon, a formulação mais disseminada posteriormente foi estabelecida por Easton. Para ele, a ideia do ciclo estava associada à explicação da dinâmica das políticas, assim como à inserção dessas no funcionamento mais amplo de outros sistemas sociais.

Novamente a produção da política em si era deixada de lado na descrição do ciclo, sendo apresentada, na verdade, como uma caixa-preta de funcionamento não explicado. O centro da análise estava na interação entre essa caixa-preta e os demais sistemas, sendo as etapas do ciclo pensadas como discretas e subsequentes. O subsistema das políticas seria impactado por

4 Não seria possível descrever detalhadamente aqui o pluralismo, mas para situar os leitores (eu não assumiria que todo cientista político sabe o que é pluralismo) basta dizer que se trata de um conjunto amplo de autores e campos de análises desenvolvidos em especial nos Estados Unidos a partir da década de 1950, os quais tinham em comum a consideração dos grupos de interesse como unidade básica da ação política. A política diria respeito aos conflitos entre tais grupos pelo controle do governo, para que este realizasse políticas em seu favor. As instituições democráticas modernas e as sociedades contemporâneas seriam conformadas de tal maneira que nenhum grupo conseguiria exercer controle sobre o conjunto dos assuntos de governo de forma estável, resultando em um regime de alternância de poder entre grupos e permitindo a existência da democracia (poliarquias, na verdade), mesmo diante de elevadas desigualdades sociais e econômicas. Grande parte da literatura subsequente de análises de políticas apresenta inspiração pluralista, mesmo que de forma implícita.

inputs (entradas) oriundos dos outros sistemas, em especial pelas reivindicações e apoios de grupos de interesse, assim como de dentro do próprio sistema – os *withinputs*. O sistema geraria *outputs* para os demais subsistemas e para si mesmo, gerando *feedback*. De uma forma geral, entretanto, as políticas eram entendidas como respostas do sistema a impulsos de fora, sendo o Estado pensado como um alocador automático e técnico que responderia a conflitos e disputas externas a ele. Assim, o processo de decisão propriamente dito continuava a ser considerado como racional, e o elemento central das políticas a ser explicado continuava a ser a tomada de decisão sobre as políticas, entendida de forma técnica.

As primeiras críticas – Incrementalismo e poder

O próximo momento importante de avanço na compreensão das políticas públicas dentro da Ciência Política indicou um dos deslocamentos que seria desenvolvido nas décadas subsequentes, ainda em grande parte no interior do paradigma pluralista. Trata-se de uma crítica focada inicialmente no caráter racional do processo de decisão, mas que suscitaria vários outros deslocamentos, contribuindo para a formação de uma visão mais complexa e conflitiva do processo de produção de políticas a partir do fim dos anos 1970.

O ponto inicial desse deslocamento está nos trabalhos de Charles Lindblom. O autor aceitava a centralidade do momento da decisão, mas discordava que esse representasse um momento de escolha entre soluções alternativas para um determinado problema, de forma a maximizar produtos e reduzir custos. Para Lindblom (1959), considerando a opacidade das informações e os custos envolvidos na própria decisão, não seria nem mesmo racional considerar que o processo de decisão se baseasse em grandes decisões racionais sobre as políticas, ponderadas a partir da análise exaustiva das alternativas e dos respectivos custos envolvidos. A escolha nesse tipo de método implicaria grandes custos de retroceder em relação a decisões tomadas, em especial considerando os inúmeros resultados negativos não antecipados produzidos no processo. Ao contrário do considerado até o momento, Lindblom sugeriu que meios e fins seriam escolhidos muitas vezes de forma simultânea e o processo de decisão em políticas seria "incremental", estabelecendo pequenas decisões subsequentes que poderiam ser revertidas com custos relativamente baixos, processo designado pelo autor de "comparações limitadas sucessivas" entre alternativas. Essa ideia foi ampliada posteriormente, sustentando que esse tipo de tomada de decisão ajudaria a solucionar o problema da interdependência e da coordenação em políticas, visto que permitiria que cada decisor ajustasse suas escolhas levando em conta os movimentos incrementais dos demais, no que Lindblom denominou de "ajustamento mútuo entre parceiros". Esse mecanismo de ajustamento mútuo das decisões solucionaria o problema da coordenação sem coordenador. Esse elemento é importante, pois demonstra o caráter intrinsecamente político do processo de produção de políticas para Lindblom, envolvendo negociações entre decisores, mesmo que de forma indireta (Gregory, 1989).

A centralidade do incrementalismo no processo de decisão recebeu diversas críticas, sendo uma das mais importantes a desenvolvida por Etzioni (1967). Para ele, o processo de decisão envolveria dimensões incrementais, como destacado por Lindblom, e estas seriam inclusive majoritárias quantitativamente, mas certos momentos seriam caracterizados por decisões fundamentais, que criariam novas linhas e direções de desenvolvimento de políticas. A partir da reconfiguração das alternativas produzida por essas decisões fundamentais, os gestores retornariam a executar decisões incrementais. O processo de decisão, portanto, seguiria o que Etzione denominou de "*mixed scaning*", no qual o decisor faria amplas explorações de opções sem aprofundamento e com custo menor, optando primeiro por certo caminho estruturante. A partir desse momento, os decisores optariam pelo incrementalismo para as decisões mais pontuais e diuturnas.

O caráter político foi tematizado também por Lowi (1964) no mesmo período, focando de maneira precursora os efeitos dos formatos institucionais diferenciados responsáveis pelas políticas, ideia que se tornaria muito importante a partir dos anos 1980 com a disseminação do neoinstitucionalismo, como veremos a seguir. Pensando nas associações entre os tipos de conflito ocorridos no interior das políticas e o seu formato, o autor sugeriu uma classificação das políticas públicas. Em primeiro lugar, Lowi incluiu as políticas constitutivas, que estão associadas à criação e à transformação das próprias regras do jogo político, em um jogo sobre as regras do jogo, com características muito peculiares pelo seu potencial impacto sobre a dinâmica da distribuição de recursos no longo prazo, influindo decisivamente inclusive nas regras de elegibilidade às políticas. Em segundo lugar estariam as políticas regulatórias – políticas através das quais o Estado estabelece regras para o funcionamento de atividades produzidas externamente a ele. O terceiro grupo incluiria as políticas distributivas, que envolvem recursos não finitos ou mesmo ilimitados, cuja distribuição não geraria jogos de soma zero, mas de soma positiva.[5] Esse tipo de política tende a apresentar um padrão de negociação muito pluralista, assim como baixo potencial de conflitos. As políticas redistributivas, finalmente, envolveriam a distribuição de recursos finitos, gerando jogos de soma zero de natureza intrinsecamente muito mais conflitiva, pois para que um grupo receba benefícios, outro grupo tem que perder ou não receber. Os tipos de políticas, portanto, dado o seu formato e os benefícios por elas distribuídos, tendem a ter fortes consequências para a conformação dos jogos e dos ambientes políticos presentes em cada situação, influenciando o seu caráter mais ou menos conflitivo. Como veremos, essa proposição de Lowi é precursora do neoinstitucionalismo ao inverter a estrutura causal entre política e políticas (*politics* e *policies*). Como já discutido, para o pluralismo, *inputs* em termos de apoios ou conflitos políticos (*politics*) levariam o governo a desenvolver certas ações (*policies*), beneficiando determinados interesses. Mas se como afirmou Lowi o desenho das políticas gera consequências sobre os conflitos políticos, *policies* também gerariam *politics*, proposição que seria desenvolvida centralmente pelo neoinstitucionalismo nos anos 1980.

Outra importante crítica do período ao processo de decisão foi estabelecida por Barach e Baratz em 1963, sob influência de visões elitistas de Estado.[6] Para eles, as decisões em política deveriam ser analisadas também sob o ponto de vista do que não se decide, e não apenas a partir do que se decide. Isso porque, diferentemente do que considerava a tradição pluralista

5 A expressão "jogos de soma zero" tenta descrever situações sociais nas quais para que algum ator ganhe algo, outro deve perder. Em jogos de soma positiva, inversamente, o ganho de um ator não significa a perda de outro, e todos podem ganhar ao mesmo tempo.

6 A teoria das elites foi desenvolvida inicialmente na Europa na passagem do século XIX para o XX, mas ganhou grande avanço na interpretação da sociedade norte-americana no segundo pós-guerra (Grynszpan, 1996). Segundo essa perspectiva, as amplas desigualdades encontradas na distribuição de recursos nas sociedades contemporâneas levariam ao controle amplo e estável dos governos por elites ou frações de elites, sendo essas situações perpetuadas pelos próprios processos de reprodução social.

da qual faz parte Lindblom com grande destaque, a luta pelo poder não seria exercida apenas em conflitos abertos, mas também em conflitos ocultos. A ênfase analítica nos conflitos abertos foi defendida explicitamente pelo pluralismo, que sustentava que a política somente poderia ser estudada de forma objetiva se nos ativéssemos ao que se pode observar empiricamente, no caso os conflitos políticos abertos, suas estratégias e movimentos relativos (Dahl, 1961). Para Barach e Baratz (1963), ao contrário, a política seria baseada tanto em poder quanto em influência, e envolveria tanto conflitos abertos quanto encobertos. Estes ocorreriam pelo grande viés no que entraria na discussão pública e no que seria incluído na agenda de decisões. Os atores se mobilizariam não apenas para influenciar o processo de decisão, mas para limitar ou ampliar o que entra ou não entra nesse processo, no que denominam de "mobilização de viés". Nesse sentido, estudar políticas é estudar também as não decisões, na verdade plenas de decisões.

Posteriormente, essa crítica à consideração exclusiva dos conflitos abertos no estudo das políticas e do Estado foi expandida por Stephen Lukes (1974), seguindo a influência das teorias do Estado marxista[7] e elitista. Para ele, o exercício do poder e a luta política também poderiam operar na formação de preferências dos atores, enviesando o conjunto dos elementos que se encontram sob discussão através do uso de ideologia, entendida como ocultação de interesses. Nessa terceira forma de poder, certos atores influenciariam o que outros atores desejam, e certos conflitos não chegariam nem mesmo a se tornar ocultos, pois permaneceriam "latentes". A mera observação dos conflitos não daria acesso, portanto, ao conjunto da luta pelo poder envolvida no Estado e em torno de suas ações.

A centralidade da racionalidade no processo de decisão também foi objeto de outra crítica importante focada em elementos institucionais e relativos ao formato do Estado, antecipando novamente a crítica neoins-

---

7 É objeto de polêmica a existência efetiva de uma teoria marxista do Estado, visto que os elementos mobilizados pelo marxismo para explicá-la envolvem processos postados na sociedade – principalmente os processos de acumulação econômica e a luta de classes, dependendo do autor ou da obra. O fato é que essa tradição, desde os seus clássicos (Marx incluído) até autores importantes nos debates dos anos 1970, como Nicos Poulantzas, Claus Offe e Bob Jessop, não construiu um aparato teórico abrangente para analisar as políticas públicas em si, mas exerceu importante influência difusa sobre várias análises de políticas. Para uma comparação entre os mecanismos mobilizados pelo marxismo e por outras teorias, ver Marques (1997).

titucionalista que se desenvolveria nos anos 1980. Trata-se do chamado "modelo da lata do lixo" de Cohen, March e Olsen (1972). Para eles, seria equivocada a representação do processo de decisão conforme concebido pelos trabalhos clássicos, segundo a qual, considerando objetivos e preferências preexistentes seriam escolhidos meios para a solução de um dado problema, obtendo-se o melhor a partir de cálculo sinóptico. Os autores sustentaram que, dadas as restrições orçamentárias e operacionais que cercam a produção de políticas na quase totalidade das vezes, o processo de decisão ocorria ao contrário, com os gestores escolhendo o problema a enfrentar em função das capacidades administrativas já instaladas e existentes. O processo teria, portanto, um caráter bastante inercial e direcionado pelas capacidades do Estado: a existência de soluções prévias levaria à escolha de certos problemas e não ao contrário, como imaginado até então.

Críticas ao ciclo, implementação e múltiplos atores

De forma paralela, ao longo de todo esse período se conformou uma crítica ampla, mas difusa, às formulações originais sobre o ciclo de políticas presentes até a década de 1950. As contribuições de diversos autores ao longo dos anos 1970 e 1980 mostraram que as representações anteriores eram racionais e lineares demais, desconheciam a existência de vários níveis de governo e ciclos concomitantes, assim como as diferenças nas formas de articulação entre etapas em políticas distintas. Como consequência, esses autores consideravam o processo demasiadamente organizado, desconhecendo a superposição das etapas, ao mesmo tempo que tendiam a pensar o processo de forma apolítica ou excessivamente técnica ou gerencial. Para alguns (Sabatier; Weible, 2007), essas características tornariam inútil a ideia do ciclo, mas considero, acompanhando autores como Hill e Hupe (2009), que a representação das políticas através do ciclo se apresenta como uma importante ferramenta heurística e descritiva, que pode fornecer um primeiro mapeamento da configuração de cada política específica, a ser complexificado após a compreensão dos detalhes que cercam a política sob estudo.

A trajetória do conjunto da literatura desde os anos 1950, portanto, flexibilizou a importância da racionalidade no processo de decisão. A centralidade dessa fase na explicação das políticas, entretanto, seria colocada em xeque apenas a partir dos anos 1970, em mais um deslocamento de grande porte nas análises. Diversos autores de uma primeira geração de estudiosos da implementação, mas especialmente Pressman e Wildavsky (1973), sustentaram de forma eloquente que a implementação transformaria substancialmente as políticas. Ou, olhado de outro ângulo, a decisão seria a etapa central das políticas apenas se o processo de implementação fosse perfeito (Hogwood; Gunn, 1984). Como os recursos financeiros e operacionais são finitos, as informações amplamente incompletas, e como o controle sobre a implementação está nas mãos de inúmeros atores diferentes dos decisores ou dos elaboradores das políticas, a implementação transformaria as políticas de forma inexorável, e não apenas quando essa se desviasse das trajetórias previstas pelos decisores desde cima. Consequentemente, a implementação deveria ser necessariamente objeto de preocupações muito mais intensas nas análises do que havia sido até o momento.

A defesa da centralidade da implementação foi complementada por uma segunda geração de estudiosos, para quem os decisores não seriam capazes de estabelecer e desenvolver políticas apenas desde cima (*top-down*), desde o topo da estrutura institucional e burocrática. Além disso, as políticas sempre se estabeleceriam sobre políticas anteriores, tornando o processo muito mais complexo, e certamente não apenas se originando de cima, mas também de baixo, das estruturas organizacionais (*bottom-up*). Nesse sentido, a implementação representaria uma "ordem negociada" (Barrett, 2004), envolvendo também múltiplos atores em relação, como veremos mais adiante. O auge da defesa da constituição de um modelo *bottom-up* para o estudo das políticas sustentaria normativamente que políticas não deveriam ser estabelecidas desde cima, levantando argumentos associados ao caráter democrático das decisões a serem tomadas. A partir do grande deslocamento produzido pelos estudos de implementação, desenvolveram-se crescentemente análises que pensaram o processo de baixo para cima, ou simultaneamente de baixo e de cima, e que centraram a sua atenção no momento da implementação.

Talvez a defesa mais forte da relevância da implementação tenha sido formulada por Lipsky (1980) a respeito do que denominou de "burocracias de nível da rua". Após estudar, nos anos 1960 e 1970, burocracias diretamente envolvidas com a entrega de serviços públicos – policiais, funcionários municipais, professores e atendentes do serviço de saúde, por exemplo –, o autor formulou uma teoria ampla sobre a implementação final das políticas. Essa teoria parte da constatação da necessária adaptação de regras e procedimentos de política para a sua aplicação final, sustentando a existência, em qualquer política, do que denomina de "discricionariedade", ou a existência de um razoável espaço para decisões por parte do implementador final. Os implementadores, portanto, são também sempre decisores. A discricionariedade pode alterar substancialmente o escopo dos benefícios, a elegibilidade dos beneficiários, assim como o padrão e os tempos de atendimento. Se por um lado esses elementos demonstram a importância dessas burocracias, evidenciam também a existência de novos conflitos entre níveis diversos de chefias, usuários de serviços e políticas e burocratas de nível da rua. Lipsky retratou estes últimos como esgarçados entre a lealdade despersonalizada às regras do Estado – à la Weber – e a personalização completa que caracteriza o contato com os usuários finais e a entrega última de políticas.

Até há pouco tempo eram raros no caso brasileiro estudos centrados na implementação, mas recentemente muitos trabalhos de qualidade têm sido desenvolvidos, como os contidos em Faria (2012). No interior dessa linha de análise em construção no país, merecem destaque estudos sobre coordenação na produção de políticas (Costa; Bronzo, 2012), sobre burocracias implementadoras (Pires, 2012a; 2012b) e sobre burocracias de nível da rua (Lotta, 2012a, 2012b).

Outra vertente do enfoque na implementação desenvolvida a partir dos anos 1970 disse respeito à concentração do processo de decisão em centros mais ou menos autárquicos de decisão. A análise de processos de produção de políticas demonstrou fartamente que com muita frequência as políticas não eram geradas por decisores isolados entre si e de outros atores sociais, o que torna central o estudo tanto da coordenação entre eles quanto dos diferentes padrões de atores presentes em cada situação específica. Esses padrões poderiam tomar o formato de grupos de interesse, dos chamados triângulos de ferro,[8] no interior da tradição pluralista (Fiorina, 1977),

8 Os triângulos de ferro descrevem uma suposta situação vigente na política norte-americana caracterizada pela associação de interesses entre políticos clientelistas que querem levar

bem como dos atores em interação no interior de comunidades de políticas. Assim, desde a contribuição fundadora de Heclo (1978) sobre o que ele denominou de "*issue networks*", uma vasta literatura importou métodos de análise de redes sociais para o estudo de políticas públicas. A análise de redes é uma perspectiva teórica e metodológica que considera que os mais variados fenômenos sociais devem ser analisados levando em conta os padrões de relação entre as entidades sociais envolvidas com o fenômeno. A partir dos anos 1970, o método tem sido crescentemente utilizado na Ciência Política (Knoke, 1990), embora nem sempre incorporando completamente a ontologia relacional que fundamenta a chamada sociologia relacional.

As redes de políticas foram primeiro tematizadas como "*implementation structures*" (Hjern; Porter, 1981) e posteriormente como "*policy networks*" no interior de domínios de políticas públicas específicos (Lauman; Knoke, 1987). Seja tematizando a conformação dos domínios de políticas, seja pela análise da mobilização de lobby para explicar os "atributos estruturais da influência", uma ampla literatura sobre o tema demonstrou como as políticas são o produto de interações complexas entre diversos atores, internos e externos ao Estado. A literatura nacional também tem desenvolvido trabalhos nessa direção, explorando, por exemplo, a ideia de *policy communities* (Cortes, 2007), analisando diretamente as redes nelas presentes (Marques, 2000; 2003), investigando a importância das redes pessoais dos burocratas na implementação (Lotta, 2012b) ou estudando o efeito das políticas sobre redes de comunidades (Pavez; Toledo; Gonçalves, 2012) ou sobre as redes pessoais de beneficiados por políticas de habitação (Soares, 2012). Essa literatura nacional tem estabelecido um deslocamento da centralidade da decisão sustentada pela literatura das *policy networks*, assim como do destaque quase exclusivo a atores institucionais e a relações formais e intencionais, desconsiderando elementos importantes relacionados com a "mobilização de viés" e com os "conflitos latentes", cuja importância já discutimos anteriormente (Marques, 2012). Nesse sentido, as redes

benefícios para seus eleitorados (muito bem delimitados, dados os distritos eleitorais uninominais), burocracias desejosas de aumentar as políticas sob seu controle e eleitorados demandantes de pequenos benefícios localizados. Como os primeiros seriam os formuladores de políticas (no Legislativo) e os segundos os executores das políticas, essa associação levaria a crescentes espirais de gastos, assim como à manutenção de um padrão clientelista de representação política.

não representariam apenas formas de articulação de interesses específicos, organizacionais e intencionais, como descrito pela ideia dos triângulos de ferro. A análise de redes representaria um conjunto de ferramentas e métodos para acessar os mais diversos padrões de relação presentes necessariamente em todas as situações sociais, embora com conformações completamente distintas a depender dos casos. Essas conformações dariam lugar à constituição de "tecidos relacionais do Estado" diversos, com importantes consequências para a produção de políticas em cada caso e para a conformação histórica de diferentes Estados (Marques, 2012).

Um último deslocamento ocorrido desde os anos 1970 diz respeito às investigações sobre avaliação de políticas. Embora destacada como uma última etapa do ciclo de políticas conforme concebido classicamente, a avaliação foi sempre considerada periférica em termos explicativos, recebendo pequena atenção. Além disso, até os anos 1970 pelo menos, a avaliação de políticas era realizada com base em modelos racionalistas derivados de cálculos de custo-benefício e do desenvolvimento de técnicas para avaliação de impacto, em especial correlacionando a formulação e os desenhos gerais das políticas com os seus resultados, tanto em termos de alcançar os resultados pretendidos (eficácia), como da análise econômico-financeira comparativa entre alternativas (eficiência) ou do impacto sobre o problema considerado (efetividade). Na maior parte dos casos esses estudos eram fortemente marcados por preocupações propositivas, já que a avaliação é a área da *policy analysis* na qual os estudos sobre políticas – investigações a respeito das ações do Estado, no sentido do foco central deste texto – mais se confundem com os estudos para políticas – diretamente orientados para a ação (Gordon; Lewis; Young, 1993). A trajetória desde então tem sido de incorporação de maior complexidade na compreensão das políticas públicas. No que diz respeito aos estudos sobre avaliação de políticas, a trajetória dessa literatura, ainda muito pouco desenvolvida no Brasil (Faria, 2005), também foi de crescente politização. As últimas duas décadas sugeriram que o processo de produção de políticas, os detalhes de desenho e de implementação, assim como os conflitos e dinâmicas inerentes ao desenvolvimento das ações do Estado, são todos sumamente importantes para a avaliação das políticas, levando à defesa da constituição de análises políticas das políticas (Figueiredo; Figueiredo, 1986), de forma a que se produzam avaliações menos ingênuas, para usar a expressão de Arretche (2001).

O neoinstitucionalismo e os modelos de análise posteriores

A partir dos anos 1980, o estudo de políticas no interior da Ciência Política sofreu outro importante deslocamento sob a influência do neoinstitucionalismo, em especial o usualmente denominado "histórico", por ter se debruçado muito mais intensamente sobre o próprio Estado e suas instituições no estudo das políticas. Esse deslocamento é especialmente importante para pensarmos situações como a brasileira, na qual o Estado foi historicamente central na produção de políticas públicas, marcando como legado ou traço constitutivo nosso sistema político, nossos sistemas de políticas e nossa sociedade.

A perspectiva neoinstitucionalista já foi amplamente resenhada (Thelen; Steinmo, 1992; Hall; Taylor, 2003; Limongi, 1994), cabendo aqui apenas menção a seus avanços sobre o estudo das políticas. Embora haja vários neoinstitucionalismos, o que há de comum entre eles é a centralidade dada às instituições, embora não se parta de uma definição precisa do que sejam elas, nem mesmo de um consenso sobre os seus efeitos específicos. Não se trata, portanto, de uma teoria unificada, mas de um campo de análise amplo e substancialmente heterogêneo. As três principais correntes são a da escolha racional, a sociológica, e a histórica, mas é a terceira que nos interessa neste capítulo, dada a sua ênfase no estudo do Estado e das políticas.

Desde suas primeiras formulações, o neoinstitucionalismo histórico destacou dois elementos como centrais para a melhor compreensão do Estado e de suas políticas:

i) os atores estatais, seu "insulamento", capacidades e poder; e
ii) a influência das instituições enquadrando a esfera da política (Skocpol, 1985).

A primeira faceta da importância das instituições diz respeito ao fato de as agências e funcionários estatais terem autonomia com relação aos interesses presentes na sociedade e se constituírem como reais atores da dinâmica política, ao contrário do considerado pelas teorias da política anteriores – marxismo, teoria das elites e pluralismo. Em todas elas, as fontes de dinâmica e ação social se situavam fora do Estado – nas classes e frações de classe no marxismo, nos grupos de interesse no pluralismo e nas elites e facções de elites para a teoria das elites. Como consequência, e ironicamente, o Estado era explicado em última análise por dinâmicas externas a ele, que o impactavam como *inputs*, apoios e demandas (pluralismo), ou pressão, sobredeterminação estrutural e influência (marxismo e teoria das elites). A recuperação pelo neoinstitucionalismo de uma visão weberiana de Estado trouxe a dinâmica política para o seu interior, destacando a autonomia dos atores estatais em relação à sociedade circundante. Para os neoinstitucionalistas, essa autonomia deve ser compreendida como associada ao insulamento, e está ligada ao fato de as agências e seus componentes terem identidades, interesses e recursos de poder próprios (Evans, 1993). O processo de produção das políticas públicas dependerá, assim, da interação entre o Estado e os agentes presentes na sociedade, em ambientes institucionais específicos.

Esses ambientes são a segunda forma de influência das instituições sobre a política, impactando os resultados dos conflitos, as estratégias dos atores e a produção da própria agenda de questões a serem objetos de políticas, enquadrando a luta política através das suas regras e formatos organizacionais. Em um sentido amplo, nem mesmo os atores podem ser pensados dissociados dos ambientes institucionais que os cercam e que, em certo sentido, ajudam a conformá-los (Immergut, 1998).

Essa influência das instituições ocorre de diversas formas. Em primeiro lugar, a formação das representações sobre a política, a possibilidade de sucesso nas demandas e, na verdade, a constituição dos próprios atores, são todas mediadas pela formação histórica daquele Estado e suas instituições políticas (Skocpol, 1992; Katznelson, 1981). Em segundo lugar, os grupos de interesse se formam e produzem suas agendas em diálogo com a reprodução de suas questões em estruturas organizacionais e agências estatais existentes e, portanto, mesmo as preferências dos atores políticos são endogenamente produzidas (Hattam, 1993). Em terceiro lugar, as instituições políticas medeiam a relação entre as estratégias dos atores políticos e a implantação de determinadas políticas públicas. Nesse sentido, a existência e o desenho das instituições permitem que demandas expressas de formas similares por atores de poder equivalente tenham resultados totalmente diversos dependendo do desenho institucional (Immergut, 1992). Por fim, o encaixe temático e espacial entre a estrutura de organização dos agentes sociais e a estrutura das instituições influencia em grande parte as chances de vitória de cada ator, e mesmo as possibilidades de avanço na constituição de mobilizações de atores da sociedade (Skocpol, 1992).

O neoinstitucionalismo produziu importantes impactos na literatura nacional no que diz respeito à análise de políticas, talvez sendo a perspectiva teórica com maior influência recente sobre o debate brasileiro. Exemplo disso são os estudos a respeito das consequências do desenho do Estado sobre nossas políticas (Arretche, 2000; 2012), a análise do impacto das diferentes arenas na reforma das políticas sociais (Arretche, 2002; Cortes, 2009; Cortes; Guliano, 2010) e sobre o conjunto de políticas públicas brasileiras (Melo, 2002). Em termos mais gerais, a literatura nacional tem explorado de forma intensa e promissora a relação entre federalismo e políticas públicas (Hochman; Faria, 2013), assim como analisado o lugar do federalismo no sistema político brasileiro (Arretche, 2012).

Na verdade, como já vimos, estudiosos das políticas já haviam destacado elementos dessa ordem, seja na interação entre tipo de política e tipo de conflito político, como destacado por Lowi, na centralidade das soluções preexistentes, no modelo de March e Olsen, ou nas burocracias de nível da rua analisadas por Lipsky. O deslocamento operado pelo neoinstitucionalismo, entretanto, foi de natureza diversa. No caso do neoinstitucionalismo, trata-se de operar um giro teórico que permitisse destacar a importância das instituições em todas as fases do processo de produção de políticas, enquanto nas análises da implementação desenvolvidas no interior do pluralismo na década de 1970, tratava-se de destacar a importância de uma fase específica do processo de produção de políticas.

Assim, após a consolidação do neoinstitucionalismo como perspectiva de análise, a realização de estudos centrados no desenho institucional, em atores estatais ou no encaixe entre o Estado e seu entorno imediato se disseminou substancialmente. A diferença entre as fases do ciclo de políticas, assim como as ênfases *top-down* e *bottom-up* nas análises, também foram sendo gradativamente diluídas, à medida que a análise em várias escalas e momentos simultâneos se evidenciou como necessária. Esse ponto de vista analítico passou a ser defendido tanto por teóricos da implementação, como Hill e Hupe (2009), quanto por autores que permanecem na linhagem da tradição pluralista, como Sabatier (1986).

Essas influências produzidas nos anos 1970 e 1980 forjaram um conjunto de modelos de análise amplamente utilizados pela literatura recente.

Partindo da ideia já expressa no modelo de Cohen, March e Olsen (1972) de que a existência prévia de soluções influencia o processo de escolha dos problemas a serem tratados, John Kingdon desenvolveu nos anos 1980 um modelo de análise bastante influente, que pretende explicar ao mesmo tempo a manutenção e os momentos de mudança em políticas, com a entrada de novas temáticas na agenda.[9] Para Kingdon (1984), as políticas deveriam ser analisadas por meio da observação de trajetórias de médio prazo de três dinâmicas independentes, mas inter-relacionadas, que o autor denomina de "*policy streams*" – os fluxos dos problemas a serem objetos de políticas, das soluções de políticas para tratar de tais problemas e da própria dinâmica política (*politics*). Na trajetória dos problemas estão incluídas as dinâmicas das próprias questões sociais, assim como dos enquadramentos destas como problemas socialmente reconhecidos. Entre as soluções se incluem desde saberes e inovações de ordem técnica até tecnologias de organização do Estado orientadas para a produção e a implementação de políticas. A dinâmica da política envolveria a ação dos atores, os conflitos, alianças e negociações típicos da "*politics*".

As dinâmicas de cada fluxo apresentam momentos propícios à constituição de inovações nas políticas, mas essas não ocorrem a não ser que tais "janelas" ocorram nos três fluxos ao mesmo tempo, conformando o que o autor denomina de "janela de oportunidades". Embora o alinhamento das janelas de cada um dos fluxos possa ocorrer por acaso, na maior parte das vezes isso acontece pela ação concreta de um empreendedor político (Capella, 2010), que opera em cada um dos fluxos para abrir janelas, construindo o reconhecimento de uma questão social como um problema, incentivando o desenvolvimento de soluções e a promoção de acordos e alianças políticas, assim como alinhando todos esses elementos. Também nesse caso, estudos recentes no Brasil têm utilizado esse modelo com bastante sucesso, como Menicucci (2007), Menicucci e Brasil (2005) e Rocha e Faria (2004).

Um elemento importante presente no modelo de Kingdon e central para o entendimento tanto do surgimento de novas políticas quanto da sua difusão diz respeito às ideias. O papel das ideias já havia sido objeto de modelos anteriores (cf. Faria, 2003; Campbell, 2002), pois embora as formulações

---

9 Para uma excelente resenha dessa perspectiva, ver Capella (2007).

clássicas tomassem as ideias como dadas, já nos anos 1970 trabalhos como os de Heclo (1978) sustentavam a necessidade de entender as ideias de forma endógena, compreendendo o seu surgimento e disseminação através de processos de "*policy learning*". Se o modelo de Kingdon nos indica como ideias novas de políticas podem se articular com o *mainstream* das políticas anteriores, é com a construção do modelo das coalizões de defesa – "*advocay coalision framework*" (ACF) – que as ideias caminham para o centro da explicação das políticas, integradas aos conflitos políticos entre atores (Sabatier, 1988).

Para Sabatier, a unidade de análise dos estudos de políticas públicas deve ser as coalizões de defesa no interior de subsistemas de políticas. Seu modelo adaptou a representação pluralista clássica, sugerindo que os grupos de interesse são coalizões de defesa amalgamadas por interesses comuns, mas também pela defesa de visões políticas substantivas, de políticas públicas e da sociedade. As mudanças em políticas seriam resultado das interações e conflitos entre essas coalizões de defesa de políticas no interior de cada subsistema de políticas, por sua vez em interação com outros subsistemas. As coalizões são compostas por atores com interesses similares, mas também por crenças ("*beliefs*") similares sobre as políticas. As ideias defendidas por uma dada coalizão envolvem representações de três níveis superpostos, todos compartilhados entre os pertencentes à coalizão. No centro de cada um deles estão valores, crenças, axiomas ontológicos e normativos fundamentais (denominados "*deep core values*") de âmbito inclusive mais geral que a política em tela. Sobre estes e a eles articulado logicamente está um núcleo duro de crenças sobre as políticas, estabelecendo princípios fundamentais referentes àquele subsistema de políticas (chamados de "*policy core beliefs*"). Em terceiro lugar, e de forma mais superficial, estão estratégias e ferramentas operacionais de política (ou aspectos secundários), que dão praticidade ao nível anterior.

Ainda de acordo com Sabatier, mudanças podem ser motivadas por três grupos de razões: transformações em condições econômicas e políticas mais amplas do que o subsistema (mudanças de governo, da opinião pública ou em outras políticas); mudanças nas agências e burocracias responsáveis pelas políticas; e por aprendizado de políticas. Para o autor, a trajetória do "*policy learning*" opera fundamentalmente no nível das estratégias e ferramentas operacionais de política (denominados de crenças secundárias), mas raramente poderá alterar os "*core beliefs*" ou as posições normativas mais amplas em um dado subsistema. Portanto, as disputas políticas no interior dos subsistemas envolvem interesses objetivos, mas associados a representações do subsistema e da sociedade. Nesse sentido, esse modelo introduz mudanças fundamentais na interpretação pluralista dos grupos de interesse, ao integrar aos interesses e estratégias de poder os posicionamentos políticos, as crenças sobre as políticas e as identidades na constituição dos grupos, como destacado por Cerqueira (2010) no estudo das políticas macroeconômicas no Brasil recente.

Seguindo uma linha paralela a essa, mas combinando ideias e redes de especialistas, Haas (1992) desenvolveu um modelo de análise sobre o papel das comunidades epistêmicas nas políticas públicas, principalmente para o estudo da coordenação na arena internacional, embora seu modelo seja também utilizável em contextos intranacionais. As comunidades epistêmicas são redes de profissionais e especialistas que clamam autoridade sobre conhecimento associado a políticas específicas e comungam um conjunto de crenças normativas, modelos causais, noções de validação empírica e objetivos de política (Haas, 1992). O argumento parte do pressuposto de que a complexidade crescente das questões que são objeto de políticas requer conhecimentos e informações também especializados. Comunidades de especialistas são chamadas para fornecer esse conhecimento e acabam por institucionalizar a sua participação, acumulando poder. O conceito pode ser utilizado para explicar a disseminação de ideias tanto em comunidades nacionais de políticas quanto em âmbito internacional, com a disseminação e a trajetória de redes de consultores, profissionais de agências multilaterais e ativistas em discussões ambientais (Keck; Sikkink, 1998) e em negociações comerciais (Von Bulow, 2005). Outros estudos brasileiros têm utilizado a ideia de comunidades de políticas de forma ampla, embora não associados ao modelo de Haas, como no estudo da disseminação internacional de programas de promoção de saúde (Hochman, 2007), ou em nível subnacional no interior da comunidade da saúde (Cortes, 2007) ou de saneamento (Marques, 2000) e infraestrutura (Marques, 2003).

Um último modelo recente, desenvolvido por Baumgartener e Jones (1993), merece menção especial. Os autores retratam o processo de produção de políticas como caracterizado por longos períodos de estabilidade, durante os quais o incrementalismo imperaria, mas interrompidos por momentos de mudança concentrada, no que denominam de "equilíbrio pontuado", a partir de analogia com teoria de mesmo nome desenvolvida por Niles Eldredge e Stephen Gould nos anos 1970 para explicar o desenvolvimento das espécies na biologia de fósseis. A expressão já tinha sido utilizada anteriormente por Krasner (1984) para descrever a trajetória de políticas, mas no seu caso as instituições eram responsáveis tanto pela longa continuidade (por inércia institucional) quanto pela ruptura (por colapso das instituições existentes provocado por processos externos). No caso de Baumgartner e Jones, a estabilidade também seria reforçada pela inércia advinda do desenho das instituições, mas, a exemplo dos modelos anteriores, também aqui as ideias de política ganharam destaque. Questões sociais se transformariam em problemas de política por ação deliberada de atores, constituindo "*policy images*", que envolveriam tanto dimensões empíricas como apelos emotivos. A conformação do campo de ação política seria fortemente influenciada por essas ideias, que estabeleceriam elegibilidades e constituiriam atores (True; Jones; Baumgartner, 2007). O processo de produção de políticas tenderia a ocorrer de forma incremental, exceto quando uma questão saísse de um subsistema de políticas e conseguisse chegar com força ao macrossistema. Imagens de política mais gerais e que encontram rebatimento em instituições específicas teriam maiores chances de chegar ao macrossistema, embora empreendedores e o desenho institucional também possam exercer forte influência.

Concluindo: a trajetória dos estudos e os desafios para o caso brasileiro

Retomando de modo sintético a trajetória dos estudos sobre políticas públicas no interior da Ciência Política, há que se destacar em primeiro lugar a perda da centralidade da racionalidade e do processo de decisão nas políticas. De forma concomitante, a representação que se tem do processo o tornou mais complexo, sendo as fases do ciclo consideradas contemporaneamente como superpostas e específicas de cada política, em um intrincado de políticas e programas novos e antigos. Fases diferentes de políticas distintas se encontram muitas vezes imbricadas, tornando a ideia de ciclo uma excessiva simplificação dos processos reais. A fase da implementação passou a ser considerada como central, tanto analítica quanto normativamente, assim como foram levados em conta conjuntos mais amplos de atores (em constante interação), com destaque para aqueles engajados na implementação direta das políticas. Ao longo de todas as fases do ciclo, mas em especial na formação da agenda, as visões de mundo e as ideias sobre os problemas a enfrentar e sobre as próprias políticas se tornaram cada vez mais importantes.

Se tivéssemos que resumir em um único ponto, o processo foi sendo pensado como cada vez mais político, exigindo uma análise política para a compreensão das políticas. O resultado desse deslocamento de interpretação tem consequências para a proposição de soluções e a melhora das condições de produção de bens e serviços pelo Estado, mas impacta centralmente na maneira como estas são representadas em nossos modelos analíticos. De modo que temos de incorporar cada vez mais os atores e contextos envolvidos, suas estratégias e conflitos, assim como suas crenças e relações. Sob o ponto de vista propositivo, ao final desses deslocamentos a produção de políticas públicas se parece menos com uma atividade de *design*, na qual o encontro de uma ideia formulada perfeitamente é o objetivo central, e mais com um artesanato, no qual o mais importante é a adequação das soluções aos problemas, mas também às condições locais em termos de implementação e de atores presentes.

Por fim, não poderia terminar este capítulo sem o destaque ao que me parecem ser as mais importantes fronteiras de pesquisa em políticas públicas para o caso brasileiro em desenvolvimento atualmente. Este capítulo deliberadamente não centrou a atenção na literatura brasileira, mas apenas citou trabalhos nacionais quando utilizaram diretamente ou problematizaram os principais modelos e teorias para a análise de políticas públicas. O desenvolvimento da literatura nacional citada até aqui (assim como vários outros trabalhos não discutidos por causa da exiguidade do espaço disponível), entretanto, vem realizando importantes tarefas analíticas que apontam para certos desafios colocados para o entendimento das políticas no país. Ao menos três fronteiras importantes devem ser citadas.

Em primeiro lugar a conexão entre a produção de políticas e os estudos recentes sobre processos legislativos, no bojo das relações entre Executivo e Legislativo no funcionamento de nossa democracia recente. Seguindo os trabalhos pioneiros de Figueiredo e Limongi (1999), diversos estudos têm demonstrado como se dá no Brasil recente a formação de governo, a construção de gabinetes ministeriais, a composição de coalizões, as votações de peças legislativas e o papel dos partidos em todos esses processos. Todas essas dimensões influenciam ou compõem a produção de políticas, sendo estratégico o conhecimento que vem sendo acumulado recentemente, como evidenciado em Melo (2002), por exemplo. A construção de pontes analíticas entre essa tradição e estudos sobre o funcionamento de burocracias e dinâmicas internas ao Estado parece-me ser uma das importantes fronteiras para o estudo de políticas no país.

Em segundo lugar, o período recente viu florescer um grande conjunto de análises focadas nos efeitos de formatos institucionais sobre as políticas públicas no país. Se em parte isso expressou a agenda institucionalista dos estudos de política comparada, a literatura nacional ultrapassou em muito as contribuições daquele debate, decupando os efeitos de instituições específicas e superando as formulações genéricas típicas da literatura comparativa internacional. Isso levou à especificação, por estudos empíricos, de mecanismos concretos que permitem hoje compreender de forma muito mais precisa os efeitos de certas instituições sobre nossas políticas, como no caso do federalismo em Arretche (2000; 2002) e em Hochman e Faria (2013). A intensificação dos diálogos entre essa literatura e a tradição de estudos legislativos citada acima, que já começa a ser tecida (Arretche, 2012), parece-me bastante importante. Por outro lado, parece-me estratégica a conexão desses estudos sobre os efeitos de formatos institucionais com investigações mais sistemáticas dos processos políticos que acontecem no interior do Estado e entre suas organizações e os ambientes políticos que o cercam na formulação e na implementação de políticas públicas.

A terceira fronteira que vem sendo enfrentada nacionalmente diz respeito exatamente ao funcionamento do Estado, à implementação de políticas e às suas burocracias e estruturas institucionais. Embora não se trate de um corpo de literatura unificado, trabalhos de várias linhas têm convergido para que possamos compreender melhor os processos e dinâmicas internos ao Estado, elemento central para superarmos o caráter ensaístico e genérico que caracterizava o tratamento do Estado na literatura nacional de políticas há algumas décadas. Concorrem para o acúmulo de conhecimento nessa área estudos sobre coordenação e cooperação (Costa; Bronzo, 2012 e Gontijo, 2012, por exemplo), sobre burocracias em diversos de seus níveis

(Pires, 2012a; 2012b; Lotta, 2012b) ou padrões de conexão entre atores e agências (Marques, 2000, 2003), levando em conta os efeitos diferenciados de ambientes institucionais específicos (Marques, 2012). Essa agenda de pesquisa é evidentemente conectada com as duas anteriores, em especial com a segunda.

Embora ainda tenhamos um longo caminho pela frente, concluo com um tom otimista estas rápidas considerações a respeito da literatura nacional sobre políticas públicas. Parece-me que o desenvolvimento articulado recente das três agendas citadas tem trazido um acúmulo substancial de conhecimento a essa área temática, quando comparado com o patamar em que nos encontrávamos em décadas passadas. Essa produção recente tem avançado de maneira informada pelos paradigmas e debates teóricos (nacionais e internacionais), reduzindo o risco de fragmentação analítica, mas ao mesmo tempo tem ancorado fortemente sua produção empiricamente, especificando efeitos e processos e fazendo avançar nosso conhecimento concreto. A combinação dessas duas dimensões me parece absolutamente essencial para que possamos melhor compreender nosso Estado e suas políticas.

Sociologia e políticas públicas[1]

Soraya Vargas Cortes

O presente capítulo tem dois objetivos. O primeiro é responder a seguinte questão: qual a contribuição que a Sociologia pode oferecer à análise de políticas públicas? São várias as possibilidades de resposta à pergunta, dada a diversidade de perspectivas teóricas e epistemológicas encontradas na Sociologia contemporânea e a vocação histórica da disciplina de se direcionar a todos os objetos passíveis de investigação que se refiram às sociedades humanas. Tamanha complexidade foi aqui reduzida a duas linhas principais de argumentação.

A primeira é que a Sociologia oferece à análise de políticas públicas recursos teóricos para o exame das relações entre Estado e sociedade, com ênfase nos processos, atores e organizações que se localizam principalmente na dimensão societal desse binômio. A segunda resposta enfatiza que o *mainstream* da disciplina tende a apresentar a ação de indivíduos e grupos como motivada ou condicionada por fatores variados. As abordagens sociológicas podem oferecer modelos teóricos alternativos para analisar ou predizer o comportamento de atores societais e estatais. Porém, desde os anos 1980, a tradição sociológica racional/utilitária, que atribui grande relevância ao autointeresse como motivação para a ação, assumiu papel relevante na área das políticas públicas.

O segundo objetivo deste capítulo é verificar a importância de temas relacionados às políticas públicas na agenda de pesquisas da Sociologia no Brasil. Para isso, escolheu-se como indicador a frequência com que

---

1 Agradeço a Letícia Schabbach e Márcio Barcelos pela leitura cuidadosa que fizeram da primeira versão deste artigo e pelas valiosas sugestões para o seu aprimoramento.

esses temas são abordados pelas linhas de pesquisa dos Programas de Pós-Graduação em Sociologia no país. É tradição da disciplina tratar de temáticas que pertencem também ao campo das políticas públicas, contribuindo, portanto, para a consolidação do campo.

O capítulo está organizado em três partes. Na primeira e na segunda, são oferecidas respostas à indagação sobre qual a contribuição da Sociologia para a análise de políticas públicas. Na terceira, as linhas de pesquisa dos Programas de Pós-Graduação em Sociologia no país são examinadas para identificar o lugar das políticas públicas na agenda de pesquisas da disciplina.

A análise da sociedade nas relações entre Estado e sociedade

Ao explorar as bases sociais de processos políticos e das relações entre Estado e sociedade, a contribuição teórica da Sociologia é particularmente relevante para as análises das interações entre estrutura social e instituições políticas, dos grupos sociais e das normas sociais. Estudos sobre estrutura social, estratificação e desigualdades sociais vêm sendo objeto de análise da Sociologia desde os clássicos (Durkheim, 1999; Marx, 1964; Weber, 1977). Um dos resultados dessas investigações foi a constatação de que existem oportunidades desiguais de acesso a bens e serviços individuais e coletivos e que disso decorrem possibilidades diferenciadas de exercício de influência sobre os processos políticos. Se por um lado, o marxismo atribui ao sistema econômico capitalista a explicação fundamental para tais desigualdades, teorias sociológicas inspiradas nas obras de Durkheim e Weber as associam, respectivamente, a processos de diferenciação social que asseguram a integração funcional das sociedades e a fatores econômicos e extraeconômicos como status social e afiliação político-partidária. No entanto, mesmo as vertentes teóricas neomarxistas incorporam "recursos de poder", derivados da esfera política, na explicação de alterações na estratificação social nas sociedades contemporâneas (Korpi, 2000; Offe, 1989; Touraine, 1981). Isso porque consideram que a ação política amplia os recursos organizativos dos trabalhadores ou dos movimentos sociais e assim, através da ação coletiva, os integrantes de estratos sociais inferiores, ao aumentar seu grau de influência política nas democracias, podem produzir políticas que favoreçam a redução de desigualdades sociais.

Sociólogos contemporâneos como Bourdieu (1989), Giddens (1989) e Luhmann (1991) analisam com lentes teóricas diversas, como os diversos "campos",[2] sistemas e subsistemas sociais, nas sociedades ocidentais contemporâneas, se instituem como estruturas sociais assimétricas baseadas em critérios especializados, pertinentes ao conteúdo em questão (setor educacional, área hospitalar, por exemplo), e em regras de distinção entre os que ocupam posições nessas estruturas. Os critérios de diferenciação e de estabelecimento de hierarquias sociais são considerados, em geral, como fundamentados na posse desigual de recursos e posição social que os indivíduos e grupos ocupam uns em relação aos outros nas estruturas sociais. Em geral aqueles que estão no topo das hierarquias sociais de um dado campo, sistema ou subsistema têm mais facilidade de ocupar posições superiores em outros por meio de mecanismos de conversão de seus estoques de recursos através de fronteiras sistêmicas (Piellon, 1999, p.219). Esses indivíduos e grupos podem mais facilmente expressar suas preferências, exercer influência sobre os decisores políticos em macrossistemas ou subsistemas políticos, participar da formação de agendas governamentais e exercer certo controle sobre o modo como são implementadas as políticas públicas.

A colaboração da Sociologia para a análise dos grupos sociais pode ser dividida em dois tipos de vertentes analíticas: a das identidades sociais e a dos atores. As identidades sociais se referem aos estudos que examinam a constituição de grupos sociais que podem demandar ou ser objeto de políticas públicas. Os estudos sobre o tema acentuam, em geral, o caráter relacional da construção de identidades sociais. Para existir, uma identidade necessita de outra, que demarque a diferença, explicitando o que ela não é. Recentemente, as teorias do reconhecimento e da construção de identidades e alteridades sociais têm colaborado para o entendimento do fenômeno. O termo "reconhecimento" se refere ao processo através do qual, a partir das relações intersubjetivas nas quais um sujeito se impõe e se contrapõe a outro, identidades individuais e coletivas são afirmadas (Honneth, 2003;

2 Um espaço cujas características são definidas pela configuração das inter-relações entre atores individuais e coletivos, interessados e atuantes nesse campo, e pelas lutas travadas por esses atores ao disputarem posições superiores na configuração (Owen-Smith; Powell, 2008, p. 8; Harker et al., 1990).

Taylor, 1994). A "luta pelo reconhecimento" é entendida a partir de um modelo de ação coletiva no qual o desrespeito, o não reconhecimento e a dominação cultural (Fraser, 2001) de uma determinada forma de ser no mundo ensejam "um conflito cujo principal resultado é a 'evolução moral' da sociedade" (Figueiredo, 2008, p.17). Essa vertente de análise subsidia o estudo de processos de construção de novas identidades sociais. Intensas migrações, transformações econômicas, culturais e no mercado de trabalho acirraram lutas pelo reconhecimento, propiciando a constituição de novos atores coletivos: as pessoas com deficiência, os portadores de patologias, os povos indígenas, os transgêneros, os usuários de saúde ou assistência social, entre tantos outros. Os novos atores têm sido objetos de estudo da Sociologia, que examina suas ideias, os discursos produzidos por e sobre eles, sua ação política e o próprio processo de construção desses grupos a partir da ação estatal que os reconhece e os institui como beneficiários de políticas e como atores societais.

A Sociologia Política tem empregado frequentemente o conceito de atores estatais e societais – da sociedade civil e de mercado – para classificar grupos sociais que agem na esfera política. A origem direta de seu uso está na interface entre os debates sobre sociedade civil e a teoria democrática (Cohen; Arato, 1992), mas a fonte teórica pode ser encontrada nos estudos de Gramsci (2004), Touraine (1981) e Melucci (1985) sobre a sociedade civil e, principalmente, na concepção deliberativa da esfera pública de Habermas (1989) e seus seguidores (Cohen, 2003). Tomando por base a distinção dos habermasianos entre sistema e mundo-da-vida e suas implicações institucionais (Cohen; Arato, 1992, cap.9), o argumento utilizado é o de que as instituições e os atores pertencentes aos dois subsistemas coordenados por via do poder e do dinheiro – Estado e economia capitalista de mercado – estão sujeitos a uma série de restrições que não afetam os atores da sociedade civil (Cohen, 2003, p.427).

O conceito de atores estatais abarca tanto indivíduos que ocupam cargos de direção em órgãos do Executivo ou em organizações governamentais como aqueles que estão vinculados a órgãos de outros poderes. O conceito de atores societais é muito amplo para expressar diferenças essenciais entre dois tipos de atores: os sociais e os de mercado. Enquanto os primeiros estão associados ao conceito de sociedade civil, os segundos estão relacionados com a noção de economia de mercado. A sociedade civil e seus atores seriam diferentes do Estado e do mercado e de seus respectivos atores. Os atores estatais e de mercado seriam compelidos a agir em ambientes regidos pelo poder e pelo dinheiro, enquanto o mesmo não aconteceria com os atores sociais (Cohen, 2003). Segundo Cohen (ibidem, p.427), os atores sociais não visam tomar o poder do Estado ou organizar a produção, mas sim "exercer influência por meio da participação em associações e movimentos democráticos". Atores de mercado buscam controlar e administrar a produção, maximizar seus lucros no ambiente de trocas mercantis. Os decisores econômicos, por mais que discutam problemas como os impactos sociais ou ambientais de ações empresariais ou decisões estatais, não podem se furtar dos imperativos da produtividade e do lucro. O sentido principal de suas ações políticas seria guiado por tais imperativos.

Nas últimas duas décadas do século XX, a noção de "rede" se tornou paradigmática tanto na Sociologia quanto na análise de políticas públicas. O sociólogo Emirbayer lança seu "Manifesto por uma sociologia relacional" (Emirbayer, 1997), enquanto a analista de políticas públicas Börzel afirma que o termo *network* se tornou "o novo paradigma para a arquitetura da complexidade" (Börzel, 1998, p.1). Em ambos, a ideia de que existem atores cuja natureza não permite que sua posição no contexto da política seja determinada em relação ao Estado, ao mercado ou à sociedade civil. Esse seria o caso das comunidades de políticas públicas (*policy communities*) que agem em contextos de redes de políticas públicas (*policy networks*). A Sociologia tem privilegiado o estudo de redes sociais (Castells, 1999; Scherer-Warren, 1996; Melluci, 2001; McAdam, 2003) cujas fronteiras localizam-se principalmente no âmbito societal. Independentemente dos limites societais ou estatais das redes analisadas, as origens sociológicas mais recentes do conceito podem ser encontradas na obra de Elias (1994; 2000), que trata do "social" como conjunto de relações que estão "em processo, isto é: elas se fazem e desfazem, se constroem, se destroem, se reconstroem" (Waizbort, 1999, p.92). A sociedade é percebida como uma rede de indivíduos e grupos em constante relação, compreensível em termos de relações recíprocas (Elias, 1994, p.35). As comunidades de políticas são atores em rede que não podem ser situados como societais ou estatais, pois atravessam as fronteiras entre Estado e sociedade. Eles se constituem a partir das relações de atores individuais e coletivos no interior de redes existentes em áreas específicas de políticas públicas. Como afirmam os analistas de políticas públicas True, Jones e Baumgartner, elas podem ser denominadas "como triângulos de ferro, nichos temáticos, subsistemas políticos, redes temáticas", mas qualquer que seja a denominação adotada, ela se refere a uma comunidade de especialistas operando fora do processo político visível, em contextos nos quais a maior parte das questões de cada política setorial específica é tratada no interior de uma comunidade de experts (True; Jones; Baumgartner, 2007, p.157-8).

Redes sociais e normas sociais formam-se mutuamente. Categorias cognitivas, convenções, regras, expectativas e lógicas que dão às normas sociais sua força também são condição para a formação de relacionamentos e de redes estruturadas que funcionam como os "esqueletos" de campos ou de sistemas. Enquanto normas sociais dão forma às estruturas e condicionam comportamentos individuais e grupais, redes geram hierarquias que colaboram na definição de regras e para a sua eficácia.

Tema clássico da Sociologia, central na obra de Durkheim e de Weber, as normas sociais foram definidas de maneiras diversas conforme as abordagens teórico-epistemológicas. Por exemplo, para a teoria da escolha racional as normas estabelecem restrições, limites ou sanções aos possíveis cursos de ação de atores que buscam a realização de seus interesses, de modo que comportamentos não normativos envolvem altos custos para aqueles que porventura os escolherem. Para o interacionismo simbólico as normas sociais oferecem orientações sobre como pensar e agir a atores motivados pelos significados subjetivos que atribuem a suas ações e a todas as coisas. Tais significados são derivados das interações sociais e das interpretações que constroem inclusive sobre si (identidade ou *self*). Existem divergências básicas sobre se normas são regras, orientações ou regularidades empíricas, se elas envolvem necessariamente imperativos morais (Feld, 2002; Wilson, 1992) ou sobre que grupos são por elas beneficiados. No entanto, independentemente da perspectiva teórica adotada não há dúvida entre os sociólogos de que as normas sociais, principal fonte de ordem social e preditibilidade, são caracterizadas pela regularidade de comportamento e por sanções àqueles que não as seguem (Feld, 2002, p.638).

Fundamentais para a análise, formulação e implementação de políticas públicas, instituições podem tanto designar organizações responsáveis por inculcar normas sociais em indivíduos e grupos ou como normas sociais em si mesmas, "regras", "prescrições compartilhadas (deve, não deve, ou pode) que são mutuamente entendidas e previsivelmente implementadas em situações particulares por agentes responsáveis por monitorar a conduta e por impor sanções" (Ostrom, 2007, p.23). O estudo de instituições como organizações, mas também como normas sociais, tem como referências na Sociologia contemporânea as obras de Goffman (1959; 1961) e de Foucault (1979; 1987).

Goffman desenvolveu a teoria do ritual de Durkheim ao aplicá-la a todos os aspectos dos encontros sociais. Empregando a analogia do teatro, ele afirmava que os rituais não apenas criam imagens do *self*, negociam laços sociais e controlam os outros, mas também requerem recursos materiais e culturais (Collins, 1994, p.218-9). Ao mesmo tempo, mantêm a sociedade coesa, a estratificam. Ao analisar hospícios, prisões, campos de concentração, monastérios, orfanatos e organizações militares como instituições totais, seu foco recaiu sobre os rituais: que demarcam a rígida separação hierárquica entre dois grupos de "internos", os que trabalham na instituição e os que estão a ela confinados; e que asseguram que os confinados se livrem das identidades que tinham antes de entrarem na instituição e assumam novos papéis. Para ele são necessidades estruturais que comandam o processo de racionalização que leva à destruição do antigo *self* dos indivíduos e à criação de um novo *self* (Weinstein, 1982, p.268). Estudos inspirados na teoria de Goffman têm examinado também hospitais não psiquiátricos, asilos para idosos, entre outros tipos de organização (Holm; Smidt, 1997; Hook; Sobal; Oak, 1982).

A extensa obra de Foucault pode ser dividida em duas grandes fases: arqueologia do discurso e genealogia do poder/saber. Para as políticas públicas a segunda fase é a mais relevante, pois através dos conceitos de governamentalidade[3] e biopoder[4] focaliza o poder agindo explicitamente

3 "Foucault define governamentalidade através da conjugação de três elementos. Primeiro, o conjunto formado por instituições, práticas, análises, conhecimentos, cálculos e tácticas, que, por meio de mecanismos de segurança e da economia política, permite o exercício de um complexo tipo de poder sobre a população. O segundo elemento consiste na tendência para a proeminência do poder governamental em relação a outros tipos de poder, nomeadamente o poder soberano. Por fim, a governamentalização do estado administrativo, em combinação com os efeitos dessa governamentalização sobre as interacções entre os indivíduos, o estado e a sociedade." (Militão; Pinto, 2008, p.5).

4 O biopoder trata do conjunto de processos de natalidade, longevidade e mortalidade, seja comparando a proporção dos nascimentos e dos óbitos, seja verificando a taxa de fecundidade

sobre os corpos dos indivíduos, disciplinando práticas de ser e maneiras de compreender os outros (Chaput, 2009, p.92). Segundo ele o poder disciplinar – por meio de instituições modernas como o exército, a fábrica, o hospital, a medicina, a escola, o presídio – e o biopoder – ativando mecanismos regulamentadores estatais – desenvolvem políticas de coerção sobre o corpo, manipulando seus elementos, gestos e comportamentos. Porém o mais relevante não é a coação, mas o caráter produtivo do poder que constrói, destrói e reconstrói, transforma, acrescenta, diminui, modifica a cada momento e em cada lugar a si mesmo e a cada coisa com a qual se relacione (Pogrebinschi, 2004, p.199). Os estudos de Foucault tiveram grande influência em diversos ramos temáticos da Sociologia, tais como violência, saúde, educação, cultura, entre tantos outros.

Embora as perspectivas teóricas dos dois autores sejam contrastantes – Goffman, durkheimiano, e Foulcault, pós-estruturalista –, eles compartilham a preocupação em construir explicações para o modo como os indivíduos são e agem nas sociedades contemporâneas. Os autores coincidem em localizar as explicações nas estruturas sociais. Instituições sociais, entendidas como regras e também como organizações, compelem os indivíduos a assumirem papéis sociais a elas adequados, e a sociedade a se manter integrada (Goffman, 1959), e por meio do poder disciplinar e do biopoder constrangem as pessoas a serem normais e a sociedade a aumentar sua produtividade nas fábricas, na produção do saber, de serviços de saúde (Foucault, 1987). Não obstante postularem tais condicionamentos sociais, os dois autores reconhecem a importância do indivíduo em si mesmo – o *self* – particularmente na sociedade moderna. Para Goffman o *self*, "longe de constituir uma dimensão psicológica localizada e fixada no interior do indivíduo, é o resultado de um processo social" (Martins, 2008, p.140). Porém, os indivíduos que assumem papéis e posições em hierarquias sociais nas diferentes interações em que se envolvem procuram afirmar e preservar sua autonomia e dignidade pessoal diante do poder de forças estruturais,

---

de uma população. "Não intervém no indivíduo, no seu corpo, como faz o poder disciplinar; ao contrário, intervém exatamente naqueles fenômenos coletivos que podem atingir a população e afetá-la – disso decorre que precisa estar constantemente medindo, prevendo, calculando tais fenômenos e, para isso, o biopoder cria alguns mecanismos reguladores que o permitam realizar tais tarefas como, por exemplo, aumentar a natalidade e a longevidade, reduzir a mortalidade e assim por diante." (Pogrebinschi, 2004, p.176).

mediante uma variedade de pequenas estratégias de resistência, mesmo que não consigam obter um autodomínio absoluto de seus atos (Martins, 2008, p.143; Collins, 1994, p.218-9). Para Foucault (1996) o *self* estrutural e historicamente produzido busca transformar-se em "outro" em processos de autoconhecimento nos quais redefine seus princípios éticos. Para isso são acionadas "técnicas de si" por meio das quais indivíduos efetuam operações sobre seus corpos, seus pensamentos, suas condutas e seus modos de ser para "transformar-se a fim de atender um certo estado de felicidade, de pureza, de sabedoria, de perfeição ou de imortalidade" (Foucault, 1996, p.48). A concepção de indivíduos dos autores, portanto, é bastante complexa e se distancia do modelo utilitarista de indivíduos e grupos que agem motivados pelo autointeresse.

Dada a perspectiva microssociológica de boa parte desses estudos – mesmo se a dimensão microssocial é vista como reflexo de macroestruturas –, os instrumentos teóricos por eles desenvolvidos são particularmente úteis para o exame de processos de implementação de políticas públicas. Podem ser utilizados para analisar as relações entre os responsáveis diretos pela oferta de bens e serviços públicos e beneficiários. Ou ainda para o estudo de burocracias governamentais ou institucionais.

Perspectivas teóricas muito influentes na análise de políticas públicas, que atribuem causalidade às macroestruturas, concebem as regras, convenções e expectativas de como agir como instituições. Elas definem as ações consideradas apropriadas e as posições de indivíduos e grupos em estruturas sociais hierarquizadas, tratadas como sistemas macropolíticos, campos, sistemas ou subsistemas setoriais (Howlett; Ramesh, 1998; McCool, 1998; Orr, 2006; Sabatier, 1988; Worsham, 1998; 2006). A relevância da noção de instituições para a análise de políticas públicas se expressa na poderosa influência teórica do neoinstitucionalismo na área (Hall; Taylor, 1996; Peters; Pierre; King, 2005).

Os modelos analíticos neoinstitucionalistas são provavelmente hoje a referência teórica mais importante para o estudo de políticas públicas. Eles visam entender o papel da arquitetura institucional – que estrutura as interações e as transações que acontecem na arena política – na determinação de resultados sociais e políticos. O pressuposto central é o de que as regras institucionais, os procedimentos e as convenções moldam as preferências individuais e estimulam ou limitam as opções de comportamento de indivíduos e organizações por meio de certos mecanismos de incentivo ou de sanção (Scharpf, 1997; Hall; Taylor, 1996; Immergut, 1998; Ostrom, 1999). Para o neoinstitucionalismo a explicação dos processos e fenômenos sociais não se encontra unicamente nas preferências dos agentes, mas também nas características institucionais. A predominância da abordagem na análise de políticas públicas colaborou para a construção de uma agenda internacional de pesquisas sobre como arranjos institucionais colaboram para a produção de determinados resultados que não coincidem com aqueles que resultariam da agregação das preferências dos atores envolvidos ou da preferência dos atores individuais ou coletivos situados no topo das hierarquias sociais.

Entretanto, sob essa denominação estão abrigadas perspectivas com visões diversas sobre as relações entre estrutura e agência e, sobretudo, sobre o papel das normas sociais, usualmente tratadas como normas culturais, na construção de políticas públicas (Hall; Taylor, 1996). O neoinstitucionalismo da escolha racional e a teoria da escolha pública procedem da tradição racional/utilitária da Sociologia e, mais remotamente, das origens da economia como disciplina acadêmico-científica (Collins, 1994, p.188). O neoinstitucionalismo histórico e o sociológico têm suas raízes teóricas nas tradições sociológicas do conflito – baseadas nos estudos seminais de Marx e de Weber – e, no caso do segundo, na Sociologia durkheimiana.

Crescentemente estas e outras vertentes neoinstitucionalistas (Hay, 1996; 2002; Jessop, 1990; 2003) não apenas reconhecem a importância dos instrumentos analíticos uns dos outros como os utilizam em suas investigações (Hall; Taylor, 1998, p.959). Porém, o fazem sem abrir mão de seus modelos explicativos fundamentais ou de suas ontologias sobre estrutura e agência. Se para os analistas de políticas públicas esse ecletismo metodológico não surpreende, o mesmo não acontece com os sociólogos, especialmente quando se trata da teoria da escolha racional. É possível que isso se deva à associação da teoria da escolha racional à teoria econômica utilitarista, à teoria da escolha pública (Buchanan, 1984; Dennis, 1989; Mitchell, 1983) e ao utilitarismo conservador (Murray, 2000; Mead, 2000), vistos como francamente favoráveis aos interesses de mercado. Outra razão é que a teoria da escolha racional tem em suas origens a tradição sociológica racional/utilitária, cuja importância ficou restrita à Sociologia americana. Na seção seguinte será examinado como, desde a década de

1980, o paradigma racional/utilitário se transformou, para usar a metáfora de Collins (1994, p.123), de um minguante córrego paralelo aos rios das disciplinas das ciências sociais em uma enchente poderosa que transbordou sobre os leitos desses rios e ultrapassou as separações disciplinares.

A tradição racional/utilitária e a análise da implementação de políticas

O crescimento da importância de abordagens teóricas utilitaristas tanto para a análise como para a formulação e implementação de políticas públicas a partir dos anos 1980 é incontestável (Deacon; Mann, 1999; Hoggett, 2001; Jordan, 2005; Le Grand, 1997, 2003; Taylor-Gooby, 1997). Le Grand (1997; 2003)[5] argumenta que, em parte, isso é resultado de uma importante alteração nas crenças de decisores e analistas sobre o comportamento e as motivações humanas. O desenvolvimento de políticas keynesianas e dos Estados de bem-estar social, após a Segunda Guerra Mundial, fundamentava-se em dois pressupostos. Aqueles que financiavam e ofereciam bens e serviços sociais eram motivados, primariamente, pelo altruísmo. A estes o autor denominou "os cavaleiros" [*knights*]. O outro pressuposto é o de que a maioria dos demandantes de benefícios e serviços de bem-estar eram recipientes passivos, como os "peões" no jogo de xadrez [*pawns*]. Nos anos 1980, no entanto, iniciou-se uma mudança em direção a políticas baseadas em outro pressuposto: o de que os financiadores, decisores e provedores de políticas públicas, bem como os beneficiários das políticas, são atores "ladinos" [*knaves*], autointeressados. Paralelamente os beneficiários de políticas de bem-estar passaram a ser vistos como consumidores ativos, mais habilitados e capazes de "escolher" do que teria sido antecipado pelos arquitetos dos Estados de bem-estar clássicos.[6]

A atribuição de motivações altruístas a financiadores, gestores e provedores e a expectativa de comportamento passivo de beneficiários de políticas públicas estão associadas às concepções durkheimianas (Durkheim, 1999;

---

5 Para uma crítica à teorização de agência de Le Grand, ver Deacon (2004).

6 Para uma discussão sobre a visão de beneficiário de políticas sociais de Titmuss, ver Welshman (2004).

Goffman, 1959) que inspiravam os analistas e defensores do Estado de bem-estar social nos anos 1940. Para eles a estrutura social, ou simplesmente, a sociedade, tinha a primazia sobre os indivíduos. Constituída como um casulo em torno dos indivíduos, a estrutura social tornava-os menos individualistas e mais propensos a se tornarem gregários. A moralidade altruísta, as hierarquias sociais e, portanto, o comportamento conformado originam-se nas interações rituais intensas que focam a atenção dos indivíduos nos outros, nos grupos sociais (Durkheim, 2008, p.64-79; Collins, 1994, p.190-1). Os padrões de ação e cognição dos indivíduos não apenas são limitados por processos sociais como são produzidos por eles.

Na área de políticas públicas, as críticas a esta que foi considerada uma "visão limitada da agência humana" vieram principalmente de analistas utilitaristas conservadores (Mead, 2000; Murray, 2000), de defensores da "terceira via" (Le Grand, 1997; 2003; Giddens, 1996) e de autores feministas, pós-colonialistas e pós-modernos. Os dois primeiros tipos de crítica são particularmente relevantes porque se baseiam em tradições sociológicas clássicas: respectivamente, a racional/utilitária e uma justaposição das tradições weberiana e durkheimiana combinada com a racional/utilitária. Além disso, suas críticas ao modelo de Estado de bem-estar social vigente na década de 1980 e suas proposições reformistas orientaram mudanças nos desenhos institucionais e modos de implementação de políticas públicas nos EUA, países europeus, latino-americanos e de outros continentes.

A tradição racional/utilitária, pouco influente na Sociologia até os anos 1980, concentrava sua atenção em analisar como um bem maior poderia ser produzido, em ambientes livres de restrições corporativas, institucionais ou legais para o acesso dos indivíduos à possibilidade de produzir e consumir bens (Collins, 1994, p.136-7). Os agentes nesse ambiente de mercado livre são os indivíduos e organizações autointeressados, que ao buscar satisfazer seus interesses e obter o que é melhor para si, produziriam o aumento geral dos bens na sociedade. As organizações são incorporadas mais tarde na teoria, tendo em vista que o fato dominante nas sociedades contemporâneas não é o mercado livre e sim a existência de burocracias de larga escala, sejam elas governamentais, corporativas, militares, educacionais, religiosas, ou de outro tipo. A sociedade moderna e industrializada é uma "sociedade de organizações" (Coleman, 1990).

No entanto, a teoria da escolha pública (Buchanan, 1984; Dennis, 1989; Mitchell, 1983) e os utilitaristas conservadores (Murray, 2000; Mead, 2000) não viam com bons olhos o crescimento das burocracias governamentais. Preconizavam sua redução ou, como defendia Mead (1997), o aumento da ação dos governos para diminuir os efeitos deletérios da "cultura da dependência" disseminada entre os pobres graças à ação dos Estados de bem-estar social. Criticavam também as limitações teóricas do conceito de agência aplicado a beneficiários, burocratas e provedores de serviços e bens públicos. Os "peões" e "cavaleiros", para utilizar a analogia de Le Grand, não eram desprovidos de interesse próprio e, no caso dos primeiros, eram capazes de fazer escolhas, mas permaneciam dependentes da tutela de burocracias interessadas em manter ou aumentar o número daqueles que delas dependiam.

A teoria utilitária econômica não se preocupava com aquilo que é o foco principal das tradições sociológicas: a desigualdade, as hierarquias sociais e o poder. Assim, sua visão sobre a agência de indivíduos e organizações confrontava-se com a predominante na Sociologia. Para os utilitaristas, os indivíduos são atores racionais que buscam maximizar suas vantagens ou mantê-las em nível satisfatoriamente aceitável (Simon; Marsh, 1967). Admitem, entretanto, que essa racionalidade é limitada. As tradições sociológicas durkheimianas, estruturalistas e pós-estruturalistas viam pouco espaço para a ação racional dos indivíduos, além da resistência aos papéis que sua posição nas estruturas sociais lhe atribuía. Mesmo o marxismo, que concebia teleologicamente a possibilidade de indivíduos alcançarem a consciência de classe e o protagonismo do proletariado, desenvolveu o conceito de alienação para mostrar como a macroestrutura capitalista dificultava a concretização dessa possibilidade. A exceção era a vertente weberiana, que atribuía às ideias e à religião papel central nas mudanças sociais e que considerava que o fim máximo da Sociologia era o de compreender as motivações dos indivíduos para a ação.

A obra de Giddens, tributária das tradições sociológicas estruturalista, durkheimiana e, principalmente, weberiana, enfrentou o desafio de construir uma teoria da agência. A teoria da estruturação e o conceito de reflexividade dos agentes se constituíram em fundamentos teóricos das propostas da "terceira via", defendida pelo autor (Giddens, 1996). A aproximação com a tradição sociológica racional/utilitária se expressa na concepção de indivíduos que podem intencionalmente fazer escolhas. Eles não estariam meramente seguindo "roteiros" – ou regras – institucionais ou estruturais, mas seriam agentes reflexivos. Giddens (1989) trouxe a noção de agência para o centro do debate teórico em diversos campos da teoria social, marcadamente na Sociologia política. A teoria da estruturação por ele elaborada visava superar o dualismo de análises objetivistas e subjetivistas, que concebiam estrutura e agência como separadas e diferentes. Para ele, estruturas não têm existência independente fora da ação dos sujeitos. Elas somente existem na medida em que são reproduzidas pela ação. Elas existem nas e através das ações humanas. Giddens (1989) também argumenta que os seres humanos são agentes reflexivos. Os homens são responsáveis por suas ações, embora não possam ser responsabilizados pelas circunstâncias dentro das quais fazem suas escolhas. Entretanto, quaisquer que sejam as circunstâncias, sempre há a possibilidade de optar entre alternativas.

Vários estudos têm apontado fragilidades teórico-metodológicas na teoria de Giddens (Archer, 1990; Hoggett, 2001; McAnnula, 2002; Williams, 1999). Critica-se principalmente uma acentuação exagerada no conhecimento dos atores sobre as instituições, o viés voluntarista e a subestimação do funcionamento subjacente das instituições [*acting behind our backs*]. Apesar das críticas que provocou, o trabalho de Giddens inspirou análises e propostas na área de políticas públicas que focalizam a ação humana, em contraste com aquelas que enfatizam, principalmente, estruturas e instituições como condicionantes da ação. A concepção de que os beneficiários de políticas de bem-estar são consumidores ou usuários ativos, capazes de refletir e fazer escolhas, defendida por governos trabalhistas, na Grã-Bretanha, e democratas, nos EUA, a partir dos anos 1990, encontrava suporte nas formulações de Giddens sobre a agência dos indivíduos. Em vários aspectos, observa-se a convergência entre a corrente racional/utilitária e a teoria da modernidade reflexiva de Giddens no que tange às propostas de reforma do Estado de bem-estar. Ambas defendiam a instituição de mecanismos de "quase-mercado"; a implementação de políticas que oferecessem incentivos e sanções para beneficiários, provedores, gestores e burocracias governamentais, com o objetivo de estimular certos tipos de comportamento; condenavam o monopólio governamental na provisão de bem-estar; e advogavam a sistematização e difusão da informação sobre qualidade de serviços. Uma diferença é que o incentivo à mudança de comportamento de beneficiários, nas propostas da "terceira via", se concentrava no estímulo à inserção no mercado de trabalho, enquanto as propostas inspiradas no utilitarismo conservador também fomentavam o retorno a padrões tradicionais de comportamento sexual e de organização familiar. Exemplo disso foi a campanha "*back to basics*", do governo conservador, no início dos anos 1990, na Grã-Bretanha. Entretanto, o principal contraste entre as duas abordagens é o foco da teoria da estruturação e da modernidade reflexiva nas desigualdades e hierarquias sociais, tema que ocupa lugar secundário entre as preocupações da teoria da escolha pública e dos utilitaristas conservadores.

Não é novo o acoplamento do conceito de agência autointeressada atuando em mercados de bens materiais ou imateriais com a ênfase em processos sociais que produzem desigualdades. Provavelmente o que levou à disseminação da abordagem racional e econômica nas ciências sociais foi a tendência de sociólogos a encontrar vários tipos de mercado (Collins, 1994, p.139-40). Foram caracterizados e analisados os mercados sexuais e de casamento (Cater; Glick, 1976; Szinovacz, 1987), das credenciais educacionais (Collins, 1979; Bourdieu; Passeron, 1976), o mercado de trabalho que estratifica as oportunidades por critérios étnicos (Bonacich, 1972), o mercado do crime (Schelling, 1973), entre outros. A teoria das trocas, que inicia esse movimento (Blau, 1964), tem como pressuposto que a interação entre indivíduos ou coletividades pode ser caracterizada como uma tentativa de maximizar recompensas – materiais e imateriais – e reduzir custos – materiais e imateriais (Ramos, 2002).

Na análise de Blau sobre troca e poder, quatro recursos de poder podem ser encontrados: dinheiro, aceitação social, estima ou respeito e aprovação social: "(...) [O] lucro que uma pessoa tem com uma troca social é equivalente à diferença entre recompensas menos custos" (Homans, 1961 apud Ramos, 2002, p.164).

A abordagem sociológica da teoria das trocas manifesta-se no exame da estratificação social derivada da falta de balanço nas trocas sociais. Como uns têm mais a oferecer que outros (popularidade, conexões sociais, beleza, juventude), os mais poderosos na relação são capazes de estabelecer uma taxa de trocas o mais favorável possível a eles. Independentemente das críticas que provocou – especialmente do feminismo, ao apontar a desumanização dos agentes das trocas (England, 1989) – o que importa aqui é salientar que a teoria construía modelos de mercados sociológicos com estrutura social constituída pelas próprias trocas. Alguns exemplos da utilização da teoria podem ser encontrados na análise da enorme expansão da educação, paralelamente à manutenção de um sistema educacional altamente estratificado, nos EUA; nos estudos do "mercado de trabalho dividido", cuja questão analítica crucial era as barreiras que impediam que pessoas em diferentes ocupações competissem pelos mesmos, e mais atrativos, postos de trabalhos, barreiras essas responsáveis pelas desigualdades nesse mercado (Collins, 1994, p.144-50). Os analistas que empreenderam as investigações, no entanto, provavelmente não consideravam que seus estudos fossem principalmente tributários da tradição utilitária/racional e sim da tradição sociológica do conflito, weberiana. Isso porque, ao invés de exaltarem as virtudes dos mercados, concentravam sua atenção em "mostrar como as desigualdades sociais são criadas e mantidas pelos obstáculos que separam setores da competição livre de mercado" (idem, p.150).

Giddens e seus seguidores (Le Grand, 1997; 2003; Giddens, 1996; 2000), no entanto, compartilham com os teóricos da escolha pública e com os utilitaristas conservadores o entusiasmo pelos mercados e a desconfiança nas burocracias governamentais (Deacon, 2004). Porém, estudos que se valem dos recursos teórico-metodológicos da tradição sociológica racional/utilitária na análise de políticas públicas não necessariamente incorporam o viés pró-mercado. Utilizam partes de seu modelo analítico para entender o funcionamento do macrossistema político e dos sistemas e subsistemas setoriais de políticas públicas, assim como o fizeram os teóricos das trocas sociais na análise de seus objetos de pesquisa.

Expressão disso foi o debate entre Hall e Taylor (1996; 1998) e Hay e Wincott (1998) sobre as ontologias sociais e as concepções a respeito das relações entre agência e estrutura nas abordagens neoinstitucionalistas da escolha racional, sociológica e histórica. Não há dúvida entre os autores de que a abordagem do institucionalismo da escolha racional sobre a agência é baseada na ideia do *calculus* dos agentes sobre como agir diante de uma dada estrutura institucional, considerando a sua posição e a de outros agentes na estrutura social. Não divergem ainda ao admitir que o institucionalismo sociológico fundamenta-se na cultura ao salientar o papel de imperativos cognitivos e normativos – estruturas normativas – que se originam fora das fronteiras estatais que podem favorecer ou impedir que os agentes adotem políticas (Miller; Banaszak-Holl, 2005). A divergência recai sobre a possibilidade de conjugar essas duas ontologias no institucionalismo histórico. Para Hall e Taylor (1998), assim como para este capítulo, essas ontologias não são incompatíveis. A primazia de uma abordagem não impede o reconhecimento da importância e a utilização de instrumentos analíticos da outra. Para esses autores, não apenas o institucionalismo histórico utiliza formulações concebidas pelo institucionalismo da escolha racional e sociológico, como há um crescente reconhecimento entre os institucionalistas da escolha racional de que os atores, as instituições com as quais eles operam e o senso comum que informa a ação são culturalmente construídos (Hall; Taylor, 1998, p.959).

Para além de sua importância na análise de políticas públicas, de todas as teorias sociais correntes, a racional/utilitária, na sua encarnação contemporânea, tem sido a mais usada na formulação e implementação de políticas públicas (Collins, 1994, p.178). Isso se deve ao entusiasmo com que governos da nova direita, conservadores e da terceira via adotaram prescrições formuladas pela teoria da escolha pública e por utilitaristas conservadores. Porém, seu sucesso é motivo de debate, pois o aumento de eficiência e a redução de gastos governamentais podem ter como contrapartida o aumento de desigualdades sociais e de barreiras de acesso para aqueles que necessitam de benefícios e serviços sociais (Hogget, 2001; Borges, 2001).

As tradições do conflito – marxistas, weberianas, feministas e pós-colonialistas – são agudas em suas análises das diversas dimensões e explicações da produção e reprodução de desigualdades. Assim como também o é a tradição durkheimiana, com sua ênfase nas condições estruturais, nas normas culturais e sociais, na produção de solidariedade. Essas tradições sociológicas podem auxiliar no desenho de políticas que levem em conta os padrões estruturais de iniquidade social e política, e os imperativos culturais que podem tanto favorecer como impedir a viabilidade de políticas públicas. Estudos inspirados nas diversas tradições sociológicas têm abordado de modo crescente temas do campo das políticas públicas. Independentemente de sua aplicabilidade para a formulação e implementação de políticas públicas, a disciplina vem se tornando cada vez menos abstrata e mais orientada para "problemas" da sociedade, seguindo uma proposição básica de um dos "pais fundadores" da área, Harold Lasswell. Afinal, as *policy sciences*, conforme o termo cunhado por Lasswell, seriam guiadas por três premissas básicas: (1) multidisciplinaridade, (2) foco no contexto social e seus problemas e (3) com o objetivo claro de resolver os problemas enfrentados pela sociedade (Lasswell, 1943; Lasswell; Lerner, 1951).

A Sociologia no Brasil tem se dedicado a analisar temas que são típicos do campo das políticas públicas. Os problemas investigados são informados por teorias de longo, médio e curto alcance, que se situam no campo sociológico. Porém, com frequência são estabelecidas interfaces com teorias de outros campos de conhecimento, conforme a natureza do objeto de pesquisa. Sua principal contribuição para o campo das políticas públicas é a de fornecer subsídios que podem vir a ser incorporados na análise e na gestão das políticas. Como será visto a seguir, por várias razões, esses estudos não apenas estão presentes na agenda de pesquisa da Sociologia no Brasil como são os mais investigados.

A Sociologia no Brasil e o tema das políticas públicas

A Sociologia no Brasil tem participado da consolidação do campo das políticas públicas no país. Parcela considerável da produção de pesquisa da disciplina está voltada à análise de temas direta ou indiretamente relacionados ao campo. Evidências disso são as linhas de pesquisa dos programas de pós-graduação da área de Sociologia. A pós-graduação expressa o estado da arte de uma disciplina, porque os temas que organizam os esforços de pesquisas e as disciplinas ministradas indicam as tendências em termos de investigação e de formação de profissionais habilitados a capacitar outros profissionais em nível de pós-graduação e de graduação. A avaliação da pós-graduação em Sociologia e ciências sociais na Coordenação de Aperfeiçoamento de Pessoal de Nível Superior (Capes) é integrada por programas em ciências sociais, em Sociologia, em Sociologia Política, em Planejamento e Políticas Públicas e em Sociologia e Antropologia. Em 2008 estes eram, respectivamente, 26, 15, 3, 2 e 1, somando um total de 47 cursos. A análise aqui empreendida se refere, no entanto, apenas aos programas de Sociologia. O gráfico a seguir sistematiza os temas em torno dos quais se organizavam, então, as 99 linhas de pesquisa distribuídas entre catorze dos quinze programas de pós-graduação que integravam a área de avaliação da Capes.[7]

7 São quinze programas, mas a análise trata de catorze, pois o programa do Instituto Universitário de Pesquisas do Rio de Janeiro (Iuperj) não apresenta linhas de pesquisa nem nos documentos que estão no site da Capes, nem no site do próprio programa.

Gráfico 1 Distribuição dos temas abordados nas linhas de pesquisa dos programas de pós-graduação em Sociologia, por programa – número e percentual (2008).

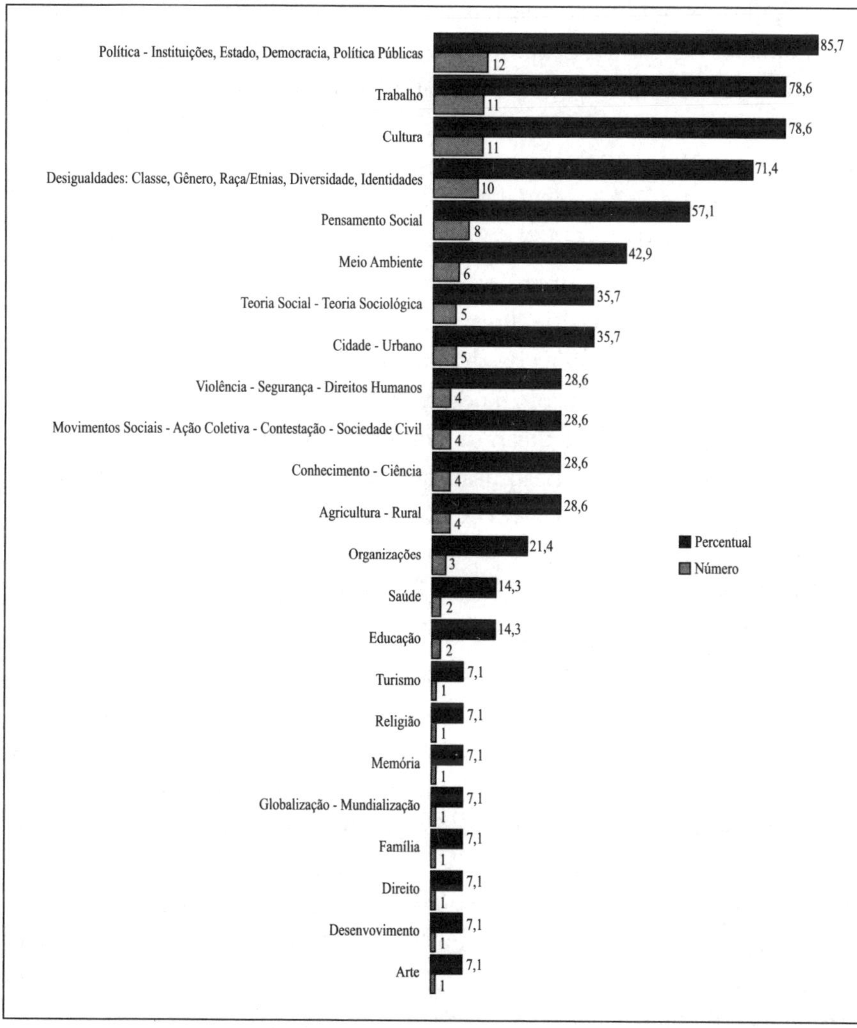

Fonte: Capes 2010. Disponível em: <http://conteudoweb.capes.gov.br/conteudoweb/ProjetoRelacaoCursosServlet?acao=pesquisarIes&codigoArea=70200009&descricaoArea=CI%CANCIAS+HUMANAS+&descricaoAreaConhecimento=SOCIOLOGIA&descricaoAreaAvaliacao=SOCIOLOGIA>.

Dentre os catorze programas analisados, doze apresentavam em suas linhas de pesquisa a preocupação com problemas relacionados à esfera da política (política – instituições, Estado, democracia, políticas públicas). Em oito desses doze programas há linhas cuja denominação inclui o termo "políticas públicas ou gestão". Também se constata que temas como desigualdades de classe, gênero, raça/etnia, diversidade, identidades, tão relevantes para o exame do polo societal da relação entre Estado e sociedade na análise de políticas públicas, são tratados em dez dos doze programas examinados. Observe-se, porém, que são temas transversais. Ao lado das desigualdades de classe, tradicionalmente focalizadas pela Sociologia no Brasil – especialmente em estudos na área de sociologia do trabalho (presente em onze dos catorze programas) –, estão sob escrutínio outras desigualdades decorrentes de diferenciações relacionadas a gênero, raça ou etnia, bem como às questões da diversidade e das identidades sociais. Os estudos em áreas como sociologia do trabalho, da educação, da agricultura ou da saúde também se dedicam a examiná-las. Assim, como seria de se esperar, a maior parte das pesquisas, ao tratar de objetos relevantes para o campo das políticas públicas, se dedica a examinar o polo societal das relações entre Estado e sociedade.

No entanto, a concentração de pesquisas em questões relacionadas à esfera da política chama atenção. As razões para isso são variadas. A Sociologia foi a ciência social original da qual se derivaram as demais. Para o sociólogo, que identifica na origem da disciplina a ambição de compreensão ou explicação das diversas dimensões das sociedades, a separação analítica de objetos a serem pesquisados não parece fazer sentido. Outro motivo é que para investigar tais dimensões a disciplina tem recorrido às diversas áreas e subáreas das ciências sociais, mas predominantemente a teorias e modelos analíticos provenientes da Ciência Política e da Antropologia. A terceira razão é a indução à interdisciplinaridade que a Capes promoveu na avaliação da pós-graduação ao agregar, em um mesmo comitê, os cursos de Sociologia e de ciências sociais (SBS, 2010), enquanto foram distribuídos em outros dois comitês os programas de Antropologia e Arqueologia e de Ciência Política e Relações Internacionais.

Assim, a contribuição da Sociologia no Brasil para o campo das políticas públicas se expressa no esforço de investigar as próprias políticas públicas, as identidades e as desigualdades sociais. Porém, em geral, os estudos desenvolvidos não são avaliações ou análises de "políticas de políticas": são estudos sociológicos sobre a sociedade, as relações sociais e políticas e as culturas institucionais de organizações. Como tal, podem ser utilizados por analistas e gestores de políticas públicas ou de organizações que oferecem serviços ou bens públicos. Talvez, na prática, exista algum nível de superposição entre as tarefas que vêm sendo desenvolvidas por sociólogos e analistas de políticas públicas. No entanto, os objetivos dos estudos sociológicos não são e não devem ser os de produzir recomendações ou soluções para questões que poderiam ser classificadas como problemas por gestores ou analistas de políticas públicas ou organizações, mas sim os de descrever, explicar ou compreender objetos daquelas temáticas sob perspectivas teóricas da Sociologia.

Conclusões

Neste capítulo foram apresentadas duas respostas à indagação sobre a contribuição da Sociologia para a análise de políticas públicas. A primeira dentre elas destacou a importância dos recursos teóricos que a disciplina oferece ao se debruçar sobre temas que abordam o polo societal das relações entre Estado e sociedade. Para isso, a disciplina analisa as interações políticas entre estrutura social e instituições políticas, os grupos sociais e as normas sociais. Embora sejam apresentadas as raízes clássicas dos estudos que tratam desses temas, o foco recaiu sobre as perspectivas contemporâneas.

Após salientar que o neoinstitucionalismo tem sido, desde os anos 1980, o principal referencial teórico para a análise de políticas públicas, a segunda resposta focalizou a importância que a tradição sociológica racional/utilitária assumiu nos últimos trinta anos. Se por um lado essa tradição deu origem a teorias utilitaristas conservadoras e da escolha pública – que orientaram as reformas dos Estados de bem-estar social de governos da nova direita, conservadores e, em certa medida, da terceira via –, por outro, formulações da teoria da escolha racional são utilizadas por outras vertentes teóricas. Isso porque há o reconhecimento, inclusive entre os neoinstitucionalistas, de que os agentes são reflexivos e capazes de fazer escolhas, ainda que limitados pelas circunstâncias em que se encontram; e de que as instituições com as quais os agentes operam e o senso comum que informa a ação são culturalmente construídos.

Entretanto, outras tradições sociológicas, que não a racional/utilitária, também contribuem para a análise de políticas públicas. O desenho de políticas viáveis deve levar em conta os resultados de estudos baseados nas tradições sociológicas do conflito – marxistas, weberianas, pós-estruturalistas, feministas, pós-colonialistas, entre outras – e durkheimianas. Eles evidenciam a existência de certos padrões estruturados de iniquidade social e política, o modo como se produzem e reproduzem sistemas de dominação, e explicitam como imperativos culturais afetam ou mesmo inviabilizam o sucesso de projetos governamentais.

Este capítulo ainda examinou o lugar que objetos de pesquisa relacionados às políticas públicas ocupam na agenda de pesquisas da Sociologia no Brasil. Para isso usou como indicador sua presença nas linhas de pesquisa dos programas de pós-graduação da disciplina. Constatou-se que as políticas públicas estão presentes na grande maioria deles. Outros temas essenciais para a análise de políticas, como as desigualdades e as identidades, também são pesquisados. Portanto, a área dedica-se a investigar a esfera política e o polo societal das relações entre Estado e sociedade.

Diversas áreas científicas podem colaborar para a análise e a gestão de políticas públicas ao produzir conhecimento sobre diversos aspectos a elas relacionados. Todavia, a utilização desse conhecimento dependerá do interesse de analistas e gestores de políticas públicas. Espera-se que este capítulo colabore para o debate ainda incipiente no Brasil sobre as relações entre Sociologia e políticas públicas, uma vez que, como foi demonstrado, a primeira é provavelmente uma das principais fontes teóricas para a construção de modelos analíticos da última.

As políticas públicas segundo a Antropologia

Piero C. Leirner

A relação entre a Antropologia e as políticas públicas não se constitui de maneira nem óbvia nem direta, uma vez que ela supostamente poderia ser definida como uma "ciência do observado" (Lévi-Strauss, 1974) e, por decorrência, em suas linhas raramente se viu consolidada a "observação" (no sentido de torná-la o próprio objeto da pesquisa) de políticas ou de agentes ligados à elaboração de políticas públicas. Diria, de maneira geral, que a ligação entre ambas, quando existiu, foi em grande parte permeada por uma tensão inerente às relações entre o Estado, as políticas públicas e os "nativos" (objetos da Antropologia, portanto) que são alvo destas. Isso, pelo menos, se realizarmos um sobrevoo muito distanciado e genérico pelas paisagens etnográficas que a disciplina produziu desde o começo do século passado.

No entanto, se olharmos na filigrana, veremos um quadro um pouco diferenciado. De um lado, as relações entre os antropólogos e o Estado nem sempre foram tão desimbricadas quanto o que certa "pureza acadêmica" poderia pretender. E, de outro lado, também foi um fenômeno bastante comum o fato de antropólogos se converterem em "agentes nativos" na negociação de processos que envolvem políticas públicas. Quando nos voltamos para o quadro brasileiro, isso parece se acentuar ainda mais, e se intensifica com o fato de que os antropólogos daqui estão, em vários níveis, ao mesmo tempo muito próximos dos "nativos" e também do próprio Estado. Constatamos que os nossos "outros" são os "mesmos" "brasileiros" que nós, ao mesmo tempo que o Estado/Governo(s) frequentemente acessa a população acadêmica das ciências sociais para compor seus quadros.

Este capítulo não tem a pretensão de resolver a questão, de longe complexa e delicada demais, merecedora de uma pesquisa muito mais detalhada.

No entanto, o objetivo aqui é elaborar um quadro com a sugestão de uma tipologia para se analisar as relações entre a Antropologia e as políticas públicas, o que, no fim das contas, esbarra também em um problema que toca as relações entre Antropologia (e antropólogos) e o Estado. A ideia é pensar essa tipologia a partir de modalidades de inserção de antropólogos no Estado, pensadas, sobretudo, em relação à maneira pela qual no momento se constituem as principais linhas de pesquisa nos programas de pós-graduação em Antropologia do país.

Para chegar a este quadro geral, passaremos antes resumidamente pelos pressupostos clássicos que a disciplina criou a partir de um repertório conceitual sobre termos como "política", "Estado", "cultura" e "sociedade" (enfim, o minimamente necessário para lidarmos com o tema). Veremos como esses conceitos "migraram" para o contexto da antropologia brasileira para, em seguida, buscar a relação entre a posição dos antropólogos no campo das políticas públicas e a grade temática das linhas que a Antropologia está gerando nesses últimos anos. O que, no fim das contas, é uma tentativa de responder a uma interrogação sobre as conexões entre temas que a disciplina levanta e o modo pelo qual os antropólogos enxergam suas relações com seus "nativos" ou "objetos" de pesquisa.[1] Tais relações, portanto, são o pano de fundo para pensar o problema geral da Antropologia e as políticas públicas.

As formas estatais de vida antropológica: lá e cá

Embora na sua tradição clássica a Antropologia tenha lidado com o que se chamava de "sociedades sem Estado", é notável que a "política" não só não foi um termo ausente na visão que se tinha das relações sociais, como em certos casos emblemáticos chegou ao status de conceito central para certas realidades etnográficas. Já no começo da história da disciplina, com os

1 Peço perdão pelo excesso de aspas, no entanto, é notório que a partir dos anos 1970 a autocrítica da disciplina impôs certo zelo em relação à tomada dos coletivos estudados enquanto "objetos", "grupos", "sociedades", "totalidades" e/ou ainda quaisquer outros termos que signifiquem um sobrerrisco de imposição de categorias ocidentais aos "outros" (aliás, a própria ideia de "outro" também pode ser questionada, por isso as aspas aqui também). Deixemos essa discussão para os antropólogos da Antropologia (Kuper, 2002; Wagner, 2010 [1975]).

evolucionistas do século XIX e primórdios do XX, a ideia de comparação com as "sociedades do Estado" levou à classificação das sociedades em termos de sua "complexidade sociopolítica". Daí, por exemplo, as noções de "bandos", "hordas", "tribos" e "cacicados" acabarem por servir de verdadeiros indexadores que projetavam a diferença em termos de um passado imaginado. Ou seja, de algumas maneiras o que ocorria nessas sociedades era equacionado como espécies de protoplasmas de formações estatais, sendo que as modernas representariam o ápice da evolução humana.

Ainda que de maneira crítica ao universalismo evolucionista, a postura colocada especialmente pela antropologia britânica pós-anos 1920, mesmo visando um foco relativista e apelando sobretudo para uma condição de "presente etnográfico", não abandona por completo o problema da comparação das sociedades ditas "primitivas" e uma suposta "ausência de Estado". O problema era sobretudo pensar a organização social em termos de um certo juralismo (no sentido de pensar o correspondente jurídico-político de lá, em termos da regulação dos papéis, do status e da transmissão de propriedades físicas e simbólicas dos grupos sociais), mas sem a presença de uma instituição que de maneira singular "representasse" a organização social aos moldes de uma forma qualquer de governo. Assim, tornava-se essencial entender que setores da vida social se ocupariam de funções típicas do Estado, como, por exemplo, a mediação de conflitos, a guerra e a transmissão da propriedade.

Para B. Malinowski (1920), por exemplo, a guerra trobriandesa poderia ser encarada mais como um *feud* ritualizado, no qual as facções particulares da sociedade procurariam constantemente elaborar um sistema de compensações através de trocas que normalizariam as perdas causadas por conflitos. Já para A. R. Radcliffe-Brown as funções do Estado seriam reequacionadas em sistemas de parentesco, que operariam simultaneamente o problema da transmissão do afeto e as obrigações jurídicas. A diferença básica em relação às sociedades ditas "complexas" é o fato de que essas soluções não teriam passado por um processo de autonomização das esferas e, assim, a condensação funcional em torno de uma única dimensão da vida social faria essas sociedades, por contraste, operar de maneira "simples".[2]

2 Note-se que em grande medida esse esquema replica a fórmula durkheimiana de contraste entre solidariedade mecânica e solidariedade orgânica.

Ainda na esteira dessa tradição da Antropologia, possivelmente o ápice da problemática do imbricamento entre parentesco e política se dá na década de 1940 com a consagração dos chamados estudos de "antropologia política", cujas obras mais representativas são sem dúvida *African Political Systems* [Sistemas políticos africanos] (1940), de Meyer Fortes e Edward Evans-Pritchard, e a monografia *The Nuer* [Os Nuer] (1940), também deste último. Nesta, por exemplo, encontramos uma célebre formulação que equaciona o parentesco, tomado como sinônimo da formação de grupos corporados por sistemas de descendência, e a política, mostrando como o corpo social tem inscrita uma estrutura que tensiona permanentemente equilíbrio e conflito.[3] A partir de uma lógica situacional, os grupos tenderiam a produzir alianças específicas como contrapartida de conflitos localizados em relação a determinados grupos rivais. Algo como "se X é inimigo de Y, e Z, que é meu inimigo, é aliado de Y, então sou aliado de X" (assim, potencialmente, amigos de inimigos são inimigos; inimigos de inimigos são amigos). Tudo isso é visto sob uma lógica de relações tomadas a partir de um cálculo de antepassados comuns, realizando assim um "sistema de linhagens sem reinados".

Não é de todo absurdo pensar que parte da motivação que produziu a ideia de "política" como centro de referência conceitual para a disciplina nessa época vinha do fato de que os então Estados coloniais, sobretudo britânicos, requisitavam um entendimento das categorias locais de modo a aumentar a eficácia do entrelaçamento entre a administração colonial com as populações nativas. De certa maneira, isso acabou se traduzindo numa oposição entre um Estado metropolitano dinâmico e uma política nativa estática e engessada em sistemas estruturais previstos no interior de linhagens, clãs etc.

Claro que essa ideia de "equilíbrio estático" tenderia a mudar tão logo as relações com a metrópole tensionassem e mudassem a configuração das realidades etnográficas nativas. Sociedades estudadas em lugares como a África subsaariana ou o Sudeste asiático apresentariam um rápido panorama de transformações, e, com ele, a própria ideia que a Antropologia tinha de política (como equilíbrio social, sobretudo) tenderia a se transformar.

3 Tal estrutura aciona constantemente a figura de um chefe mediador, que alegoricamente funcionaria como uma espécie de "Estado portátil" (a expressão foi usada por Eduardo Viveiros de Castro em palestra no PPGAS/UFSCar, 2009).

Este é um ponto interessante de frisar, pois mostra que em grande parte os conceitos que a Antropologia elabora estão necessariamente associados às paisagens etnográficas a que ela se remete.

Assim, por exemplo, a ideia de política em E. Leach (1997 [1954]), tomada a partir do caso Kachim (uma sociedade bastante heterogênea localizada na Alta Birmânia, atual Myanmar), lança mão de um importante debate na Antropologia sobre a tensão entre modelos e processos decisórios. Para ele, de um lado as sociedades elaboram uma gramática bem estruturada em sua representação ideal de mundo (algo que se assemelharia a um corpo legislativo), mas de outro os agentes de carne e osso constantemente elaboram decisões e práticas que, ao mesmo tempo que transformam a vida social, produzem possibilidades e alternativas ao esquema ideal (o que, em certa medida, se assemelha muito a uma noção de democracia à *polis* grega).

Posteriormente, toda uma geração de antropólogos que saiu do âmago da Antropologia Política, já nos anos 1950 e até recentemente, percebeu que o Estado volta e meia aparece como fator de "dominação/desestabilização" de sistemas sociais: emerge a figura de um Estado transcendente[4] do sistema colonial, em que muito dos conflitos e transformações sociais passaram a ser pensados a partir da fórmula "forças centrais *versus* modelos tradicionais" (Gluckman, 1963). De certa maneira, e em grande parte resultando do impacto dos estudos sobre a situação colonial, podemos ver já nos anos 1960 o começo do desgaste da noção de política "primitiva" como uma espécie de embrião de Estado obliterado em planos como "parentesco" ou "ritual". De fato, em dois processos simultâneos (e complexos demais para serem detalhados aqui) a Antropologia realizou uma crítica ao que seria uma "projeção" de conceitos ocidentais em realidades onde eles não cabem, ao mesmo tempo que passou a relativizar a própria condição de existência desses conceitos no nosso mundo social. Assim, por exemplo, se a própria noção de "parentesco" passasse a ser questionada – Schneider (1984), por exemplo, mostra que a noção de consanguinidade, central nos modelos de parentesco dos africanistas, era muito mais uma preocupação ocidental do que nativa –, quiçá àquela de "política" que estava imbricada a ela?[5]

---

4 Ver crítica geral à noção de Estado transcendente em Sahlins (1990).

5 Note-se, por exemplo, que o parentesco foi pensado, no caso dos africanistas, em termos de "linhagens" e "descendência", conceitos que a historiografia clássica desenhou para ilustrar, por exemplo, a Europa pré-moderna.

De fato, se as realidades etnográficas em que os antropólogos se debruçavam estavam a essas alturas ligadas e logo depois desligadas de Estados; se elas próprias passaram a elaborar Estados nacionais; se os Estados metropolitanos também se transformaram na situação pós-colonial; então é de se esperar que a própria noção de Estado, e a de política subjacente a este, se transforme no corpo conceitual dos antropólogos. Enfim, caberia ver o que aconteceria quando o próprio Estado das sociedades dos antropólogos passasse a ser visto ao menos como "parte" nativa a ser explicada. Este, no entanto, tem sido um movimento bastante lento da Antropologia, que, no mais, resiste em ver os "efeitos do Estado" em realidades "exóticas" – limitando-se, portanto, a um aspecto transcendente da política se tomada como "política do Estado".[6]

Em parte, é possível entender essa resistência da Antropologia em tomar o Estado como "nativo". Em seu momento inicial, ela muitas vezes foi uma espécie de "saber útil" às engrenagens do sistema administrativo colonial, o que não poupou a chamada "antropologia clássica e/ou moderna" (em oposição a uma "pós-moderna") de críticas. Somando-se a isso, também seria preciso ver qual o peso do Estado como empregador/financiador dos antropólogos, que desenvolveram certa fobia de fazer análise etnográfica (e não necessariamente apenas "crítica" ou "epistemológica") de si mesmos, ou dessa parte de nós que é o Estado. É verdade, contudo, que isso tudo também foi visto por uma série de pessoas que passaram a se interessar em tomar o Estado como nativo e, a partir daí, a ver como os conceitos "clássicos" viajam e se transformam quando se debruçam em realidades como estas: políticas públicas, eleições, instituições estatais, guerra etc. Seria um absurdo começar a inventariar uma lista do que é feito por aí nesse sentido, até porque considero que no Brasil os exemplos são melhores e mais interessantes (sim, a antropologia da política e do Estado que se faz aqui é das melhores!). Creio que isso, em grande parte, se deve ao fato de que os conceitos produzidos em monografias clássicas foram apropriados aqui de uma maneira em que o Estado aparece, no mínimo, como figura latente.

Assim, no contexto brasileiro, essas tradições também tiveram lá suas ressonâncias. Sem querer entrar na história das ciências sociais no Brasil (tarefa para a qual não tenho a devida competência), é notório que

---

6 Uma boa exceção é a já mencionada obra de M. Sahlins.

algumas das primeiras monografias em Antropologia, como as de Florestan Fernandes sobre os tupinambás (1949; 1952), tinham claramente uma vertente funcionalista que remetia ao *modus operandi* da antropologia política africanista dos anos 1940. Mas, além disso, quando a Antropologia começa a se profissionalizar nos anos 1960 e, assim, se constituir como uma disciplina independente da Sociologia, é patente que a etnologia acaba enveredando sobretudo para um lado em que as relações entre índios e o Estado nacional são o ponto central. Como bem mostra E. Viveiros de Castro (1999), o estilo etnológico que se desdobra do par de influência de Darcy Ribeiro e Roberto Cardoso de Oliveira aponta sobretudo para o "fator Brasil" presente nas sociedades indígenas – e possivelmente também para um campo da "antropologia rural" que se deslocava dos estudos de comunidade para pensar as "frentes de expansão" (Velho, 1972).

Daí realmente podemos levantar uma espécie de dilema: ou bem o Brasil (e o Estado que realiza essa ideia) é tão monumentalmente presente na realidade da vida social dos grupos que aqui estão, circunstancialmente ou não; ou bem as ciências sociais estiveram tão impregnadas pelo Brasil que elas projetam esse "fator" em todos os seus objetos de interesse. Talvez isso seja tão patente que de fato os antropólogos daqui não conseguem pensar a alteridade dos seus objetos de investigação senão sob a lógica de um "minimalismo diferencial",[7] isto é, contendo a diferença no interior de uma preocupação generalizada em que nossos "objetos" são "antes de mais nada" cocidadãos. De certa maneira, isso pode ser um índice de que a nossa Antropologia em alguma medida "nasce política". Mas de que maneira? Penso que isso deve ser tomado a partir de um duplo aspecto: o modo pelo qual as teorias antropológicas foram incorporadas aqui; e o modo pelo qual os antropólogos daqui estabeleceram as "relações de alteridade" com seus objetos (cf. Peirano, 2008).

Não creio que seja nem justo nem correto dizer que o que houve com a antropologia brasileira foi uma simples transposição conceitual da antropologia dos chamados "grandes centros". Mas o fato de ela "nascer metropolitana" (idem) em alguma medida pode ter colaborado para os

---

7 "*Otherness has thus shifted from a concept of distant to minimal alterities*" (Peirano, 2008, p.56). [Alteridade tem se deslocado de um conceito de distância para um minimalismo diferencial. – N. E.]

antropólogos daqui também "nascerem" dialogando com as antropologias do *jet-set* internacional. Assim, talvez não seja de todo errado dizer que a "situação colonial" de lá corresponda à "situação nacional" daqui e que, por conta disso, em vários casos a questão de enxergar o "lugar do Estado" nos coletivos "tradicionais" também tenha aparecido. Só que, talvez nesse caso, também entrasse no rol de preocupações não só como as populações ou coletivos elaboram *suas* noções de política, mas sobretudo qual é o lugar do *nosso* Estado na vida política deles. Assim, nos anos 1960 a etnologia elabora uma extensa preocupação com o "contato" nas sociedades que estuda. Viveiros de Castro (1999) chega a chamar isso pela corruptela "contatualismo". Outras antropologias, em grande parte, seguem uma tradição – clássica na nossa ciência social – de pensar a "formação do Brasil", fato que perdurou com bastante intensidade até os anos 1970.[8]

Seja como for, por mais que a Antropologia se especializasse, apontando para uma grande diversificação dos seus objetos de pesquisa, não deixa de ser notável que o *mainstream* disciplinar em boa medida continuasse a ter a sombra do Estado delineando a relação entre o modo de produção de conceitos e o modo de relação com seus objetos. Assim, a partir dos anos 1980 houve uma clara tendência a incorporar um certo "padrão aldeia" para certos grupos sociais que se viam "frente ao Estado": as chamadas "minorias" daqui seriam uma espécie de equivalente sociológico das "tribos" de lá (Magnani, 1996; Beviláqua; Leirner, 2000). Isso formou um vasto campo fenomenal em que os objetos seriam aqueles que justamente "sofrem" as políticas públicas, e assim esta é, de maneira geral, a grande área de discussão da Antropologia sobre essas políticas.

Isso é particularmente claro nos anos 1980 e 1990, quando algumas das principais preocupações da disciplina eram de um lado alavancadas por temas como "pobreza", "exclusão", "minorias", "participação popular" e, de outro, mais afeto à etnologia e à quase extinta antropologia rural, com temas como "contato", "reconhecimento à identidade" e "impactos" múltiplos (de obras, doenças, manejos, fronteiras etc.). Se é verdade que o contexto mais geral de abertura política pós-ditadura de 1964-1985 evoca uma ideia mais geral de "participação política", também é verdade que esta não é uma condição suficiente para explicar uma predominância desse

8 Vide, por exemplo, as preocupações de antropólogos como R. Da Matta (1978).

tipo de abordagem em relação a outras, digamos, mais "clássicas" (cf. Viveiros de Castro, 1999; note-se que a etnologia que lida com sociedades "apesar do Brasil", ou seja, para as quais o Brasil aparece como uma circunstância dentre outras tantas, só começa a ganhar fôlego institucional na década de 1990, pós-publicação de *Araweté: os deuses canibais*, desse mesmo autor [1986]). Desse modo, a questão principal que se coloca para nós é menos o fato de que as "tribos" daqui sejam "tribos", e mais o fato de que sejam "minorias".

Isso porque o *tipo* de relação que se supõe que as conecta ao mundo – e é claro que qualquer grupo é conectado por um enorme número de relações, inclusive com o Estado – supõe um predomínio absoluto do Estado como contraponto da relação. Não que isso esteja errado em si, mas, acredito, talvez se deva muito mais ao fato de que os antropólogos estejam projetando *suas* relações institucionais nos objetos de pesquisa do que ao fato de que isso represente uma característica imanente a todo grupo que se localiza em território nacional, ou que se adjetiva como brasileiro. Um dos elementos que pode reforçar esse argumento é o fato de que a Antropologia se desdobrou em uma espécie de "zona cinzenta", abrindo subsidiárias em diversos setores que ora serviam de plataforma orgânica de movimentos sociais (por exemplo, o Centro Ecumênico de documentação Indígena – Cedi, futuro Instituto Socioambiental – ISA), ora supriam as equipes técnicas de instituições estatais que formulavam políticas públicas (Fundação Nacional do Índio – Funai; Instituto Nacional de Colonização e Reforma Agrária – Incra; Instituto Brasileiro de Geografia e Estatística – IBGE). E essa é uma base que se mantém até hoje.

Para se ter uma noção, no "Documento de área para 4ª reunião de C, T & I da Capes", elaborado pela Associação Brasileira de Antropologia (ABA), afirma-se que

> [...] assiste-se a uma inédita criação de cursos de graduação em Antropologia em resposta a uma maior demanda por parte de órgãos governamentais, ONGs, institutos de pesquisa, sindicatos, instituições privadas de ensino superior, departamentos e institutos vários, por profissionais formados em Antropologia.

Imagino que esse seja um ponto sensível de encontro institucional entre a Antropologia e as políticas públicas.

Mas, se esse é um projeto para graduações em Antropologia, também não foram poucos os antropólogos (mestres e doutores) que se tornaram produtores de laudos – até porque do fim dos anos 1980 ao fim do governo Fernando Henrique Cardoso a universidade pública não contratava ninguém –, e não foram poucas as vezes que teses e dissertações acadêmicas se tornaram apêndices desses laudos, ou estes se tornaram apêndices daquelas. Claro que isso não representou uma divisão cristalina entre uma antropologia acadêmica desinteressada e uma antropologia técnica militante. Muitos antropólogos atuavam e atuam cá e lá, o que para mim não deixa de ser algo absolutamente complicado e que merece ser muito mais bem estudado.

Ainda assim, com efeito, um dos possíveis resultados dessa aclimatação de um "padrão aldeia" nas análises foi o papel de porta-vozes de minorias, ou mesmo de tradutores, que os antropólogos assumiram, tendo como tarefa dizer para o mundo do Estado o que seus afetados estão pensando a respeito de políticas públicas. No entanto, sabemos que conceitos centrais da disciplina que servem de alicerce para esse tipo de relação – identidade, cultura, tradição etc. – já têm sido teoricamente bem discutidos, e de alguma forma problematizam a maneira pela qual o Estado pode ser visto pela Antropologia.

Mas problematizam de que modo? Diria que (a) pondo em dúvida a noção de Estado como máquina transcendente: de certo ângulo, uma parte da Antropologia que trata hoje das chamadas "minorias", particularmente a etnologia, vem mostrando a convergência/sincronização entre estruturas sociais de coletivos e agentes externos, mostrando, por exemplo, a "visão nativa de Estado" (isto é, como cada sociedade inclui ou eventualmente exclui o Estado dentro de seu repertório cultural) (Viveiros de Castro, 1999; Sahlins, 1997); e (b) transformando o próprio Estado em "nativo", isto é, começando uma série de análises etnográficas em setores do Estado (essa é uma tendência bem recente, que começou nos anos 1990).

Em relação a essa última tendência, podemos destacar duas formas de análise da política: 1) análises de processos políticos que envolvem eleições e trocas entre políticos, entre si e com eleitores. Nesse caso, as políticas públicas podem ser tomadas como consequências, por exemplo, de obrigações, dádivas, trocas (Lanna, 1995; Villela, 2008; Kuschnir, 2000), 2) análises da burocracia e do funcionamento da máquina estatal. Nesse caso, algumas políticas públicas podem ser estudadas levando em conta dinâmicas específicas de certos agentes de Estado, como hierarquias, protocolos, cerimoniais etc. (Beviláqua, 2008; Beviláqua; Leirner, 2000; Lima, 1995).

Um dos pontos que considero mais interessantes entre os que essas tendências passaram a trazer é uma quebra na dicotomia "centro/periferia" imbricada às noções respectivas de "agente/paciente" e, também, por consequência, às de "Estado/Sociedade". Pode-se, assim, tanto analisar o Estado no interior de muitos mundos sociais (e assim tornar ele próprio uma entidade múltipla), e/ou analisar os muitos mundos do Estado (o que, enfim, também o torna múltiplo). No entanto, é preciso dizer, essa é uma área minoritária na Antropologia, que desperta ainda certo desconforto entre nossos pares.

Curiosamente, é possível constatar que a grande maioria dos antropólogos que trabalhou ou trabalha com setores do Estado e/ou políticos já ouviu mais de uma vez algum questionamento de que isso seria "eticamente errado", supondo a necessidade *a priori* de haver algum nível de empatia entre pesquisador e pesquisado. Para mim, ao menos, isso é uma forte evidência de que a Antropologia daqui, em grande medida, pressupõe certo nível de cola entre "nós e eles". E, volto a dizer, isso pode ser tanto um desdobramento do fato de que conceitualmente estamos "embrulhados" no mesmo pacote que os grupos pesquisados, já que partilhamos a condição de brasileiros, e/ou tanto um desdobramento de um contexto institucional que nos empurrou nessa direção. Leia-se aí que de um lado houve um projeto estatal de formação de uma universidade que "pensa o Brasil" (Peirano, 2008), e, de outro, a mesma universidade era pequena demais para dar conta de demandas por conhecimento, forçando por muito tempo os antropólogos a se colocarem ora em posições de trabalho que só se financiavam se atendessem a algum tipo de "interesse orgânico" (ONGs, institutos etc.), ora em colaboração direta com agentes formuladores de políticas públicas.

É necessário colocar, no entanto, que se esse processo foi de média duração e dependente de um contexto acadêmico mais amplo, nem por isso a disciplina se esquivou de endossar tal situação. Por exemplo, a nossa associação oficial – Associação Brasileira de Antropologia (ABA) – diz textualmente que

> [deve-se ressaltar] também o papel-chave da pesquisa antropológica na interface com as políticas públicas para grupos "minoritários", característico do

> atual momento político nacional e global, bem como a eficaz atuação da antropologia brasileira em prol de uma educação para uma sociedade multi ou intercultural e, portanto, na promoção do reconhecimento e apreciação das diferenças entre povos e etnias. A manutenção e o crescimento de uma comunidade antropológica de alto nível são pontos estratégicos para o bom desempenho em cenários republicanos conflitivos nos quais os antropólogos são chamados a atuar. O reconhecimento da seriedade e da qualidade da antropologia brasileira nessa frente exprime-se, por exemplo, na existência de um duradouro e ativo convênio entre a Associação Brasileira de Antropologia e o Ministério Público da União. (Documento de área para 4ª reunião de C, T & I, 25/05/2010, p.3)

Claro, seria no mínimo errado dizer que a ABA é o retrato fiel da Antropologia no Brasil: ela é uma associação que se coloca para gerenciar e produzir relações institucionais. No entanto, é notável que ela se expandiu enormemente nos últimos anos; hoje, sobretudo, os alunos que entram numa pós-graduação em Antropologia geralmente se filiam a ela, retratando um alto índice de "sindicalização" da vida acadêmica. Para não cair numa armadilha em que nós – ou os antropólogos pela ABA – trocamos os pés pelas mãos, podemos esboçar uma série de tipologias que visam mapear as possibilidades de relações entre a Antropologia, os antropólogos e o Estado. A ideia é ver como a projeção das áreas de interesse da disciplina está ligada ao mesmo tempo com a problemática conceitual que brevemente foi levantada acima e a formação dos antropólogos, assim como sua colocação como pesquisadores ou não. Tal processo, embora possa ser pensado para qualquer disciplina, tem uma peculiaridade na Antropologia: o fato de que seu arsenal conceitual depende intrinsecamente de "categorias nativas" e o fato de que para se chegar a essas é preciso que o antropólogo esteja "presente" nas etnografias trazem, ao seu modo, um imbricamento entre a Antropologia e a "política dos objetos".

Um sobrevoo sobre tipologias

Isso a meu ver é parte do imbróglio no qual a Antropologia está se colocando em tempos recentes. Trata-se da ideia de que a principal área de expansão da disciplina deve ocorrer no sentido da formação de quadros técnicos e/ou militantes. Claro que isso existe de monte em outras disciplinas, e talvez isso não seja necessariamente ruim; só é preciso ver quais as consequências para o tipo de conhecimento disciplinar que se está gerando. Na própria Antropologia tenho visto situações bastante inusitadas que, por si, mereceriam um estudo etnográfico mais aprofundado. Vou em princípio apontar algumas dessas situações na relação entre antropólogos e Estado, a fim de montar uma tipologia inicial. Diria que de maneira geral é possível tomar três possibilidades mais flagrantes dessa relação:

a) Cooptação política direta: este é o caso que mais tem levantado questões ético-metodológicas recentemente. O exemplo mais chamativo, por assim dizer, é a utilização de antropólogos em companhias de infantaria dos EUA atuantes no Iraque e Afeganistão.[9] Ainda que de maneira diferente, segue uma linha que é relativamente antiga na disciplina, por exemplo, marcada por trabalhos de antropólogos como G. Bateson e R. Benedict. No Brasil esse tipo de relação é incipiente; até agora notei, pessoalmente, apenas o uso de antropólogos em setores de relações públicas das forças armadas e em trabalhos de publicidade e sondagem de mercado.
b) Análise e cooptação política indireta: essa é a modalidade mais frequente de relação, com centenas de pesquisas que se dedicaram a estudar o impacto de políticas sociais em populações ditas "minoritárias". Trata-se de antropólogos que indiretamente acabam se envolvendo *a posteriori* com políticas públicas *por causa de suas pesquisas iniciais*, e que eventualmente podem se tornar antropólogos trabalhando em tempo parcial para agências do Estado, como a Funai ou secretarias de promoção de políticas sociais; o ponto "indireto" aqui se deve ao fato de que tais antropólogos "tiram licença" acadêmica, uma espécie de licença poética da profissão em que eles se permitem usar a expertise "para fora", mas não a assumem como trabalho de pesquisa propriamente dito. Por exemplo, temos toda uma

9 Veja, por exemplo, o que um antropólogo disse ao *The New York Times*: "frequentemente sou acusado de militarizar a Antropologia. Porém, nós é que estamos 'antropologizando' as forças armadas" (Gates, 2010, p.8). Um levantamento mais pormenorizado do debate que essa questão está provocando pode ser encontrado em Leirner (2009).

série de trabalhos que mostram as transformações sociais de populações indígenas depois da construção de grandes obras, processos de urbanização, ações de saúde pública etc.

c) Análise política direta: embora seja um setor ainda pequeno da Antropologia, é notório que vem crescendo nos últimos dez anos. Trata-se de antropólogos que tomam por objeto de pesquisa agentes do Estado, políticos, setores da burocracia estatal, e inclusive as próprias políticas públicas, e que trabalham exclusiva ou quase que exclusivamente em espaços acadêmicos. A extensa produção do Núcleo de Antropologia da Política (Nuap) – UFRJ/UnB/UFC pode ser tomada como exemplo.[10]

Evidentemente os tipos dessa tipologia têm "zonas cinzentas" ou "áreas de sobreposição interantropológica", pois os antropólogos, embora defendam lá e cá posições, vão e voltam pelo circuito de possibilidades profissionais e ideológicas que se abrem na vida de cada um. Entender esses caminhos exigiria um esforço de pesquisa monumental, que aqui no máximo pode ficar como sugestão para grupos de pesquisa de História ou Sociologia do campo antropológico. Aliás, é preciso dizer que muita gente vai e volta, transita e às vezes até se enquadra em dois dos tipos. De fato, cabe ressaltar que eles representam muito mais um palpite sobre as *possibilidades* de relações entre antropologia e política do que um campo concreto, no sentido bourdieusiano do termo. Para reforçar esse quadro inicial, ainda podemos ter uma intuição da relação entre a Antropologia e as políticas públicas a partir das linhas e projetos de pesquisa que existem nos programas de pós-graduação em Antropologia, que se não indicam o ponto de chegada da trajetória de antropólogos, pelo menos dão um indício de seu ponto de partida.

E quais seriam essas linhas e projetos? Pelo fato de que realmente é difícil termos/vermos um mecanismo que indique precisamente quais pesquisas/projetos traçam melhor um perfil da relação entre Antropologia e políticas públicas, decidi começar pela curiosidade de procurar por

10 Para um panorama mais amplo das referências da antropologia da política ver Kuschnir (2007).

elementos que colocassem alguma direção sobre como a política, ou as políticas, aparecem na Antropologia em projetos de pesquisa/extensão em programas de pós-graduação em Antropologia pelo país. Isso porque, de fato, se os antropólogos que estão diretamente envolvidos com políticas públicas podem não estar no corpo docente dos Programas de Pós-Graduação em Antropologia Social (PPGASs), com certeza eles saíram ou sairão de lá. Então, talvez, mesmo que não se chegue a um retrato fiel da filigrana que desenha as relações entre a Antropologia e as políticas públicas, é possível pelo menos montar uma tipologia que ilumine algumas práticas disciplinares em termos de seus métodos de trabalho.

A partir das informações dos relatórios Coleta-Capes, disponibilizados no sítio da Capes (www.capes.gov.br), procurei então nas linhas e nos projetos vinculados a elas palavras-chave que se não indicam diretamente a investigação ou realização de algo a ver com políticas públicas, evocam em alguma medida suas áreas circundantes – aquelas que tradicionalmente compõem temas centrais da Ciência Política, como "poder", "cidadania", "política"; ou nem tão centrais, como "cooperação internacional", "direito", "violência", ou ainda como "territorialização", "nação", "direito à...", e finalmente aquelas que enunciam diretamente a ligação com políticas, como "formação de gestores", "capacitação de agentes" e até "formação de políticas em...". Isto é, o quadro a seguir, no limite, tenta tratar de um esquema em que a Antropologia se coloca na fronteira de áreas de análise e/ou execução de políticas. Veja na página seguinte o quadro resumido.

Ainda que este seja um quadro provisório e que mereça ser mais trabalhado e especificado, ele permite enxergar algumas tendências interessantes para pensar a relação entre a Antropologia e as políticas públicas a partir de linhas e projetos de pesquisa. Primeiramente, é notório que os PPGASs praticamente não têm linhas – isto é, grandes temas de concentração – dedicadas a temas que diretamente digam respeito às políticas públicas, seja como área de assessoramento, seja como área de investigação de temas correlatos – Estado, eleições, políticas várias etc. A exceção é a UnB, talvez justamente por estar localizada em Brasília e próxima demais dos centros formuladores de políticas, e a PUC de Goiás, cujo curso é de fato voltado para uma política pública.

No entanto, quando olhamos para os projetos de pesquisa, essa tendência de alguma maneira se reverte, provavelmente por conta do fato de que

Quadro 1 – Programas de pós-graduação em Antropologia: linhas e projetos.

Programa	UF	Linhas relacionadas (total de linhas do programa)	Projetos relacionados (total de projetos do programa)	Palavras-chave relacionadas aos temas circundantes à "política"
UFBA	BA	0 (5)	2 (32)	Patrimônio; identificação.
UnB	DF	4 (14)	7 (55)	Construção/gestão do Estado; cidadania; ações afirmativas; políticas de saúde (2); projetos de desenvolvimento; cooperação financeira.
UFMG	MG	0 (8)	4 (105)	Agentes de saúde; patrimônio; segurança pública; ambientalismo/justiça ambiental (2).
UFPA	PA	–	–	–
UFPE	PE	1 (5)	7 (52)	Patrimônio (2); corrupção; cooperação internacional; participação política; formação de profissionais do ensino; programas de saúde.
UFF	RJ	2 (14)	13 (50)	Política e assistência; relações de poder público/privado (2); identificação territorial; ambiente; cidadania; burocracia e cidadania; gestão do espaço público; administração de conflitos (2); territorialização e políticas de identidade; serviço de povoamento; políticas para diversidade.
FUFSE	SE	–	–	–
FUFPI	PI	–	–	–
Ufam	AM	0 (3)	6 (31)	Políticas de gênero; Estado e povos indígenas; revitalização cultural; políticas indígenas; monitoramento para políticas governamentais; gestores de projetos indígenas.
UFG	GO	–	–	–
UFPR	PR	0 (10)	4 (20)	Política pública, etnicidade e cultura popular; direito à terra e quilombolas; direitos do consumidor; periferia e participação política.
UFRJ (MN)	RJ	1 (16)	7 (40)	Cooperação internacional; sujeitos do direito; políticas públicas e diferença (2); organizações de governo; políticas linguísticas; gestão de territórios indígenas.

Continua

Quadro 1 – *Continuação.*

Programa	**UF**	**Linhas relacionadas (total de linhas do programa)**	**Projetos relacionados (total de projetos do programa)**	**Palavras-chave relacionadas aos temas circundantes à "política"**
UFRN	RN	0 (2)	1 (21)	Identificação e delimitação de territórios quilombolas.
UFRGS	RS	0 (10)	7 (39)	Religião e política (2); direito (2); políticas de saúde e cooperação internacional; educação diferenciada; democracia participativa.
UFSC	SC	1 (11)	16 (70)	Acesso à terra e cidadania negra/ quilombolas (3); inventário de referências culturais (3); apropriação de espaços por população de baixa renda; poder e projetos de desenvolvimento (2); justiça (2); violência (4); saúde.
UFSCar	SP	1 (6)	7 (20)	Violência, guerra, Estado e política (3); saúde indígena (2); educação indígena (2).
Unicamp	SP	1 (9)	5 (30)	Poder; espaço público; territorialização (2); desigualdade social; dinâmicas étnicas e constituição de direitos.
USP	SP	1 (9)	4 (28)	Conflito e política; justiça e direitos humanos; plano diretor; diferença.
PUC-GO (Gestão do patrimônio)	GO	3 (5)	4 (16)	Museus e identidade nacional; conselhos de direito e tutelares; gestão do turismo sustentável; etnias e nação.

se as políticas não são institucionalizadas como área acadêmica refletida nas linhas, são por sua vez contempladas por projetos pessoais de docentes que, como foi sugerido acima, transitam por aquelas "zonas cinzentas" mencionadas nas formas de cooptação/análise. Assim, a grande maioria dos programas tem vários projetos – distribuídos em linhas que não necessariamente contemplam essa área afim de "política" – que tratam de temas que de alguma maneira têm ligação com a política. E, embora os projetos sejam bastante diversificados, é notório, numa primeira passada de olhos, que esses temas podem se enquadrar numa tipologia (que aqui é ainda um tanto preliminar, podendo ser tratada mais como uma sugestão de leitura do quadro). Seria ela baseada em três pontos principais, no meu entender:

1. "Atingidos por políticas": de longe este é o tema mais abundante; trata de populações/coletivos que estão em algum processo de remanufatura de sua identidade em função de uma intervenção do Estado. Este é o caso, para situar alguns exemplos, de temas como "quilombos", mas também de "sujeitos do direito", "segurança pública", "educação indígena", "etnicidade", "direitos do consumidor", entre outros. Fundamentalmente sua intenção é se pautar pelo "ponto de vista" dos afetados por políticas, mas, de alguma forma, acabam indiretamente analisando e/ou avaliando as próprias políticas.
2. "Gestão de políticas": também visa populações específicas, mas a ideia aqui é formar um quadro de análise específico da gestão estatal sobre as populações; isto é, a análise da política entraria de forma indireta na pesquisa, pautando-se como uma espécie de agente de mediação entre o Estado e as populações. Então seu alvo epistemológico não é o Estado como "objeto", mas seu envolvimento acaba se colando a esse. Portanto, tal modalidade, inclusive, pode acabar formando quadros para o próprio encaminhamento de políticas através de órgãos estatais e ONGs. Por exemplo, estão nessa categoria projetos de "gestão de terras indígenas", "museus", "patrimônio", "gestão do espaço público", "ações afirmativas", entre outros.
3. "Antropologia da política e do Estado": certamente a menor das três categorias em termos do volume de pesquisas; trata de analisar o universo do Estado e da política de forma um pouco mais genérica, e indiretamente acaba envolvendo uma discussão sobre políticas públicas. Nesse tipo podemos enquadrar temas como "corrupção", "Estado e violência", "poder", "cooperação internacional", entre outros.

Tomando esses três tipos, imagino que eles se entrecruzem com as possibilidades de análise da política e cooptação pela política de formas diretas ou indiretas, e a partir de características nas quais os sinais (+) e (-) representam *tendências* relativas ao modo como temas e modalidades de envolvimento podem aparecer:

Quadro 2 – Características e dimensões de análise.

Ponto/característica	Análise indireta	Análise direta	Envolvimento direto	Envolvimento indireto
1 = atingidos por políticas	+	-	-	+
2 = gestão de políticas	+	-	+	-
3 = antropologia da política	-	+	-	+
4 = Antropologia "para" política[11]	-	+	+	-

O que vemos a partir desse quadro pode-se resumir nas seguintes questões:

- As pesquisas do "tipo 1" enfocam precisamente o ponto de vista de populações/coletivos e de alguma maneira podem gerar subsídios indiretos para as políticas públicas, desde que apropriadas *a posteriori* por agências estatais ou particulares que estejam envolvidas em formulações políticas que afetem essas populações. De maneira geral, nessa categoria está situada uma boa parte dos antropólogos que anteriormente classificamos com a linha "b" da relação antropólogos/Estado, aquela que chamei de "análise e cooptação política indireta".
- As pesquisas do "tipo 2" partem, imagino, do ponto de vista do Estado/organizações na promoção de políticas dirigidas a populações específicas. Nessa categoria teríamos talvez o quadro epistemologicamente mais complicado, pois no limite seria uma "representação de Estado" sobre "os outros" sofisticada teoricamente pelo repertório tecnolinguístico da Antropologia. Aqui se situariam também os antropólogos da relação que denominei "cooptação política direta".
- As pesquisas do "tipo 3" pretendem fundamentalmente elaborar uma análise do Estado e da política a partir de um ponto de vista "não estatal", se é que isso é possível. A ideia é tornar objetos de análise o Estado e as organizações promotoras de política

11 Este campo representa uma possibilidade lógica de se realizar o que estou chamando de uma "análise direta" da política e de ter um envolvimento direto com ela. Não encontrei, contudo, correlatos que indiquem que concretamente existam pesquisas/antropólogos que operem nesse registro.

e, fundamentalmente, tentar produzir como contraefeito uma desconstrução daquilo que podemos chamar de "teorias ocidentais do Estado", fundadas em análises jurídico-normativas. Nessa categoria se situam boa parte dos antropólogos que acima denominei como tendo uma relação fundada na "Análise política direta".

- Finalmente, teríamos uma quarta possibilidade, que provisoriamente estou chamando de antropologia "para" política, mas para a qual, empiricamente, não percebi correlatos: trata-se de antropólogos que analisam o Estado e que têm um envolvimento direto com este. Neste ponto, me pergunto se isso seria possível, na medida em que "alguma distância" é uma prerrogativa que considero básica no processo etnográfico.

É preciso salientar que "alguma distância" também é algo desejável para quando os antropólogos trabalham com as chamadas "minorias". Não é à toa que aqui se situa uma "fina linha vermelha" entre a pesquisa acadêmica e a militância – que, talvez, diferentemente da militância estatal, seja entre os pares um pouco mais legitimada. Evidentemente todas essas tipologias são absolutamente provisórias: como disse em relação à multiplicidade de trajetórias possíveis, antropólogos, com ou sem querer, muitas vezes vão e vêm entre os polos que exercem atração nas pesquisas – a política, o "objeto" que é pesquisado, e o "sujeito" que pesquisa.

Um fato que considero importante é que ao menos essas trajetórias e relações entre a Antropologia e a política passaram, de alguns anos para cá, a ser objeto de reflexão e crítica por parte da antropologia (ver, por exemplo, Vincent, 1990). Desde as gerações que embutiam o "Estado portátil" no parentesco ou nos rituais, ou que posteriormente incorporaram o "padrão aldeia" para analisar os grupos minoritários, muita água rolou, e, de um jeito ou de outro, não se vai mais a campo omitindo o fato de que em grande parte a Antropologia, assim como a ciência social em geral, carrega o Estado e seu projeto cosmológico de compreensão dos fenômenos. E talvez não seja só o fato de o Estado ser um grande financiador que faz as pesquisas sub-repetirem seu espectro, mas sobretudo porque em grande medida ele representa o raio de ação dos limites de uma linguagem. Curiosamente, a Antropologia tem justamente a pretensão de ultrapassar isso, tendo como baliza conceitual uma série de categorias formuladas por sociedades não estatais, ou contraestatais, como queria P. Clastres (1978).

Termino este texto apenas lembrando a ideia de um antropólogo que nos anos 1970 anteviu o que algum tempo depois seria a crise de "identidade" da disciplina. Trata-se da ideia de que toda relação de antropólogos com nativos produz "cultura" para os dois lados, e de certa forma o resultado disso é meio inesperado (Wagner, 2010 [1975]). Não sei se é possível prever o que uma etnografia pode trazer para uma política pública, nem quanto esta pode afetar um trabalho etnográfico. De meu ponto de vista, o que melhor se pode fazer neste momento é permitir que de alguma maneira os pesquisados, as políticas e os próprios antropólogos possam ser objeto de curiosidade da disciplina.

A contribuição da Administração Pública para a constituição do campo de estudos de políticas públicas[1]

Marta Ferreira Santos Farah

O campo de estudos e de formação em políticas públicas tem se expandido no Brasil no período recente, contando com a contribuição de diversas disciplinas. Essa expansão não tem sido acompanhada, no entanto, por análises sobre o processo de incorporação das políticas públicas por essas diferentes disciplinas e pela identificação das temáticas e abordagens privilegiadas. Embora haja alguns estudos sobre a produção na área (Melo, 1999; Saravia, 2006; Arretche, 2003; Souza, 2007), trata-se de análises feitas predominantemente no âmbito da Ciência Política, havendo uma lacuna a ser preenchida no que se refere ao estudo de políticas públicas por outros campos disciplinares. Na Administração Pública, mais especificamente, embora as políticas públicas integrem a agenda de formação e de pesquisa desde o final dos anos 1960, inexistem trabalhos sobre a incorporação do tema por essa disciplina e sobre a sua contribuição para esse campo de estudos.

Procura-se neste artigo contribuir para a superação dessa lacuna, discutindo a presença das políticas públicas como objeto de ensino e pesquisa na *disciplina* Administração Pública, no Brasil e nos Estados Unidos da América do Norte (EUA). A análise da experiência dos EUA se deve não apenas a seu papel fundador, mas também à influência que esta exerceu

1 Este artigo tem por base apresentação feita no Fórum "A multidisciplinaridade na análise de políticas públicas", do 7º Encontro da Associação Brasileira de Ciência Política (ABCP), realizado no Recife, de 4 a 7 de agosto de 2010. Uma versão deste trabalho foi publicada pela *Revista de Administração Pública* – *RAP*, em maio-junho de 2011, com base em apresentação feita no Encontro Nacional de Administração Pública e Governo (ENAPG 2010), realizado entre 28 e 30 de novembro de 2010, em Vitória, Espírito Santo.

sobre a constituição do campo de estudos de políticas públicas no Brasil, inicialmente de forma direta por meio do apoio à implantação da formação em Administração Pública no país, na forma de convênios entre universidades e faculdades norte-americanas e brasileiras e da concessão de apoio financeiro por entidades como a Fundação Ford.

Administração Pública como disciplina

Um dos aspectos que distingue a Administração Pública de outras disciplinas como a Sociologia e a Ciência Política, tal como estas se constituem atualmente, é seu caráter aplicado. Como área de formação e como campo de estudos, a disciplina surgiu tendo como objetivo a preparação de servidores públicos para a administração pública moderna, há mais de um século, nos Estados Unidos. Constituem marcos fundadores da disciplina a publicação do artigo "The study of administration" [O estudo da administração] por Woodrow Wilson, em 1887, na revista *Political Science Quarterly* [Revista trimestral de Ciência Política] (Wilson, 1887), e do livro *Politics and Administration* [Política e administração], por Frank Goodnow, em 1900 (Goodnow, 1900 apud Henry, 1975). Essas obras estabeleciam uma diferenciação entre Administração Pública e Política, diferenciação esta associada ao propósito de superação das práticas de apadrinhamento e patrimonialismo que marcavam a Administração Pública até então naquele país (Oslak, 1982).

A disciplina se constituiu, assim, a partir de uma das tradições de administração pública que, a partir do final do século XIX e início do século XX, consolidou-se nos EUA: a tradição "científica". Tradições distintas caracterizaram a Administração Pública em outros países: a tradição do direito administrativo (*law oriented*) da Europa continental; a tradição pragmática prevalecente na Inglaterra e a tradição dos países comunistas (Hood, 1995).

A administração *científica* concebia a Administração Pública ou Governamental como o espaço da *execução*, pelo Executivo, de políticas definidas na esfera da política (Henry, 1975). A disciplina voltava-se à formação da burocracia governamental, responsável pela execução ou pela *implementação* das políticas públicas. A burocracia deveria atuar de forma apolítica e imparcial, com base em uma sólida formação profissional. Deveria, nessa perspectiva, ser insulada, dominar "princípios científicos da administração" e obedecer regras gerais de procedimentos (Hood, 1995; Henry, 1975). A Administração Pública era vista, assim, como uma ciência "livre de valores", cuja missão era contribuir para que a administração governamental "funcionasse" de forma eficiente e econômica. O foco da disciplina era a preparação dos servidores para atividades-meio, centrais à atuação do Executivo e à implementação de políticas públicas: orçamento, gestão de pessoal e organização (Henry, 1975).

É interessante observar que a nova disciplina filiava-se à Ciência Política, sendo um de seus subcampos. Em estudo sobre os paradigmas da Administração Pública, Henry afirma nesse sentido:

> A Ciência Política, segundo um relatório de 1914 do Committee on Instruction on Government da American Political Science Association, estava preocupada com o treinamento para a cidadania, com formações profissionais como o direito, com o treinamento de "*experts* e com a preparação de especialistas para postos governamentais". *A Administração Pública era, assim, um subcampo claro e importante da Ciência Política e os departamentos de Ciência Política, nas universidades, eram percebidos como o local lógico para o treinamento de administradores públicos.* (Henry, 1975, p.379, tradução nossa, grifos do original)

O desenvolvimento da Administração Pública, nos EUA, foi marcado por essa proximidade de origem em relação à Ciência Política e pela tensão entre a nova ciência – a Administração – e a ciência-mãe da qual se originara. Embora tenha, ao longo de seu desenvolvimento, incorporado a contribuição de diversas outras disciplinas, como a Psicologia Social[2] e a Economia,[3] para citar alguns exemplos importantes, essa tensão central será constitutiva de sua identidade.

Dado o paradigma central que marcou a Administração Pública nos primeiros anos de seu desenvolvimento – baseado na separação entre Administração e Política –, *a política pública não foi objeto de análise por*

---

2 Em 1947, Simon propõe como um dos eixos constitutivos da Administração Pública a Psicologia Social, ao lado de outro, orientado para a "prescrição para a política pública" e o estudo do processo decisório (Simon, 1947).

3 Sobre a influência da Economia, sobretudo em período recente, ver Frederickson (1999).

parte da disciplina, até os anos 50 do século XX: "o estudo da produção de políticas públicas [*public policy making*] e assuntos correlatos eram deixados para os cientistas políticos" (Henry, 1975; p.379, tradução nossa).

Da dissociação entre Administração e Política decorreu a busca de princípios gerais válidos para a administração de qualquer organização, fosse ela pública ou privada. Esse esvaziamento da dimensão pública da Administração – até então claramente configurada como o lócus governamental – constituiu um aprofundamento da separação entre administração e política e levou a uma crise de identidade da disciplina em meados do século passado (Henry, 1995).

Nas décadas seguintes, a dicotomia entre Administração e Política acabou dando origem a dois caminhos distintos de desenvolvimento da disciplina. No primeiro, houve um fortalecimento do polo da política e uma reaproximação entre Administração Pública e Ciência Política. Mas tal aproximação significou uma perda de identidade da disciplina que, entre 1950 e 1970, praticamente desapareceu como subcampo da Ciência Política, passando a ser vista como uma área de interesse ou até mesmo como sinônimo desta (Henry, 1975; Frederickson, 1999).

O segundo caminho consistiu na consolidação da vertente da ciência administrativa – incluindo teoria organizacional e gestão – o que foi viabilizado pela vinculação de parte dos professores e pesquisadores da área a escolas de negócio ou administração de empresas (*business schools*). Se por um lado essa opção contribuiu para o desenvolvimento da teoria organizacional, por outro, significou a perda da referência à dimensão pública da Administração Pública, entendida até então sobretudo como um lugar – o interno à administração estatal – ocupado pela burocracia governamental. Essa perda de referência atingia, ainda, outro aspecto fundamental à identidade da disciplina – o referente a valores, ao *ethos* público e ao interesse público (Henry, 1975).

As políticas públicas no ensino e na pesquisa em Administração Pública

Em 1950, John Gaus publicou na *Public Administration Review* [Revista de Administração Pública], então o principal periódico da área, um artigo sobre tendências na teoria da Administração Pública (Gaus, 1950) e incluiu, dentre as obras de referência no desenvolvimento teórico da disciplina, um artigo de 1947, de Simon, sobre a ciência da Administração Pública, um de 1947 de McCamy sobre processo decisório, e um livro de Appleby, intitulado *Policy and Administration* [Política e administração], de 1949 (Gaus, 1950; Simon, 1947; McCamy, 1947; Appleby, 1949). Nessas obras, os autores buscavam, ainda que a partir de diferentes abordagens, promover a superação da dicotomia entre Administração e Política. Segundo Henry:

> Em meados do século [XX], os dois pilares que definiam a Administração Pública – a dicotomia Política/Administração e os princípios da Administração – tinham sido derrubados e abandonados por intelectos criativos ligados à área. (Henry, 1975, p.381, tradução nossa)

Não obstante ter se desenvolvido inicialmente sob a égide da contraposição entre administração e política, o estudo de políticas públicas foi, a partir de meados do século passado, incorporado pela Administração Pública, num primeiro momento pela vertente próxima à Ciência Política. Em livro de 1960, McCamy destaca a incorporação das políticas públicas como objeto de análise como um momento de inflexão da disciplina e afirma que tal incorporação deriva do reconhecimento de que administradores públicos não apenas executam políticas, mas participam de sua formulação:

> *Todas as disciplinas têm seus pontos de inflexão* [...]. *O estudo de Administração Pública acabou de passar por uma inflexão.* Em seu estágio inicial, a administração pública tinha como foco questões como eficiência, organização e gestão. *O segundo estágio, no qual acabamos de entrar, está preocupado sobretudo com o policy-making* em Administração. [...] Todos os que trabalham na Administração [Pública], ou aqueles que estudam aqueles que nela trabalham, sabem que *administradores fazem política pública.* (McCamy, 1960, p.1-2, tradução nossa, grifos do original)

Ao longo dos anos 1960 e sobretudo dos anos 1970, ocorreu uma expansão dos cursos de pós-graduação, marcada pela constituição de programas independentes de Administração Pública (Henry, 1995; 1975) e pelo declínio da participação dos cursos ligados a departamentos de Ciência

Política ou a escolas de negócios.[4] Esse foi um período em que parte da comunidade de pesquisadores buscou reforçar a identidade da área e, ao mesmo tempo, estreitar vínculos com novos campos de estudo e formação que então se constituíam, especialmente o de *Public Affairs* [Temas públicos], os ligados à questão urbana – *Urban Affairs, Urban Studies* e *Urban Planning* [Relações urbanas, Estudos urbanos e Planejamento urbano] – e o de políticas públicas. A criação da National Association of Schools of Public Affairs and Administration (Naspaa) – em 1970, por iniciativa de entidade que reunia programas de pós-graduação em Administração Pública, teve esse propósito (Henry, 1995).

Segundo Henry (1995), permaneceram na nova associação os programas de Administração Pública, os de *Public Affairs* e os de Política Pública:

> [...] dentro de dois ou três anos ficou evidente que o núcleo constitutivo da Naspaa seriam os programas de doutorado em Administração Pública e em *Public Affairs,* tanto aqueles mais ou menos tradicionais *como aqueles que estavam em processo de se autorredefinirem como programas de "políticas públicas"*. (ibidem, p.7, tradução nossa, grifo do original)

O processo de constituição de escolas de políticas públicas ocorreu no fim dos anos 1960 e início da década de 1970, em parte como contraposição às escolas tradicionais de Administração Pública. O *movimento de análise das políticas públicas* (Engelbert, 1977; Altshuler, 1990; Lynn Jr., 1999) procurava instituir uma formação que se diferenciasse da que prevalecia nas escolas de Administração Pública, orientando-se para o treinamento de *analistas de políticas públicas*. Segundo Altshuler, esse movimento resultou da união de um grupo de universidades de elite com funcionários da Fundação Ford e da Fundação Sloan para propor e implementar uma reorientação da educação profissional para o serviço público em torno do tema da análise das políticas públicas (Altshuler, 1990 apud Ospina Bozzi, 1998, p.5). Segundo Engelbert, as primeiras doações da Fundação Ford a universidades ocorreram em 1973, com o objetivo de melhorar a preparação para o serviço público, por meio de "um melhor arranjo em

---

4 Em 1974-1975 existiam 138 programas de pós-graduação em Administração Pública nos EUA, com registro de 121 doutorados (Henry, 1995, p.4).

termos de educação em ciências sociais para *a análise e a gestão de problemas complexos*" (Engelbert, 1977, p.230, tradução nossa, grifo do original).

Segundo Altshuler, se a abordagem tradicional se apoiava na ciência política, o novo enfoque propunha uma ênfase na microeconomia; se a Administração Pública enfatizava as instituições, a análise das políticas públicas *enfatizava os problemas substantivos e as estratégias de solução desses problemas* (Altshuler, 1990 apud Ospina Bozzi, 1998).

Ainda segundo Altshuler, os principais argumentos utilizados para justificar as mudanças propostas foram: a) é mais fácil ensinar habilidades analíticas que habilidades de interação humana. Assim, os programas universitários tenderiam a ser mais bem-sucedidos formando analistas que gerentes ou líderes; b) se a microeconomia proporciona uma base sólida para a análise rigorosa e prescritiva da tomada de decisões, pode também prover uma base equivalente para o desenvolvimento de um projeto educativo *orientado para a ação*; c) se bem feita e acessível, a análise de políticas públicas pode afetar profundamente os resultados das políticas (Altshuler, 1990 apud Ospina Bozzi, 1998, p.5).

A reorientação substantiva mais relevante diz respeito, portanto, ao deslocamento do foco da formação para a análise de *problemas substantivos*, visando à preparação de servidores capazes de analisar problemas socialmente relevantes, de analisar as respostas governamentais a esses problemas, as políticas públicas, e de contribuir para o desenvolvimento e os resultados das próprias políticas públicas.[5]

Se a constituição de escolas e cursos de análise de políticas públicas ocorreu, num primeiro momento, como um movimento de diferenciação da Administração Pública, poder-se-ia supor que, a partir daí, haveria uma cisão que afastaria a Administração Pública do estudo de políticas públicas. Mas, como mostram vários analistas, o que ocorreu foi, ao contrário, uma interpenetração e um processo de influências recíprocas que levaram a uma ampliação do campo de formação na área pública (Ospina Bozzi, 1998; Altshuler, 1990; Engelbert, 1977).

A influência da formação tradicional em Administração Pública sobre os cursos de análise de políticas públicas ocorre por meio da incorporação da

---

5 A constituição do campo teve antecedentes na época do *New Deal*, quando pesquisadores e estudiosos do campo das ciências sociais se envolveram em estudos voltados à busca de solução para problemas públicos (Engelbert, 1977).

administração como objeto de estudo por parte desses cursos. No entanto, procurando enfatizar a distância em relação à abordagem tradicional da Administração Pública, os novos cursos adotaram "o termo *gestão pública para indicar seu caráter dinâmico e orientado para a ação*" (Altshuler, 1990 apud Ospina Bozzi, 1998, p.5-6; tradução e grifo nossos).

As novas escolas e programas de análise de políticas públicas exerceram, por outro lado, um grande impacto sobre os cursos tradicionais de Administração Pública, desde o início de seu desenvolvimento, no fim dos anos 1960. Segundo Engelbert, em nenhuma área o impacto do *movimento da análise de políticas públicas* foi tão forte como nos programas de Administração Pública, os quais passaram a incluir cursos de políticas públicas no núcleo básico da formação dessa disciplina (Engelbert, 1977):

> [...] dos programas universitários existentes antes de 1960, nenhum sentiu mais o impacto do movimento de análise de políticas públicas que essa categoria de unidade educacional [cursos e programas de Administração Pública]. Durante sua evolução como um campo de estudos, a Administração Pública esteve fortemente identificada com os aspectos institucionais e operacionais do governo. Mas, até recentemente, os programas educacionais davam maior ênfase à melhoria da efetividade administrativa que à análise de problemas públicos específicos. Com a revolução social dos anos 1960, no entanto, *a ênfase do treinamento nos programas tradicionais se alterou rapidamente a ponto de a maioria dos principais programas de Administração Pública oferecer agora cursos de análise de políticas públicas e de aproximadamente a metade dos programas oferecer políticas públicas como um componente central da formação*. (Engelbert, 1977, p.230, tradução nossa, grifo do original)

A inclusão da análise de políticas públicas como parte integrante da formação em Administração Pública é evidenciada em documento de orientação a escolas e programas ligados à Naspaa, elaborado no início da década de 1970. Esse documento listava as seguintes áreas como constitutivas do núcleo básico da formação em Administração Pública: contexto econômico, político e social; ferramentas analíticas; comportamento organizacional, comportamento individual e comportamento de grupo; *análise de políticas públicas* e processos gerenciais (administrativos, de gestão) (Henry, 1995).

A ênfase à análise de políticas públicas pelos cursos de Administração Pública se deu concomitantemente à sua inclusão na agenda de pesquisa da disciplina, como apontado por McCamy, já no início da década de 1960 (McCamy, 1960). Pode-se afirmar, portanto, que *a análise de políticas públicas passou a ser um elemento integrante da evolução da disciplina a partir da década de 1970*.

O desenvolvimento posterior à inflexão desencadeada pela constituição do campo de formação e de estudos em "análise de políticas públicas" tem sido visto por alguns autores a partir da perspectiva desse novo campo, caso em que incluem a Administração Pública como uma das disciplinas que passou a integrar a análise de políticas públicas em seus programas de formação em nível de pós-graduação e, consequentemente, em sua agenda de pesquisas (Engelbert, 1977).[6]

Outros autores analisam essa inflexão da perspectiva da evolução da disciplina Administração Pública e veem as próprias escolas e cursos de análise de políticas públicas como parte integrante dessa disciplina (Lynn Jr., 1996 apud Ospina Bozzi, 1998; Rabell, 2000).[7] Ao fazê-lo, no entanto, não o fazem como defensores de uma "hegemonia" no campo, mas antes reconhecem o convívio e a articulação de diferentes abordagens e perspectivas na formação e no estudo de temas ligados à Administração Pública e à ação governamental (Ospina Bozzi, 1998).

Com relação às formas de análise de políticas públicas e aos temas privilegiados pela disciplina, observações de Engelbert sobre a organização dos programas de análise de políticas públicas sugerem um compartilhamento de abordagens e ênfases pela Administração Pública tradicional e pelos novos programas de análise de políticas públicas. Em estudo de 1977, sobre educação universitária voltada à análise de políticas públicas, em nível de pós-graduação, esse autor afirma que, apesar de sua diversificada inserção institucional, os cursos de análise de políticas públicas tinham muito em comum, tanto do ponto de vista do conteúdo como da abordagem pedagógica (Engelbert, 1977). Segundo esse autor, havia um núcleo comum,

6 As outras disciplinas e escolas mencionadas por Engelbert são as escolas profissionais de negócios (*business schools*) e de direito; a disciplina Ciência Política e "as novas unidades educacionais *policy oriented*" (Engelbert, 1977, p.229-230).

7 É interessante registrar, nesse sentido, que o JSTOR, arquivo digital de documentos em diversas áreas do conhecimento, criado em 1995, em sua classificação de disciplinas, inclui uma "disciplina" intitulada Políticas Públicas e Gestão (*Public Policy and Management*). Disponível em: <http://www.jstor.org/>.

integrado pelas seguintes áreas: a) metodologia quantitativa, incluindo programação e modelagem matemática e estatística; b) análise do ambiente político e institucional do processo de formulação e implementação das políticas públicas; c) teoria e análise econômicas com ênfase na relação público-privado no processo de alocação de recursos; d) processos e estratégias de tomada de decisão – comportamentais e não comportamentais – e processos e estratégias de implementação; e e) gestão de programas, controle e avaliação. Além dessas cinco áreas, Engelbert destaca, como temas relevantes, ética e valores (ibidem, p.230).

Do ponto de vista da abordagem didático-pedagógica, esse autor destaca os seguintes elementos comuns à formação em análise de políticas públicas nos diversos programas: a) foco da formação e da pesquisa em problemas públicos relevantes, com uma orientação para a resolução de problemas; b) uma abordagem interdisciplinar e compreensiva na análise de problemas, o que significava que os programas eram integrados por professores e pesquisadores vindos de diversas áreas de formação; c) uma ênfase a métodos quantitativos de avaliação; e d) uma ênfase à experiência de campo por parte dos alunos.

Cabe destacar aqui um dos aspectos da abordagem didático-pedagógica dos programas de análise de políticas públicas, o relativo ao *foco em problemas públicos relevantes*. Como visto, a orientação para a análise e resolução de problemas públicos esteve na base da constituição desse novo campo de formação e de estudos. Tal orientação se traduziu na especialização dos programas de formação em setores de políticas públicas:

> Alguma parte do currículo é habitualmente dirigida à resolução de problemas, a exercícios práticos envolvendo temas contemporâneos. Dependendo dos interesses e das qualificações dos professores, a maior parte dos programas de políticas públicas se especializa em funções governamentais específicas, tais como saúde, transporte, meio ambiente ou questões urbanas. (ibidem, p.231)

Embora os elementos comuns destacados por Engelbert digam respeito à composição e à orientação dos currículos dos cursos de análise de políticas públicas, certamente eles se refletem na produção de pesquisas na área, inclusive na disciplina Administração Pública, que passara a ter a análise de políticas públicas como um dos seus componentes centrais.

A orientação para problemas públicos relevantes define, assim, os contornos dos cursos de políticas públicas – redefinindo a formação em Administração Pública – mas também as pesquisas na área e a produção acadêmica nesse campo. O compromisso com problemas substantivos, um elemento fundador da *perspectiva das políticas públicas*, responsável, como vimos, por uma inflexão na Administração Pública, torna fundamental o desenvolvimento de pesquisas com foco setorial, que permitem o aprofundamento da discussão dos problemas substantivos de cada setor – saúde, educação, transporte – assim como a análise das políticas públicas específicas de cada setor.

A reconstituição da incorporação das políticas públicas pela disciplina Administração Pública, tanto nos currículos dos programas da área como em sua agenda de pesquisa, permite que se identifiquem os principais fatores que conduziram a essa inflexão.

Um primeiro fator decorre da natureza aplicada da disciplina, o que faz com que ela se estruture de forma a procurar contribuir para a resolução de problemas governamentais relevantes. Se, no período de sua constituição e por várias décadas, tais problemas se concentravam no desafio de consolidação de uma administração profissional, da eficiência organizacional e da gestão eficiente de recursos, nos anos 1960, a agenda governamental incluía uma diversidade de problemas substantivos em áreas como saúde, educação, habitação, saneamento, transporte e outros temas urbanos, os quais requeriam a estruturação de políticas públicas eficazes e efetivas.

Um segundo fator que conduziu à incorporação de políticas públicas como objeto de estudo pela Administração Pública decorre de mudanças no papel atribuído à burocracia governamental nos EUA desde o final dos anos 1960, com o aumento da margem de autonomia para decisão e de liberdade de ação por parte dos atores envolvidos na implementação de políticas públicas. O reconhecimento dessa presença ativa da burocracia contribui para que, no âmbito da Administração Pública, seja questionada a dicotomia entre administração e política. O administrador público agora é concebido como "*policy maker*" e não mais como mero executor.[8]

8 O reconhecimento do papel relevante exercido pela burocracia governamental pode ser visto como parte do mesmo quadro de transformações que levará Skocpol e Theodolou e seus colegas a consagrarem no livro *Bringing the State Back In*, em 1985, o reconhecimento do Estado como ator (Skocpol, 1985).

Lynn Jr. destaca esse fator em sua análise da constituição do movimento de políticas públicas que, como visto, levou a uma transformação na Administração Pública e à incorporação da análise das políticas públicas como um dos elementos centrais da disciplina:

> O movimento de políticas públicas foi possível pelo aumento da importância e do papel da discricionariedade administrativa no âmbito do Poder Executivo nos Estados Unidos. Os *policymakers* que os analistas de políticas públicas passaram a aconselhar e a subsidiar com informações começam a ser vistos como atores legítimos que exerciam influência de fato e de direito sobre a agenda política de decisão, detentores de poder para formular, avaliar e propor ações e escolher entre alternativas de ações a serem implementadas por outros atores, dentro ou fora do governo. Melhor que exerçam seus papéis com conhecimento e habilidade. (Lynn Jr., 1999, p.3, tradução nossa)

Um terceiro fator para a incorporação das políticas públicas pela disciplina consiste na influência exercida sobre a agenda de pesquisa e de ensino de Administração Pública pelo movimento de políticas públicas que se constituiu em contraposição à Administração Pública tradicional (Engelbert, 1977).

Como resultado dessa reorientação, os programas de Administração Pública em nível de pós-graduação passaram a preparar seus alunos para postos ligados à formulação e à implementação de políticas públicas, em contraste com a preparação para funções mais operacionais, uma característica do período anterior de desenvolvimento da disciplina (idem, 1977).

Redefinição do público, reforma do Estado e novas abordagens teóricas

A disciplina Administração Pública, ao se constituir, tinha por objetivo formar servidores públicos, entendidos como os integrantes da burocracia governamental vinculada ao Executivo. A Administração Pública era, em última instância, a administração *governamental*. Formar quadros para a Administração Pública era, portanto, formar servidores para o Estado. Pesquisar nessa área era tratar de temas referentes a esse *lócus* governamental.

Mas, nas últimas décadas, o *público* da Administração Pública foi redefinido, ampliando suas fronteiras *para além do Estado*, passando a incluir organizações não governamentais, entidades do setor privado e da comunidade e instituições voltadas à inclusão dos cidadãos no processo de formulação, implementação e controle de políticas públicas. Essa mudança teve impactos sobre a disciplina e sobre o estudo de políticas públicas, como apontado por diversos autores (Frederickson, 1999; Rabell, 2000; Pacheco, 2003).

Frederickson (1999), analisando a Administração Pública nos EUA no fim dos anos 1990, chama a atenção para o reposicionamento da disciplina, destacando a emergência de novas abordagens teóricas e analíticas, capazes de descrever e interpretar mudanças importantes ocorridas no Estado contemporâneo e em sua relação com a sociedade. Um dos elementos destacados em sua análise é a redefinição de *público*, que passa a incluir não apenas o governo, mas organizações não governamentais e organizações privadas orientadas para a prestação de serviços públicos (idem).

Rabell, em trabalho apresentado em encontro do Centro Latinoamericano de Administración para el Desarrollo (Clad) em 2000, apontava como um dos desafios a ser enfrentado pela disciplina a ampliação do domínio do campo de estudo tradicional da Administração Pública, sob o impacto da "reinvenção" do governo ou reforma do Estado, destacando também a ampliação do campo de estudos de políticas públicas derivada da ampliação do público (Rabell, 2000). Segundo esse autor, a disciplina não pode se restringir mais ao estudo de questões ligadas à burocracia governamental, uma vez que as políticas públicas dependem, desde as últimas décadas do século passado, de uma rede de atores sociais, da coordenação de diversas jurisdições (diferentes níveis de governo, distintas agências de um mesmo nível de governo) e da articulação de atores governamentais e não governamentais, assim como de articulações de governos nacionais a entidades supranacionais ou a atores privados transnacionais.

O deslocamento do público para "além do Estado", o esmaecimento das fronteiras entre o público e o privado associado a esse deslocamento e a configuração dos problemas públicos como multijurisdicionais ou não jurisdicionais (Frederickson, 1999) são fatores que contribuíram para aumentar consideravelmente a complexidade das políticas públicas, em especial a complexidade da implementação, ganhando grande relevância os problemas de coordenação interorganizacional (Rabell, 2000). A disciplina Administração Pública precisou, portanto, reposicionar-se de forma a dar conta dessa nova complexidade, o que exigiu uma revisão também da abordagem analítica das políticas públicas, como apontam diversos autores (Rabell, 2000; Frederickson, 1999).

Na leitura otimista de Frederickson, a disciplina Administração Pública foi capaz de enfrentar esse desafio e, ao fazê-lo, construiu novas abordagens teóricas desenvolvidas, no seu entender, no âmbito da própria disciplina. Ele vai além, afirmando que foi a Administração Pública o campo da Ciência Política capaz de fazer frente aos desafios derivados da fragmentação e desarticulação do Estado: "É o campo da Administração Pública no interior da Ciência Política que está respondendo aos modernos desafios do alto nível de fragmentação e desarticulação do Estado" (Frederickson, 1999, p.710). E, segundo esse autor, nesse momento, a Administração Pública deixou de ser colonizada por teorias vindas de outras disciplinas, construindo seu próprio corpo teórico.

Assim como Henry nos anos 1970, Frederickson procura delimitar a identidade da Administração Pública e diferenciá-la das disciplinas com as quais se vincula fortemente, em especial da Ciência Política, buscando legitimá-la como disciplina científica. Mas o que interessa destacar aqui é o que esse autor considera a contribuição da disciplina nesse momento de mudança: a capacidade de tratar das novas configurações do Estado e de sua relação com a sociedade. A Administração Pública, segundo ele, é "naturalmente" interjurisdicional e em rede. A disciplina que tratou dessa prática social, a Administração Pública (Ospina Bozzi, 1998), é capaz de desenvolver teorias capazes de explicar os novos fenômenos. E destaca como teorias desenvolvidas para fazer frente aos novos desafios teorias de cooperação, de rede e de governança, assim como o institucionalismo (Frederickson, 1999).

A incorporação das políticas públicas como objeto de análise pela Administração Pública resultou, como visto, de um movimento crítico à abordagem tradicional da disciplina, que teve como base o reconhecimento do papel de *policymaker* assumido pelo administrador, contrapondo-se, portanto, à separação entre administração e política, marca característica da disciplina até o fim dos anos 1950.

No entanto, segundo os críticos da abordagem *mainstream* da análise de políticas públicas, esta se consolidou reintroduzindo a separação entre política e administração no interior mesmo da análise das políticas públicas. Segundo tais críticos (Durning, 1999; Lynn Jr.,1999), a abordagem dominante no campo se baseia no sonho positivista da objetividade e da racionalidade, que supõe que o fato objetivo é passível de apreensão pelo analista, por meio de métodos científicos neutros, e que o conhecimento gerado a partir desses métodos (quantitativos) será útil à decisão (esta sim política) tomada pelos tomadores de decisão e *policy makers*.

Nas últimas décadas, surgem propostas de abordagens alternativas, com base nessas críticas, sugerindo a adoção de metodologias qualitativas (Fischer, 1993 apud Lynn Jr., 1999) que levem em consideração a subjetividade e que procurem romper a separação entre o analista de políticas e os atores envolvidos com as políticas públicas. Alguns autores pós-positivistas repudiam o que consideram uma abordagem tecnocrática e economicista e propõem estudos de políticas públicas baseados numa estratégia participativa (Torgerson, 1986 apud Lynn Jr., 1999) e o tratamento do fato como uma construção social: "[...] fatos são construções sociais, não aspectos objetivos do mundo material esperando para ser descobertos" (Fischer, 1993, p.167 apud Lynn Jr., 1999, p.419, tradução nossa).[9] Outros autores enfatizam a influência de fatores políticos e a articulação em torno de ideias e valores (Kingdon, 1995; Sabatier, 1991).

Principais temas da Administração Pública nos Estados Unidos

Os temas de pesquisa que se destacam na produção recente no campo da Administração Pública refletem a redefinição do *lócus* da disciplina derivada da ampliação do público para além do Estado. A agenda de pesquisa inclui também temas que ganharam relevância na agenda governamental nas últimas décadas, dentre os quais se destacam os ligados à transformação do Estado contemporâneo (sentido lato) e à reforma do Estado (sentido

9 "[...] facts are social constructions, not objective features of the material world awaiting discovery [...]" (Fischer, 1993, p.167, apud Lynn Jr., 1999, p.419).

estrito), tais como descentralização, parcerias, controle social, *accountability* e participação. Tais temas estão presentes nas pesquisas com foco em políticas públicas, as quais incorporam essas temáticas frequentemente em estudos setoriais.

A produção desenvolvida no âmbito da disciplina se estrutura em torno de dois eixos (Rabell, 2000):

a) O primeiro tem como foco a análise do processo de desenho, formulação, implementação, avaliação e difusão de políticas públicas, considerando processos, atores, grupos, coalizações e interesses que determinam as decisões no setor público.
b) O segundo enfatiza a dimensão organizacional associada ao processo de políticas públicas, considerando as mudanças recentes no Estado e no público, e focalizando aspectos como relações intergovernamentais, coordenação de atores e de agências e atuação em rede.

Esses eixos refletem as duas bases que estruturam o campo da Administração Pública nos EUA (Rabell, 2000). Os dois eixos frequentemente se interpenetram nos estudos concretos. A redefinição do público e seu impacto sobre as políticas públicas requerem que o estudo da implementação e a avaliação das políticas públicas – áreas em que a pesquisa em Administração Pública tem se concentrado nos últimos anos, segundo Rabell – considerem simultaneamente questões organizacionais referentes à coordenação entre atores, à gestão de redes, e questões envolvendo conflitos e negociação entre atores e disputa de interesses em torno de alternativas de políticas públicas e em torno de sua implementação e avaliação.

Em ambos os casos, os estudos tendem a ter um compromisso com a ação, isto é, são estudos que procuram examinar políticas e programas públicos de forma a contribuir para seu aperfeiçoamento ou ainda para disseminar iniciativas bem-sucedidas.

Em relação aos temas das pesquisas em políticas públicas, análise dos currículos de seis dos principais cursos de mestrado em Administração Pública dos Estados Unidos[10] e levantamento dos temas contemplados

---

10 John Kennedy School of Government, Harvard; School of Policy, Planning and Development, University of Southern California; Maxwell School of Citizenship and Public Affairs,

pelos artigos publicados nos últimos dez anos por uma das principais revistas do campo, a *Public Administration Review*, permite organizar a temática em torno de dois eixos:[11]

a) Temática substantiva setorial
As pesquisas analisam políticas públicas setoriais, ligadas a problemas públicos relevantes, integrantes da agenda governamental nos Estados Unidos, mas que também fazem parte da agenda pública internacional contemporânea. As políticas públicas setoriais que se destacam nas pesquisas recentes em políticas públicas no campo da Administração Pública são: política educacional, política de saúde, política ambiental, política pública e desenvolvimento sustentável, políticas de desenvolvimento local, política urbana e habitacional, política científica e tecnológica, especialmente política pública na área de tecnologia da informação; políticas públicas, questão étnica e ações afirmativas; políticas públicas e gênero; políticas públicas e mudanças demográficas (especialmente o envelhecimento da população), políticas de "welfare" e de combate à pobreza e políticas de inclusão social no país e no exterior.[12]

b) Temática transversal ligada às transformações do Estado e do público na Administração Pública
As pesquisas abordam também temas transversais – quer em estudos setoriais, quer em estudos de caráter mais abrangente – em sua maior parte ligados às novas configurações do Estado contemporâneo, à reforma do Estado (*stricto sensu*) e à reconfiguração do

---

University of Syracuse; School of Public and Environmental Affairs, University of Indiana, Bloomington; Goldman School of Public Policy, University of California, Berkeley; e Lyndon B. Johnson of Public Affairs, University of Texas at Austin. Os programas de mestrado dessas instituições são indicados como os melhores em Administração Pública por relatório especializado em ranqueamento de programas educacionais (Gourman Report, 1999 apud Rabell, 2000, p.12). Levantamento realizado nos sites oficiais dos programas de mestrado dessas instituições. Acesso efetuado em junho de 2010.

11 Levantamento realizado pela autora a partir da pesquisa "Estudos de políticas públicas no âmbito da Administração Pública", apoiada pelo Núcleo de Apoio a Pesquisas e Publicações da FGV-Eaesp – (NPPGV).

12 Há um tema setorial específico aos Estados Unidos, que reflete a maior importância do tema na agenda do país no pós-11 de Setembro e que consiste na política de segurança interna.

> *público*. Dentre os temas que se destacam nessa categoria incluem-se: reforma de políticas públicas, especialmente de políticas sociais; privatização e *outsourcing*; parcerias com organizações não governamentais; *accountability* e políticas públicas; reforma administrativa e políticas públicas; participação comunitária na formulação de políticas públicas; inovação e disseminação de inovações e transferência de políticas públicas. Aspectos como a articulação e a cooperação entre atores e agências governamentais e não governamentais são destacados, assim como a ação em rede e a gestão participativa.

Os estudos de ambos os eixos dizem respeito a todo o processo das políticas públicas, mas tendem a se concentrar na implementação e na avaliação (Rabell, 2000). Embora tenham como foco empírico sobretudo políticas públicas desenvolvidas nos Estados Unidos, especialmente na esfera local, há também uma presença significativa de trabalhos sobre outros países, inclusive sobre a América Latina.

Constituição e desenvolvimento da disciplina no Brasil

A disciplina Administração Pública no Brasil, a exemplo do ocorrido nos Estados Unidos, teve seu início associado ao objetivo de *treinamento* de servidores para a Administração Pública moderna. Aqui, o *nascimento* da disciplina tem suas raízes nos anos 1930. Até então a Administração Pública no Brasil tendia a se identificar com o Direito Administrativo, ou, no dizer de Muñoz, "com as regras jurídicas, limitando seu problema à elaboração de leis e regulamentos de aplicação [...]" (Muñoz, 1958 apud Keinert, 1994, p.42). A tradição da legislação romana introduzida pela colonização portuguesa marcou, de fato, a Administração Pública no país até os anos 1930, aproximando-a do que Hood chamou de tradição *law oriented*, característica da Europa continental (Hood, 1995). Essa tradição deixou um legado cuja influência se faz sentir até hoje no país, em que pese a incorporação posterior de outras perspectivas da Administração Pública.

Se a tradição formal era de ordem jurídica, a prática da Administração Pública era fortemente caracterizada pelo patrimonialismo e pelo clientelismo (Nunes, 1997). E foi contra essa ordem ou, no dizer de Edison Nunes, contra essa gramática política, caracterizada pela apropriação do público pelo privado, que, na década de 1930, teve início um esforço de consolidação de uma Administração Pública *moderna*. A reforma administrativa do Estado Novo teve como propósito instaurar no país um serviço público nos moldes da burocracia weberiana, com base nos princípios do mérito e da impessoalidade, que viesse a se contrapor às características patrimonialistas até então prevalecentes na Administração Pública. Essa administração moderna era parte de um projeto mais abrangente para o país – um projeto nacional e desenvolvimentista – no qual o Estado assumia um papel central, o de promotor do desenvolvimento e de instaurador da ordem moderna. Um projeto que era também centralizador e que combatia as oligarquias regionais (ou que procurava integrá-las e subordiná-las a um novo projeto de nação).

Podem ser considerados marcos iniciais da constituição da Administração Pública no Brasil a criação da *Revista do Serviço Público*, em 1937, e a fundação do Departamento de Administração do Setor Público (Dasp), em 1938. A criação da *Revista* em novembro de 1937 teve por objetivo a divulgação das ideias e princípios norteadores da orientação modernizante a ser dada à Administração (Silva, 1968). Por intermédio do Dasp, por sua vez, e dos *daspinhos*, em nível regional, promoveu-se a estruturação básica do aparelho administrativo do Estado para adequá-lo ao novo papel do Estado que então se instituía. Criaram-se regras rígidas de admissão, instituiu-se o concurso público e se estabeleceram critérios meritocráticos de avaliação (Couto, 1993).

A instituição da reforma administrativa sob a liderança do Dasp baseou-se no treinamento de servidores para assumirem novas funções no *novo* Estado. O próprio Dasp assumiu, num primeiro momento, o desafio de tal formação (Fischer, 1984). Fischer assim descreve esse momento fundador:

> Os cursos de formação e aperfeiçoamento do servidor público [do Dasp] em menos de um ano tinham mais de oito mil inscrições. Nesse período, prestava serviços ao Dasp um grupo de técnicos que Paulo Vieira da Silva (1983) chama de "série ouro": Benedicto Silva, Guerreiro Ramos, Sebastião Santana e Silva e Roberto Campos, entre outros. Por meio desse grupo, foram veiculados conceitos, princípios e práticas administrativas oriundos de outros países, especialmente dos EUA. (ibidem, p.281)

A Administração Pública no Brasil se constitui assim, a um só tempo, como prática e como *formação para a prática*. E se não se pode falar, nesse primeiro momento, da constituição de uma disciplina no país, é clara a influência na *Revista do Serviço Público* e no Dasp, então responsável pelo *treinamento* dos servidores, dos paradigmas prevalecentes na Administração Pública enquanto disciplina ou campo disciplinar, tal como esta se constituíra nos EUA. Warlich destaca a influência da "ciência administrativa" na definição da estrutura e dos modelos de administração então implantados pelo Dasp na Administração Pública no Brasil, mencionando Fayol, Taylor, Willowghby e Gullick, "todos orientados pelo princípio da eficiência" (Wahrlich, 1983 apud Fischer, 1984). Análise sobre os paradigmas da Administração Pública no Brasil entre 1900 e 1992 realizada por Keinert (1994) e estudo dessa autora e de Vaz sobre a *Revista do Serviço Público* (Keinert; Vaz, 1994) mostram como a perspectiva da racionalização e a ideia da neutralidade dos princípios da Administração marcaram os artigos da *Revista do Serviço Público* entre 1937 e 1946.

A formação em Administração Pública iniciada pelo Dasp e "alimentada" pela *Revista do Serviço Público* teve, portanto, como referência importante a Administração Pública norte-americana, caracterizada, nesse período, pela dissociação entre Administração e Política. Nesse primeiro momento, a política pública não constituía ainda objeto de atenção dessa protodisciplina.

Como desdobramento do esforço de instituição de uma administração pública moderna e eficiente, surgiu no início da década de 1940 a ideia de instituir no país um centro de estudos em Administração Pública. Com apoio inicial da Organização das Nações Unidas (ONU), instalou-se no Rio de Janeiro, em 1944, a Fundação Getulio Vargas – FGV (Fischer, 1984). A criação da FGV ocorreu simultaneamente ao declínio da importância do Dasp, em 1945, após o fim do Estado Novo. A presidência da Fundação foi assumida, no entanto, não por acaso, pelo antigo diretor do Dasp, Luiz Simões Lopes, assinalando a continuidade entre as duas instituições em termos de perspectivas em relação à Administração Pública. Na verdade, o projeto da nova instituição foi concebido no interior do próprio Dasp.

Em 1948, a nova Fundação encaminhou à ONU um projeto solicitando apoio para a criação de uma Escola Nacional de Administração, inspirada na ENA francesa. Com o apoio da ONU, foi criada em 1952, no Rio de Janeiro, a Escola Brasileira de Administração Pública (Ebap), a qual contou desde seu início com o suporte de professores norte-americanos (Fischer, 1984). A Ebap se estruturou como instituição de ensino, pesquisa e assistência técnica, e com base em uma cooperação estreita entre a nova escola e faculdades e professores norte-americanos.

Em 1959, foi assinado um convênio entre o Brasil e os EUA, o Programa de Ensino em Administração Pública e de Empresas, com o objetivo de desenvolver a formação na área de administração pública e de empresas, reforçando os cursos já existentes (da FGV)[13] e apoiando a criação de novos cursos, como os da Universidade Federal da Bahia (UFBA) e da Universidade Federal do Rio Grande do Sul (UFRGS). Os professores dessas instituições foram aos EUA, em sua maioria à Universidade do Sul da Califórnia, até hoje uma das principais faculdades de Administração Pública daquele país, lá realizando cursos de doutorado (Fischer, 1984; Keinert, 1994). A influência das escolas dos EUA se fez sentir também pela vinda de professores norte-americanos, os quais "acompanharam a Ebap, a UFRGS e a UFBA durante tempo suficiente para a montagem [e consolidação] dos programas" (Fischer, 1984, p.282).

Essas instituições foram pioneiras no ensino de Administração Pública no país, criando cursos de graduação, pós-graduação (mestrado) e cursos de aperfeiçoamento, dedicando-se também à assistência técnica a órgãos públicos. Em 1967, havia 28 instituições de ensino em Administração Pública no país, das quais 16 tinham cursos de graduação e seis, de pós-graduação (mestrado) (Wahrlich, 1967).[14]

A disciplina Administração Pública constituiu-se assim, no Brasil, "à imagem e semelhança" da Administração Pública norte-americana, mas marcada por uma especificidade: afinal, tratava-se de um país pobre, e, na visão então hegemônica, atrasado, sendo prioritárias ações para o seu desenvolvimento. A ideologia desenvolvimentista dos anos JK encontrava-se com a estratégia de auxílio ao desenvolvimento dos países pobres que

13 A Ebap, no Rio de Janeiro, criada em 1952, e a Escola de Administração de Empresas de São Paulo (Eaesp), em São Paulo, criada em 1954, para a formação em Administração de Empresas.

14 Em 1959-60, nos Estados Unidos, já havia cerca de cem instituições oferecendo algum tipo de curso de pós-graduação em Administração Pública. O primeiro levantamento feito pela Naspaa, em 1970-1971 identificou 125 programas de pós-graduação (Henry, 1995, p.4).

marcou a política externa dos EUA no período Kennedy. Assim, ao lado do paradigma prevalecente que separava administração e política no momento da implantação da área no Brasil, a formação em Administração Pública incorporou aqui a orientação *para o desenvolvimento* (Keinert, 1994; Fischer, 1984).

É interessante registrar a presença e a atuação da Fundação Ford no Brasil nesse momento. Aberto o escritório brasileiro da fundação em 1962 – para contribuir para que o Brasil se tornasse uma "verdadeira nação"[15] –, em 1964 já eram concedidas duas doações a programas de Administração Pública (UFBA e FGV). Coerente com o apoio da Fundação Ford à constituição de cursos de políticas públicas nos EUA orientados para problemas públicos relevantes, alguns anos mais tarde, a decisão de apoiar a formação em Administração Pública no Brasil nesse momento derivava do "desejo de oferecer aos brasileiros instrumentos que os ajudassem a *resolver problemas singularmente brasileiros*" (Station; Welna, 2002, p.170, grifo nosso).

Incorporação das políticas públicas na Administração Pública no Brasil

A incorporação do estudo de políticas públicas pela disciplina no Brasil, por sua vez, ocorreu praticamente no mesmo momento em que acontecia nos Estados Unidos. Inicialmente essa incorporação se deu sob a forma de um projeto de estudos desenvolvido na Ebap,[16] intitulado "Estudos sobre políticas governamentais", publicado pela *Revista de Administração Pública* (RAP) em 1969. Esse projeto surgiu a partir de um seminário sobre políticas *governamentais*, realizado em 1968, na própria Ebap (Escola..., 1969).

Em decorrência do seminário sobre políticas governamentais, realizado no mês de outubro de 1968, surge esse novo projeto. Seu objetivo é identificar

---

15 Segundo relatório de consultores analisado por Miceli (1993 apud Station; Welna, 2002, p.169).

16 Não foi possível, no âmbito da pesquisa em que se baseou este trabalho, verificar a incorporação desse tema pelos demais programas de Administração Pública, mas é de se supor que o mesmo estivesse ocorrendo em outras instituições, ao menos na UFBA e na UFRGS.

os problemas apontados como principais naquele seminário e realizar estudos descritivos dos mesmos. Por exemplo, para a política setorial, como é o caso do arroz, procurar-se-á analisá-la de maneira descritiva, em termos dos objetivos que se propõe a atingir, do nível em que a política é decidida, da competição com políticas traçadas por outras agências governamentais, das pessoas responsáveis por essas políticas, dos grupos que delas se beneficiam, e assim sucessivamente. *Com essa série de estudos tem-se em vista institucionalizar* no Centro de Pesquisa (CEP) *um ramo essencial dos estudos de Administração Pública, especialmente designado como Policy Analysis, que constitui uma das áreas mais importantes do ensino da Administração.* O Centro procurará obter para esses estudos financiamento do Fundo de Desenvolvimento da Produção (Fundepro) (Ebap, 1969, p.164).

A descrição do projeto, constante de plano de trabalho da Ebap, deixa claro o propósito de incorporar ao ensino e à pesquisa de Administração Pública a análise de políticas públicas, e, ao mesmo tempo, permite identificar algumas características gerais dos recortes temáticos e metodológicos pretendidos. Segundo esse projeto, a ênfase recairia sobre estudos setoriais, numa abordagem inicialmente descritiva, que permitisse identificar objetivos das políticas, atores envolvidos, processo decisório, beneficiários, e caracterizar o processo de disputa na agenda governamental.

O projeto mencionava também fontes de financiamento com que se contava para sua viabilização. Aparentemente, pelo que se depreende dos números subsequentes da RAP, o projeto não teve um desenvolvimento capaz de gerar artigos sobre políticas públicas na própria revista, o que sugere que não houve apoio sistemático a essa linha de pesquisa. O que se nota, entre 1969 e 1974, é uma presença muito pouco expressiva de artigos sobre políticas públicas ou governamentais: apenas um artigo sobre o setor de saúde, que inclui um esboço do Plano Nacional de Saúde, de 1969 (v.2, n.1), e um sobre a política científica e tecnológica, publicado em 1973 (v.7, n.2). Em ambos os casos, são artigos de caráter propositivo, escritos por membros da burocracia estatal de cada um dos setores envolvidos, configurando-se como defesa de *uma* alternativa de política pública (ou de uma parte da política). Outro artigo desse subperíodo que merece destaque foi escrito por Guerreiro Ramos, em 1970. Embora não tenha por objetivo explícito a análise de políticas públicas, esse artigo defende a construção de indicadores sociais que permitam à população *avaliar políticas governamentais*, em especial políticas de desenvolvimento, destacando a contribuição da FGV e da Ebap nessa área (Ramos, 1970).

Em 1973, documento sobre o curso de mestrado em Administração Pública da Ebap mostra, por outro lado, que a análise de políticas públicas fora integrada ao currículo do curso como um de seus elementos centrais, como fica claro em documento de apresentação do curso:

> O objetivo fundamental do Curso de Mestrado é proporcionar formação de alto nível em Administração Pública, no sentido mais abrangente e profundo do termo. *Entende-se por Administração Pública, neste sentido, a área de conhecimento voltada para a análise, o diagnóstico, a pesquisa, a avaliação e o equacionamento de problemas de política pública e governamental*. (Curso..., 1973, p.85, grifo do original)

A centralidade da área de política pública na formação em Administração Pública naquele momento parece refletir a proximidade com programas de mestrado nos EUA e a influência do *movimento de políticas públicas* daquele país. De fato, a própria estrutura do curso de mestrado revela semelhança com programas norte-americanos. Assim, dentre os três módulos integrantes da formação teórica e metodológica básica, um consistia em métodos quantitativos em organização e *políticas públicas*. Um dos grupos de disciplinas, por sua vez, consistia no que se entendia como áreas-fim: os módulos de *política pública e governamental*, devendo o aluno selecionar necessariamente disciplinas referentes a um setor. O programa listava como políticas públicas ou governamentais objetos de disciplinas específicas: política científica e tecnológica, política de saúde e bem-estar, política demográfica e de ocupação do território, política do turismo, lazer e ocupação do tempo livre, política de comunicações e transporte, política educacional e política de recursos humanos (ibidem, p.87).

A oferta de disciplinas referentes a setores de políticas públicas, além de refletir áreas consideradas relevantes para o país naquele momento, resultava também das "[...] possibilidades de pesquisa e estudo do próprio professorado da escola" (ibidem, p.90).

Se fica clara a influência da formação em Administração Pública nos EUA, já sob o impacto do movimento de políticas públicas, de outro lado, o desenvolvimento do campo no Brasil reflete a especificidade dos desafios brasileiros e do contexto em que aqui se dava a formação em Administração Pública. Em primeiro lugar, a referência a problemas públicos relevantes tinha como diretriz principal o *desenvolvimento* do país:

> O objetivo central da área [de política pública e governamental (áreas-fim)] é oferecer ao estudante a oportunidade de avaliar necessidades, alternativas e possibilidades de ação em áreas substantivas importantes para o processo de desenvolvimento nacional, debatendo os diferentes temas com especialistas na matéria e fazendo a análise das linhas de ação adotadas ou possíveis à luz de modelos teóricos e de outros fatores pertinentes. (ibidem, p.90, grifo do original)

Uma segunda especificidade consiste no fato de o desenvolvimento da disciplina Administração Pública ocorrer na vigência de um regime autoritário e sob a prevalência de uma administração centralizada e baseada na ação de uma burocracia tecnocrática, que reforçou, no pós-64, a valorização do planejamento como instrumento do desenvolvimento e de resolução de problemas públicos.

A importância do planejamento constitui, de fato, uma marca brasileira no desenho do curso de mestrado em Administração Pública da Ebap naquele momento – o *planejamento governamental* constitui um dos módulos de formação teórica e metodológica do curso (Curso..., 1973). Da mesma forma, no período de 1967 a 1973, há artigos na RAP, publicada pela Ebap, sobre planejamento, com foco na avaliação de planos, no planejamento administrativo, no planejamento metropolitano e no planejamento de transportes.

Em terceiro lugar, não houve aqui apoio efetivo para a consolidação e expansão da pesquisa e ensino em Administração Pública, e do ensino e pesquisa em políticas públicas em particular, após o "momento fundador", mencionado anteriormente, de valorização da formação em Administração Pública. Para isso contribuiu fortemente o contexto ditatorial.

Esse contexto afetou as fontes de financiamento à área, com repercussões sobre o desenvolvimento da disciplina e sobre a área de políticas públicas em particular. A Fundação Ford, ao se instalar no país, elegera como uma das áreas de apoio prioritárias a formação em Administração Pública, dando continuidade à tendência verificada no âmbito do convênio de cooperação entre EUA e Brasil, dos anos 1950 (Fischer, 1984).

No entanto, a política de concessão de apoio se redefiniu a partir do golpe de 1964, havendo uma redução de recursos para pesquisa e formação em Administração Pública e uma reorientação destes para as ciências sociais:

> A primeira tentativa do escritório do Brasil de financiar programas de Administração Pública coincidiu infelizmente com o golpe militar de 1964 [...] Os fatos forçaram pouco a pouco uma reformulação da estratégia. Em 1966, o assessor [da Fundação Ford] Peter Bell lamentava "o nepotismo, o favoritismo e o clientelismo" que regiam as nomeações para cargos públicos e a visão excessivamente "técnica e jurídica" do regime de formulação de políticas públicas [...].
>
> [...] à medida que a ditadura [...] limitava progressivamente a participação política e cidadã nas decisões públicas e na elaboração das políticas, o escritório do Brasil preferiu "apostar nas ciências sociais" por ser um refúgio de intelectuais e de ideias [...].
>
> Ao contrário dos limitados recursos concedidos à FGV e ao Ibam, o apoio ao Iuperj e ao Cebrap foi preponderante [...]. (Station; Welna, 2002, p.170-172)

Assim, uma das instituições que dera suporte substantivo ao fortalecimento da análise de políticas públicas nos EUA no campo da Administração Pública se afastou do suporte a essa disciplina no Brasil, o que foi um elemento que comprometeu seu desenvolvimento, assim como o da área de políticas públicas no âmbito da disciplina.

Nesse mesmo momento, nota-se também o enfraquecimento do papel exercido por centros de formação em Administração Pública junto ao governo. Após o apogeu da reforma administrativa nos anos 1960, o ensino de Administração Pública entrou em declínio, encerrando-se um ciclo em que se considerava a formação do administrador público um requisito para o desenvolvimento (Fischer, 1984).

Segundo estudo de Keinert (1994) sobre os paradigmas do campo de conhecimento da Administração Pública no Brasil, no período que vai da criação da *Revista de Administração Pública* (1967) até o fim dos anos 1970, prevaleceu o paradigma "administração pública como ciência administrativa", marcado pela separação entre administração e política e pela tendência à valorização de técnicas administrativas como instrumentos de mudança importantes para o desenvolvimento. Sob a prevalência desse paradigma e sob a vigência de um processo decisório, nas políticas públicas, centralizado e marcado pela inexistência de espaços de debate aberto a diversos atores, a temática de políticas públicas (ou governamentais) acabou ocupando uma posição secundária na produção do campo no período, apesar da centralidade que se procurava atribuir a esse campo de estudos no âmbito de instituições de pesquisa e de ensino.

De 1974 até o fim dos anos 1980, observa-se a presença de três tipos de texto sobre políticas públicas na RAP, então o único periódico acadêmico do campo.[17] O primeiro, elaborado por membros da burocracia estatal, consiste na defesa de propostas de alternativas de políticas públicas setoriais, com base em diagnósticos técnicos e na avaliação de políticas, com a apresentação de argumentos baseados em tais diagnósticos e nessas avaliações.[18] O segundo consiste em textos teóricos sobre políticas públicas, elaborados por cientistas políticos de diversas instituições de ensino e pesquisa, contribuindo para a delimitação teórica do campo no Brasil.[19] O terceiro tipo de texto analisa políticas públicas incorporando elementos propostos pela teoria de políticas públicas desenvolvida sobretudo nos Estados Unidos, tratando de temas como implementação e avaliação de políticas públicas.[20]

Já no início dos anos 1980, essa terceira vertente passa a incorporar questões novas no cenário brasileiro, derivadas da presença de outros atores no cenário político reivindicando participação no processo decisório relativo às políticas públicas. Assim, temas como movimentos sociais, participação, legitimidade, e estudos de impacto privilegiando aspectos relativos à equidade passam a integrar os artigos sobre políticas públicas. A partir de 1985, ainda nessa terceira vertente, ganham importância estudos sobre financiamento de políticas sociais e sobre controle social de políticas públicas.

Os aspectos identificados na pesquisa em que se baseia o presente trabalho convergem com a análise de Keinert, que indica ter ocorrido entre 1980 e 1989 uma prevalência da Ciência Política como fonte principal de referencial teórico para as pesquisas da Administração Pública (Kei-

---

17 Análise feita com base em pesquisa de todos os números da RAP entre 1974 e 1988.

18 Exemplos de artigos com esse recorte: Pantoja (1969) e artigos publicados em um número especial sobre política científica e tecnológica (*Revista de Administração Pública*, 1973, v.7, n.2).

19 Ver especialmente número que reúne vários artigos com esse recorte, de 1976, reunindo, dentre outros, autores como Wanderley Guilherme dos Santos, James Malloy e Fabio Reis (Lima Júnior; Santos, 1976; Malloy, 1976; Reis, 1976).

20 Constitui exemplo artigo de Oscar Oszlak sobre políticas públicas e regimes políticos com ênfase na análise do processo de implementação (Oszlak, 1982).

nert, 1994). Essa autora identifica, por outro lado, em seus estudos, uma tendência de construção de uma identidade própria do campo no Brasil, nos anos 1990, e entende que, naquela década, iniciava-se uma configuração da "administração pública como administração pública", o que, como visto, fora apontado nos EUA por Henry, nos anos 1970 (Henry, 1975), e reafirmado por Frederickson, nos anos 1990 (Frederickson, 1999).

A identidade da disciplina constitui, portanto, uma questão também no Brasil. Mas, a questão da identidade envolve, aqui, dilemas singulares, associados à trajetória da disciplina entre nós, muito distinta da que caracterizou a evolução do campo nos Estados Unidos. No Brasil, à exceção da Ebap e de alguns poucos cursos, como o da Universidade Estadual Paulista (Unesp) e o da Fundação João Pinheiro,[21] a formação em Administração Pública na graduação e na pós-graduação se deu, desde o início, em escolas de Administração que reúnem a formação em Administração de Empresas (do tipo *business schools*) e a formação em Administração Pública em uma única instituição. Essa proximidade se dá em geral em um contexto de hegemonia da formação em Administração de Empresas.

A importância da inserção institucional da formação em Administração Pública foi apontada por Henry em sua análise sobre a evolução e a identidade do campo nos Estados Unidos. Segundo esse autor, o que a Administração Pública é decorre em boa medida do departamento ou faculdade em que a formação nessa área se dá (Henry, 1975). Nos EUA, essa inserção se deu sob a influência inicial de departamentos de Ciência Política e evoluiu para a autonomia de cursos de Administração Pública e para as escolas "*policy oriented*", mantendo-se certa diversidade no campo.

Em relação à formação em políticas públicas nos EUA, Engelbert mostra, no fim dos anos 1970, a existência de uma diversidade de trajetórias derivadas da localização dos programas de formação em distintas unidades educacionais: os departamentos de Ciência Política, as escolas profissionais de *business* e de Direito, as escolas ou departamentos de Administração Pública e as "*policy oriented*", como as de *public affairs* e as escolas de governo. Esse autor destaca a importância da inserção institucional na abordagem acadêmica predominante na formação em políticas públicas: "Como era de se esperar, a abordagem acadêmica e o conteúdo dos programas de

21 Fundação João Pinheiro, vinculada ao governo do estado de Minas Gerais.

formação em políticas públicas variam consideravelmente entre diferentes categorias de unidades educacionais" (Engelbert, 1977, p.230).

No Brasil, a formação em Administração Pública se iniciou e se desenvolveu em instituições voltadas ao ensino de Administração, havendo desde o início uma tendência a se descaracterizar a identidade da formação específica em Administração Pública, enfatizando-se a "ciência administrativa" como um núcleo comum. Tal tendência – filiada ao paradigma que separa administração e política – foi explicitada pela primeira vez de maneira clara em 1967, na III Conferência Nacional de Administração Pública, realizada na Ebap, no Rio de Janeiro. Segundo documento que apresenta as conclusões da Conferência:

> A tendência, no Brasil, é claramente a favor do currículo integrado [...]. Essa tendência tem sido incentivada pelo Conselho Federal de Educação, através de suas normas sobre o currículo mínimo para "administração", e não para "Administração Pública e de Empresas". (Conferência..., 1967, p.256)

A regulamentação estatal da formação em Administração, tendo como referência o estabelecimento de requisitos para a profissão de administrador, acabou de consolidar a associação entre a formação em Administração Pública e em Administração de Empresas, desde essa época, contribuindo para fortalecer nessa área o paradigma da ciência administrativa, que separa administração e política, e para diluir a identidade da formação em Administração Pública.

Essa hegemonia não era, no entanto, isenta de tensões. Já nessa época, professores de Administração Pública manifestavam-se contrários à diluição da identidade do campo. Assim, por exemplo, na mesma Conferência de 1967, há registro da posição contrária de professores da Ebap a essa perda de identidade. Segundo um grupo de professores da instituição, haveria reduzida possibilidade de êxito para programas mistos ou conjugados de Administração Pública ou de Empresas. Para reforçar seu argumento, citam Waldo, que, discutindo a formação nos Estados Unidos, afirma que a subordinação da Administração Pública à de Empresas ou a conjugação de ambas em uma única organização conduz à "morte lenta [da formação em Administração Pública] por falta de nutrição ou a atrofia por falta de atenção ou carinho" (Waldo, 1965, p.29-30 apud Conferência..., 1967, p.252).

Se, como apontaram Henry e Engelbert, a inserção institucional condiciona as características da formação e da pesquisa em Administração Pública e em Políticas Públicas, fica claro que, no Brasil, a inserção dos cursos de Administração Pública exerceu influência sobre a produção em políticas públicas nesse campo. O ensino e a pesquisa em Políticas Públicas tiveram que abrir caminho em um contexto fortemente marcado pela hegemonia do paradigma da ciência administrativa.

Assim, nos anos 1980, quando a democratização conduziu à incorporação de temas que tinham como eixo questões relativas ao poder e à política, que exigiam que a análise do Estado e da burocracia incluísse o exame do "Estado em ação" (políticas públicas), houve a necessidade de disputar espaço no âmbito da Administração, num ambiente em que era hegemônica a tese da universalidade dos "princípios científicos" da Administração e a perspectiva da racionalidade.

Keinert (1994) parece entender que esse espaço foi obtido ao afirmar que, nos anos 1990, ocorre, no campo disciplinar da Administração Pública no Brasil, a emergência de um novo paradigma que articula política e administração – o da "Administração Pública como Administração Pública" – que, a exemplo do verificado nos Estados Unidos, tem como eixos a um só tempo a análise de políticas públicas e a gestão. Tal paradigma superaria a dissociação, no campo da disciplina, dos polos da gestão e da política.

O reconhecimento do polo da política no caso brasileiro foi estimulado pelos desafios pós-democratização e pelas questões derivadas das transformações do Estado e do público no país. Os estudos sobre políticas públicas em particular refletem, por sua vez, uma demanda por reflexão sobre as "novas políticas públicas", de âmbito federal, mas também, crescentemente, de âmbito local. A descentralização pós-1988 trouxe consigo enormes desafios de formulação e de gestão de políticas públicas em âmbito local, desafios estes que acabaram se refletindo na agenda de pesquisa e de estudos no campo da Administração Pública (Farah, 2006; Farah; Spink, 2008; Jacobi; Pinho, 2006; Wilson et al., 2008).

Nesse contexto, a Administração Pública como disciplina e os estudos de políticas públicas ganham um grande impulso. Análise dos encontros dos pesquisadores de Administração revela um crescimento exponencial de estudos com foco em Administração Pública no conjunto da produção em Administração: entre 1998 e 2008, o número de trabalhos inscritos na área temática Administração Pública nos encontros de Administração (Encontro da Associação Nacional de Pós-Graduação e Pesquisa em Administração – Enanpad) sofreu um aumento de mais de 300%, cerca do dobro do verificado para o conjunto da área de Administração. Tal crescimento levou à criação de um encontro independente, bianual, que já está em sua quarta edição – o Encontro de Administração Pública e Governança (ENAPG). O crescimento da área de Administração Pública foi acompanhado pela consolidação e pelo crescimento do subcampo de políticas públicas, o que pode ser constatado pela criação em 2006 de uma área de interesse dentro desse encontro com foco em políticas públicas.

Esse crescimento não foi acompanhado, no entanto, pela autonomia de programas e cursos de Administração Pública no nível de pós-graduação, a exemplo do ocorrido nos EUA desde os anos 1970. Atualmente, em todo o país, há apenas um curso de doutorado em Administração Pública, o da FGV-Eaesp.[22] Os reflexos sobre a produção acadêmica em Administração Pública desse quadro ainda estão por ser avaliados.

Balanços a respeito das pesquisas e da produção acadêmica em Administração Pública no Brasil (Machado da Silva; Amboni; Cunha, 1989; Souza, 1998; Pacheco, 2003) destacam como principais fragilidades da área:

a) ocorrência de baixa utilização de literatura estrangeira recente;
b) baixo rigor metodológico, com predomínio do uso de metodologias pouco elaboradas ou pouco adequadas aos objetivos do estudo;
c) prevalência de produção acadêmica de viés normativo, dirigida a questões práticas, em detrimento do desenvolvimento teórico-empírico da disciplina;[23]
d) desconsideração de esforços anteriores de pesquisa, com reduzida possibilidade de aprendizagem coletiva pelo conhecimento acumulado;
e) dispersão temática.[24]

22 A própria Ebap, pioneira nessa área no Brasil, transformou-se em Ebape em 2001 (Coelho, 2008) – incorporando "Empresas" a seu nome e passando a formar *administradores* e não mais administradores públicos.

23 Segundo Pacheco, não se trata de eliminar o viés normativo característico da disciplina, mas de "conciliar as duas abordagens – a analítica e a propositiva – evitando propostas sem análises prévias consistentes" (Pacheco, 2003, p.64).

24 Nos Estados Unidos, aponta-se também como um problema da produção na área a seleção de temas irrelevantes como objeto de estudo. Este não parece ser o caso na produção brasileira.

Tais dificuldades parecem caracterizar também a produção sobre políticas públicas, acrescentando-se como dificuldade o convívio desarticulado de referenciais teóricos de distintas disciplinas, sem o diálogo entre as diferentes perspectivas.

No entanto, apesar desses problemas, é possível identificar, numa abordagem preliminar sobre a produção recente em Administração Pública, algumas tendências em termos de temáticas e abordagens, específicas aos estudos sobre políticas públicas.

Em relação às temáticas abordadas, há certa convergência com o que se identificou na análise sobre a produção recente nos Estados Unidos. Temas que entraram na agenda governamental a partir dos anos 1980 estão presentes nos trabalhos do campo de estudos de Administração Pública no Brasil a partir, sobretudo, do fim dos anos 1980: descentralização, participação, parcerias, *accountability* e controle social. O desenvolvimento de estudos setoriais revela, por outro lado, uma aderência da produção aos desafios de construção e reforma de políticas públicas no Brasil nos anos recentes, contemplando temas como políticas de inclusão social e combate à pobreza, políticas de geração de emprego e renda, políticas voltadas a segmentos específicos da população, como grupos indígenas, negros, mulheres e crianças e adolescentes, sendo expressiva a presença de trabalhos sobre políticas públicas em contexto local, destacando-se trabalhos sobre políticas de saúde, de educação e políticas de desenvolvimento local.[25]

Os eixos apontados por Rabell (2000) como estruturadores da produção na área nos EUA também podem ser identificados no Brasil:

a) O primeiro, com foco na análise do processo de políticas públicas (agenda, formulação, implementação, avaliação e transferência, difusão e disseminação), considerando atores e processo decisório.
b) O segundo, com ênfase na dimensão organizacional ligada ao processo de políticas públicas, considerando especialmente mudanças no papel e no perfil do Estado e nas fronteiras entre o público e o privado e aspectos ligados à gestão e a relações intergovernamentais e interorganizacionais, à coordenação de atores e à atuação em rede.

25 Sobre a presença desses temas na ação de governos subnacionais, ver Farah (2007).

Em relação às abordagens presentes nos trabalhos sobre políticas públicas apresentados nos principais eventos da área – Enanpad e ENAPG – e na principal revista de Administração Pública – RAP,[26] no período recente, observam-se, por sua vez, as seguintes tendências:

a) predomínio de estudos de casos, recortando-se uma política setorial e sua implementação em um local específico;
b) ênfase em estudos de avaliação e de implementação;
c) adoção de diversas abordagens metodológicas, qualitativas e quantitativas;
d) predomínio de referências teóricas do campo de estudos de políticas públicas nos Estados Unidos, *as mesmas* que servem de referência à pesquisa sobre políticas públicas desenvolvidas no Brasil pela Ciência Política;
e) presença expressiva de pesquisas de percepção, de caráter meramente descritivo, sem maior alcance teórico.

Desafios atuais da agenda de pesquisa no Brasil

A reconstituição do processo de incorporação das políticas públicas pela agenda de pesquisas da Administração Pública e do desenvolvimento da produção recente nesse subcampo permitiu constatar que, ainda que de forma não sistematizada e organizada, as pesquisas e a produção sobre políticas públicas no Brasil têm sido capazes de incorporar os temas mais relevantes das agendas sistêmica e governamental (Kingdon, 1995) do país.

Os principais desafios em termos de agenda de pesquisa sobre políticas públicas não parecem dizer respeito aos temas tratados, mas sim à consistência teórica e metodológica da produção acadêmica e à capacidade de se constituir uma base de conhecimento acumulado que dê densidade à produção no campo e que colabore com a delimitação de sua contribuição específica aos estudos sobre políticas públicas.

---

26 Apenas cerca de 16% da produção da área é publicada em revistas especializadas (Pacheco, 2003). Dessas revistas, apenas duas têm foco exclusivo na área pública: a *Revista de Administração Pública* (RAP), criada em 1967, e os *Cadernos de Gestão Pública e Cidadania*, que, em 2009, adotou o formato de um periódico acadêmico.

Diversos dos autores que se dedicaram à análise do ensino e pesquisa em Administração Pública nos EUA e no Brasil tendem a convergir para a necessidade de avanços nessa direção (Rabell, 2000; Machado da Silva; Amboni; Cunha, 1989; Souza, 1998; Pacheco, 2003).

Alguns autores questionam a adequação de referenciais teóricos e analíticos desenvolvidos em outros países para a análise dos processos em curso no Brasil e alertam para o risco da adoção de modelos inadequados a realidades locais, propugnando a construção de processos de pesquisa que incluam a própria comunidade (Spink, 2001; Kayano; Caldas, 2002).

Analistas que se debruçaram sobre a questão da identidade da disciplina, nos EUA e no Brasil, parecem convergir, por outro lado, quanto à identificação de um núcleo identitário da disciplina: o que reúne e articula o estudo de políticas públicas à análise organizacional (Rabell, 2000; Henry, 1995; Pacheco, 2003). Se, nos Estados Unidos, esse núcleo para alguns está relativamente consolidado, entre nós, ele ainda aparece como um projeto em construção, como um desafio, como aponta Pacheco:

> Uma delimitação da área que contemple a confluência entre políticas públicas e análise organizacional pode contribuir para a *constituição* da administração pública como área de pesquisa e conhecimento. (Pacheco, 2003, p.70, grifo nosso).

Ao destacar a importância da definição da contribuição específica da Administração Pública para o campo de estudos de políticas públicas, não pretendo defender a estanqueidade entre disciplinas, mas chamar a atenção para o desafio ainda presente da identidade da disciplina e para os desafios da multidisciplinaridade e da interdisciplinaridade.

Administração Pública e abordagem interdisciplinar

A Administração Pública é, mais que uma disciplina, um campo multidisciplinar ou uma "ciência interdisciplinar" (Gonzáles, 1997 apud Ospina Bozzi, 1998), para a qual contribuem diversas disciplinas, como a Ciência Política, a Administração, a Economia, a Sociologia e a Psicologia Social.

O estudo das políticas públicas no âmbito desse campo multidisciplinar tem se desenvolvido tendo como principais referências teóricas contribuições da área de políticas públicas tal como esta se consolidou e desenvolveu nos Estados Unidos, a qual, por sua vez, integra contribuições da Economia, da Ciência Política e da Administração (gestão). A abordagem multidisciplinar e interdisciplinar é, portanto, algo inerente à disciplina.

A questão da multidisciplinaridade e da interdisciplinaridade se redefine hoje no Brasil, a exemplo do ocorrido nos EUA nos anos 1970, como uma questão relativa ao lócus do ensino e da pesquisa sobre políticas públicas.

Novos cursos de graduação com foco em políticas públicas estão sendo abertos, como os de Políticas Públicas, de Gestão de Políticas Públicas, de Gestão e Políticas Públicas, de Gestão de Políticas Sociais, assim como outros com afinidades com o campo, como o de Gestão Social. Tais cursos contribuem para a *ampliação do lócus de estudos e pesquisas* sobre políticas públicas, que deixa de ser exclusivo de seu lugar de origem no Brasil – a área de Administração Pública – e de disciplinas tradicionais como a Ciência Política.

A emergência de tais cursos se dá no momento que a agenda *de problemas públicos e sociais,* a agenda sistêmica e a governamental, incorporam com centralidade as políticas públicas. Assim, ao mesmo tempo que se assiste a um *boom* de trabalhos e publicações sobre políticas públicas em Administração Pública, surgem novos centros de ensino, pesquisa e geração de conhecimento com foco em políticas públicas.

Tais cursos já nascem multidisciplinares, a exemplo do que ocorreu nos EUA nos anos 1970. E certamente, a exemplo do que se passou naquele país, contribuirão – sobretudo com a constituição de cursos de mestrado e doutorado daqui a alguns anos – para uma redefinição da produção no campo da Administração Pública e para a superação de alguns dos desafios presentes nos estudos sobre políticas públicas na Administração Pública. Assiste-se hoje, no Brasil, a uma redefinição do *campo de estudos de Gestão e Políticas Públicas*[27] que já é tributário da presença desses novos cursos,

27 No Brasil, no momento atual de (re)definição desse campo, sua própria denominação constitui uma questão central. Os diversos participantes do campo ainda não identificaram uma designação de consenso. Fórum informal que articula pesquisadores de diversas instituições tem utilizado provisoriamente a expressão "campo de pública".

que, em sua maioria, têm como um de seus eixos estruturadores o estudo de políticas públicas. A discussão suscitada pelo Conselho Nacional de Educação a respeito de diretrizes curriculares para cursos de graduação em Administração Pública e Políticas Públicas no primeiro semestre de 2010 provocou um debate mais abrangente sobre os contornos e a delimitação de um campo de estudos que trate da área pública e que seja capaz de abrigar distintas formações disciplinares e multidisciplinares ou interdisciplinares. E aqui também esse processo, a exemplo do ocorrido no início da década de 1970 nos EUA, quando os diversos cursos ligados ao *campo de Gestão e Políticas Públicas* resistiram à criação de padrões e parâmetros fechados por parte da Naspaa (Henry, 1995), os novos cursos, ainda em fase de constituição, questionam parâmetros regulatórios que engessem os processos de constituição de novas modalidades de formação e que – uma especificidade brasileira – os subordinem à área de Administração.[28]

28 Considerações feitas com base na participação da autora nos processos de discussão sobre as diretrizes curriculares.

Relações internacionais e políticas públicas: a contribuição da análise de política externa

Maria Regina Soares de Lima[1]

O início da institucionalização do campo das Relações Internacionais como disciplina acadêmica nos anos 1940 ocorreu nos EUA no interior da Ciência Política, que também se consolidava como campo autônomo separado do Direito e da História.[2] Essa coincidência fortuita permitiu uma articulação teórica entre esses dois campos maior do que aconteceu, por exemplo, no caso inglês, em que as duas áreas seguiram caminhos paralelos. Como consequência, os avanços teóricos na disciplina de Ciência Política foram rapidamente incorporados às Relações Internacionais, gerando maior sinergia entre esses dois campos, até muito recentemente, quando a última, ao contrário da primeira, enveredou por uma discussão metateórica das bases ontológicas e epistemológicas das Relações Internacionais, afastando-se da Ciência Política que não experimentou esse corte epistemológico.

Nos EUA, os pais fundadores daquela disciplina foram intelectuais emigrados da Europa nos anos 1940, como Hans Morgenthau, Nicholas Spykman e John Herz, responsáveis pela transplantação do realismo político continental para aquele país onde a hegemonia acadêmico-institucional era constituída pelos "internacionalistas liberais" e pelos "cientistas", estes últimos em particular atuando na conformação da nova disciplina de Ciência Política (Kahler, 1997). O contexto de Guerra Fria contribuiu

---

1 Agradeço os comentários e as sugestões de Letícia Pinheiro.

2 É praxe na comunidade de internacionalistas a utilização de letras maiúsculas quando é feita referência ao campo das Relações Internacionais e minúsculas no caso dos processos internacionais.

para que a perspectiva do realismo político deslocasse os internacionalistas liberais nas Relações Internacionais e se tornasse dominante naquele momento. Mas a hegemonia do realismo no contexto acadêmico norte-americano foi fruto da "aliança de conveniência" entre os realistas e os cientistas, dominantes na Ciência Política. O ponto de concordância entre essas duas correntes, distintas do ponto de vista epistemológico, é que "a política internacional deveria ser estudada como é e não como deve ser" (ibidem, p.26). Substantivamente essa união foi reforçada pela ênfase na dimensão do poder, crucial na abordagem do realismo político e princípio organizador de análise da corrente científica, a partir do qual aquele grupo buscou diferenciar-se das tradições legalista e jurídica preexistentes.

Ainda que a centralidade concedida ao poder unisse as duas disciplinas, uma das premissas importantes das Relações Internacionais na sua infância era a especificidade do âmbito externo, pela inexistência de uma autoridade central para arbitrar as disputas entre as distintas soberanias nacionais. Essa particularidade de operar em um contexto de "anarquia estrutural" conferia ao campo internacional uma identidade própria que o distinguia da Ciência Política e também do Direito Internacional, uma vez que a principal norma do sistema internacional é exatamente a soberania. Outra especificidade do campo, que também o qualificava como distinto dos demais naquele momento, é que os principais fenômenos que organizavam a prática e a teoria internacional, em particular a guerra e a paz, se davam em nível sistêmico, fruto da interação em uma ordem descentralizada de soberanias nacionais.

Este capítulo analisa a evolução da análise da política externa no contexto acadêmico norte-americano, ressaltando as inovações teóricas que contribuíram para o tratamento analítico da política externa como política pública, a despeito do fato de que o estudo da primeira, no seu início, estava vinculado ao campo das Relações Internacionais. Nesse percurso são identificados pelo menos três momentos analíticos em que se atenua a linha divisória entre os campos externo e interno, reforçando assim a identidade da política externa como política pública. Na segunda parte, realizamos uma análise da contribuição brasileira nesse particular, identificando novos temas e perspectivas na análise da política externa.

Níveis de análise, política externa e processo decisório

Ao mesmo tempo que a jovem disciplina estabelecia a diferença com relação às outras afins, também incorporava áreas de outros domínios disciplinares, como a política externa vinculada à tradição da história diplomática. Essa incorporação não foi gratuita, uma vez que o realismo político derivava da tradição germânica do "primado da política externa", mas sofrera transformações semânticas e metodológicas ao se incorporar ao *mainstream* da Ciência Política norte-americana. A principal delas foi a separação entre a dimensão macro, relativa à política internacional, e a dimensão micro referida à política externa. Essa separação foi operada a partir do conceito de nível de análise elaborado no artigo clássico de J. David Singer, "The Level of Analysis Problem in International Relations".[3] O nível de análise sistêmico compreenderia o estudo dos padrões de interação, em particular os conflitos e as guerras no sistema internacional; a criação e dissolução das coalizões; a frequência e duração de configurações de poder específicas; modificações na sua estabilidade; bem como as mudanças nas instituições políticas formais e nas normas e nos costumes derivados do sistema internacional como um sistema social.

Para o autor, eram claros os limites analíticos da perspectiva sistêmica para a análise da política externa, em função de duas decorrências da adoção daquele nível de análise. Por um lado, a postulação de um alto grau de uniformidade nos "códigos operacionais" dos atores nacionais, tendo em vista as injunções sistêmicas a que estariam submetidos. Por outro, a inevitabilidade de se tratar cada unidade nacional como uma "caixa-preta" ao desconsiderar as variações domésticas e internas dentro de cada uma delas. Essas variações domésticas e no comportamento internacional das unidades nacionais constituiriam o principal ingrediente empírico do nível de análise micro ou nacional. A análise da variação do comportamento internacional das diversas unidades nacionais ganhava assim um lugar teórico próprio no campo das Relações Internacionais, cuja principal ambição analítica era explicar como e por que determinadas nações buscam determinados

3 O artigo de Singer foi publicado simultaneamente na revista *World Politics*, v.XIV, n.1 e no volume editado por Klaus Knorr e Sidney Verba, *The International System: Theoretical Essays*, Princeton University Press, 1961.

objetivos. O nível de análise da política externa direcionava o analista para "os processos pelos quais os objetivos nacionais são selecionados, os fatores externos e internos que impingem nestes processos e a estrutura institucional dos quais emergem" (p.85). Simultaneamente, a incorporação da análise de política externa legitimava, por assim dizer, a disciplina de Relações Internacionais no contexto político-acadêmico norte-americano ao incorporar variáveis domésticas na explicação da política externa, permitindo diferenciar os regimes democráticos dos não democráticos, uma dimensão sensível no contexto da Guerra Fria.

A diferenciação entre unidades nacionais inseridas no sistema internacional abriu caminho para o estudo comparado da política externa, bem como para a aplicação da abordagem de processo decisório, que surgia com força naquele momento. Nos dois casos, a abordagem micro das Relações Internacionais se aproximava da Ciência Política, em particular do campo de análise das políticas públicas. Afinal, a política externa não era outra coisa que a face externa do "Estado em ação". A partir de então se estabeleceu a distinção analítica entre política internacional, voltada para explicar os resultados das interações entre Estados, e política externa, que focaliza o comportamento dos Estados e busca explicar seus objetivos e os modos de implementá-los no plano externo.[4]

Nos anos 1960, a perspectiva do processo decisório foi amplamente utilizada quer na análise da política externa, quer na de políticas domésticas. O foco no processo de decisão representou uma oportunidade teórica de superar a excessiva reificação do Estado, tratado nas teorias convencionais de Relações Internacionais como um ator intencional, dotado de vontade e racionalidade. O Estado foi definido a partir de suas unidades de decisão, isto é, dos decisores governamentais – "aqueles cujos atos autoritativos são, para todos os propósitos, os atos do Estado".[5] Uma das vantagens

4 Na bibliografia de relações internacionais, o conceito de nível de análise é utilizado em duas acepções distintas. Na de Singer, o significado é lócus analítico do objeto de investigação, isto é, unidade de análise. Em outra, como lente conceitual na qual se situa a explicação de um mesmo fenômeno. Essa última concepção foi usada por Kenneth N. Waltz (1959) também em trabalho clássico das relações internacionais, em que a guerra era explicada a partir de lentes conceituais situadas em três níveis distintos: o indivíduo, o Estado e o sistema internacional.

5 "Decision-Making as an Approach to the Study of International Politics", em Snyder; Bruck; Sapin (1963, p.65).

antevistas pelo uso daquela perspectiva, ao estabelecer um lócus da análise política mais preciso e mais concreto, era sua adequação à aplicação do método científico que tanto as Relações Internacionais quanto a Ciência Política almejavam naquele momento. Contudo, essa pretensão esbarrava em duas limitações. Em primeiro lugar, a fragilidade da teorização sobre o Estado no contexto da Ciência Política à época, que fez com que a definição das unidades de decisão, assim como dos fatores que deveriam ser levados em conta no processo decisório, fosse feita de modo *ad hoc*, com base em processos empíricos, redundando muitas vezes numa lista aleatória de fatores. Por outro, havia entre alguns de seus praticantes a admissão de que fatores subjetivos, como as percepções, operavam na própria definição da situação de decisão. Para alguns, cabia ao observador a definição objetiva da situação; para outros, cabia aos próprios participantes da decisão. Essa dúvida epistemológica levou à elaboração da distinção entre o "ambiente psicológico" – subjetivo – e o "ambiente operacional" – objetivo. Essas restrições redundaram em uma utilização bastante limitada da perspectiva do processo decisório, com base nas contribuições da psicologia social e circunscrita aos estudos de caso de decisões críticas da política externa norte-americana, com pouca capacidade de reprodução para o estudo de outros contextos nacionais.

A adoção da premissa da racionalidade também dividiu os praticantes nos estudos do processo decisório. Autores como Richard Snyder, um dos pioneiros da utilização dessa perspectiva, não adotavam a premissa da racionalidade, ainda que o fizessem com a intencionalidade e a motivação explícita dos atores. Talvez pela excessiva ênfase nos aspectos psicológicos e em decisões críticas em situações de estresse, fatores não racionais eram levados em conta. Curiosamente, a racionalidade não era tomada como uma premissa, mas algo a ser averiguado na observação dos casos estudados. Assim como ocorria na Ciência Política e na teoria das organizações, a consideração dos limites da concepção sinótica, com base na maximização da utilidade esperada e informação perfeita, com relação às alternativas de decisão, que levara à adoção de um modelo decisório incremental e de "racionalidade limitada", também influenciou as análises de processos decisórios da política externa. Em vista de o contexto teórico em que se desenvolviam os estudos de processo decisório e de seu referente empírico estar ancorado em decisões críticas da política externa, aquela perspectiva acabou por privilegiar mais os componentes cognitivos do processo decisório, com base em componentes psicológicos, como percepção, intuição e analogia. Na ênfase na dimensão cognitiva, uma das contribuições significativas foi o livro de Robert Jervis (1976) sobre as percepções e percepções equivocadas na política internacional. Os efeitos de processos de "*group thinking*" em decisões críticas na política externa norte-americana foram objeto de outro clássico da época, de Irving Janis (1972).

A visão do processo decisório como um processo social e político, latente nas contribuições pioneiras dos teóricos do pluralismo ou na visão da política como "a alocação autoritativa de valores para a sociedade" de David Easton (1953, p.129), só mais tarde viria a ser incorporada pelos internacionalistas norte-americanos. Essa incorporação seria operada por um trabalho que também se tornou um clássico na área: *Essence of Decision: Explaining the Cuban Missile Crisis* [Essência da decisão: explicando a crise dos mísseis de Cuba], de Graham Allison, de 1971. Não por acaso, o livro foi elaborado no âmbito da participação de seu autor em um grupo de discussão na Universidade de Harvard sobre o impacto das burocracias nas políticas governamentais, em particular o desnível entre as intenções dos decisores e os resultados da ação governamental em um veio analítico inspirado nos limites do modelo decisório da racionalidade perfeita. Utilizando três diferentes "lentes conceituais", o autor analisa um dos momentos mais tensos da Guerra Fria: a crise entre EUA e União Soviética a propósito da instalação de mísseis nucleares em Cuba, em outubro de 1962.

O primeiro modelo examinado é o do "ator racional" ou o "modelo clássico". Nele estão presentes tanto as premissas da racionalidade compreensiva quanto as hipóteses derivadas do realismo político, em que o problema central para os Estados é definido pela natureza do sistema internacional e as ações deste são uma resposta às forças políticas externas, eliminando-se qualquer determinante doméstico nas escolhas governamentais. A essa lente conceitual, que o autor denomina de modelo do "ator unitário", contrapõem-se o modelo do "processo organizacional" e o modelo da "política burocrática". No primeiro caso, as decisões são uma resultante da ação de diferentes organizações governamentais que se pautam por procedimentos operacionais já estabelecidos e pela lógica da satisfação. No modelo de política burocrática, o processo decisório é resultado de barganhas e compromissos entre diferentes atores em posições de poder distintas na estrutura burocrática. Por outro lado, a política governamental deixa de ser entendida como resultado da escolha intencional de um ator, mas é vista como produto de um processo político envolvendo diferentes jogadores, que agem em função de sua posição na burocracia e da distribuição de poder dentro da estrutura governamental.

Ao contrário dos modelos anteriores de análise do processo decisório, o modelo de política burocrática deixa de ser enquadrado como um processo cognitivo para se transformar em um de natureza política. As decisões de política externa são resultantes da competição entre diferentes jogadores ocupando distintas posições na estrutura governamental. O analista é direcionado ao exame desse processo, relegando a um segundo plano a consideração das motivações, percepções e cognições dos atores individuais. Fortemente influenciado pela perspectiva pluralista dominante na Ciência Política naquele momento, o modelo de política burocrática carece de uma fundamentação analítica do Estado e das instituições governamentais, mas seu principal mérito foi abrir a caixa-preta e abandonar a premissa do ator unitário. Dessa forma, fatores domésticos impactam sobre as diferentes questões de política externa e esta pode variar de acordo com as variações das instituições políticas domésticas, hipótese que seria retomada posteriormente na perspectiva institucionalista, como se verá adiante. Uma relevante implicação dessa perspectiva é que deixa de existir qualquer diferença ontológica entre as políticas domésticas e externas, ambas são políticas públicas e resultantes de processos políticos comparáveis.

O segundo momento na evolução teórica da análise da política externa no contexto norte-americano vai estar marcado ainda mais pela erosão da linha divisória entre os campos externo e o interno, contribuindo com novos elementos analíticos para a consideração da política externa como política pública.

Interdependência, atores e redes transnacionais, e jogos de dois níveis

A questão da erosão das fronteiras entre os campos externo e o interno é o principal objeto deste segundo momento analítico, uma vez que o que passa a ser tema de debate teórico e empírico são os limites da concepção convencional das Relações Internacionais e das abordagens centradas no Estado. Conceitos como "relações transnacionais" e "interdependência" se tornam de uso corrente no início dos anos 1970 nas análises das relações internacionais. As primeiras referem-se às múltiplas interações de vários agentes não estatais cuja importância crescente em diversas áreas temáticas globais não mais cabe nos modelos Estado-cêntricos que então dominavam a disciplina. Nos anos 1970, destaque era dado às empresas multinacionais que desafiavam a autoridade e a própria soberania dos Estados, especialmente nos países periféricos. Posteriormente, nos anos 1980, ganharam proeminência as organizações não governamentais e as redes e movimentos sociais transnacionais, que experimentaram um grande crescimento a partir do fim da Guerra Fria, com papel relevante em áreas temáticas como meio ambiente, direitos humanos e desarmamento. O conceito de interdependência diz respeito a processos ou padrões de interação que são custosos de serem rompidos para as partes envolvidas, constituindo uma crítica explícita à representação do meio internacional como um sistema anárquico de atores atomizados, em que seriam praticamente inexistentes as redes e vínculos entre seus agentes constitutivos.[6]

Os anos 1970 assistem aos primórdios do processo de globalização da economia e à difusão da crítica ao modelo Estado-cêntrico predominante na literatura internacionalista. Tal movimento coincidiu, porém, com o início da hegemonia acadêmica da abordagem do realismo estrutural de Kenneth Waltz (1979), que reforçou o componente estatista e racionalista na ontologia das relações internacionais. Somente após o fim da Guerra Fria será retomado com mais força o movimento intelectual crítico à ontologia convencional das relações internacionais, representado pela extensa literatura sobre globalização; proliferação de atores e agentes não estatais; enfraquecimento do Estado; e as abordagens críticas à ontologia e à epistemologia dominantes nas Relações Internacionais com base na predominância dos modelos centrados no Estado e em premissas excessivamente materialistas

---

6 Dois livros representativos desse movimento nos anos 1970 são: Robert O. Keohane e Joseph S. Nye (Eds.), *Transnational Relations and World Politics* [Relações transnacionais e política mundial], Cambridge, Harvard University Press, 1972; e Robert O. Keohane e Joseph S. Nye, *Power and Interdependence: World Politics in Transition* [Poder e interdependência: política mundial em transição], Boston, Little, Brown and Company, 1977.

na análise das relações internacionais, praticamente ignorando-se os fatores ideacionais e normativos no campo internacional.

No que diz respeito ao objeto deste capítulo, a literatura sobre as relações transnacionais, retomada nos anos 1990, propiciou importantes inovações analíticas. O foco desses estudos era os processos de difusão global de valores, normas, ideias, estratégias de mobilização em diversas questões globais e as experiências empíricas sugeriam que esses processos não eram uniformes e variavam de acordo com a questão em pauta e as respectivas instituições nacionais. O impacto da variação das instituições domésticas nos processos de difusão internacional direcionou os internacionalistas para a análise das primeiras, dos processos de internalização de normas internacionais em diferentes políticas governamentais, assim como das estratégias das coalizões transnacionais e do grau de institucionalização dos regimes e questões globais. Outra decorrência desse redirecionamento foi a elaboração de conceitos como o de "comunidades epistêmicas" transnacionais, constituídas por redes de especialistas responsáveis pela difusão de ideias e paradigmas em contextos nacionais. A análise de variados processos de socialização, alguns claramente coercitivos, como foi a difusão nos países periféricos das instituições de mercado, outros de natureza voluntária, como foi o caso da questão ambiental, gerou a necessidade de se pensar analiticamente a vinculação externo-interno, bem como a busca de diálogo entre os internacionalistas e os comparativistas. Novamente o tema da permeabilidade das fronteiras nacionais foi colocado no centro do debate intelectual e da pesquisa na disciplina de Relações Internacionais.[7].

Talvez uma das principais contribuições da literatura sobre relações transnacionais e interdependência complexa para os propósitos deste trabalho foi romper com a separação analítica e institucional entre os campos disciplinares das Relações Internacionais e da Política Comparada. Durante muito tempo praticamente não houve diálogo entre esses dois campos. No primeiro prevalecia o modelo do ator unitário que ignora as variações institucionais internas a cada unidade, com base no axioma de que a ação

---

7 Analisado a partir de distintas perspectivas teóricas, o tema da permeabilidade das fronteiras está presente, por exemplo, em: Evans, Jacobson e Putnam (1993); Lyons e Mastanduno (1995); Elkins (1995); Risse, Ropp e Sikkink (1999) e Krasner (2001).

externa responde a injunções sistêmicas. Na política comparada, em que essas variações constituem o principal elemento de comparação, o contexto internacional era ignorado ou tomado como um parâmetro comum e fixo a todas as unidades em comparação.[8]

No veio de transcender a divisão clássica entre política comparada e relações internacionais, destaca-se a contribuição seminal de Robert Putnam (1988) e o modelo do "jogo de dois níveis". A vinculação analítica entre o nível da negociação internacional e o nível da ratificação doméstica erodiu a noção do ator unitário, premissa central das teorias sistêmicas de regimes e cooperação internacional, gerando uma série de contribuições teóricas e novas hipóteses vinculando variações institucionais domésticas e compromissos internacionais, bem como postulando determinados efeitos nacionais de compromissos internacionais.[9]

Teorias internacionais e análise de política externa

O terceiro momento analítico na evolução da análise da política externa no contexto acadêmico norte-americano está representado por dois movimentos. Por um lado, o fim da Guerra Fria estimulou o renascimento dos estudos de política externa, com a fundação inclusive de uma revista

---

8 A bem da verdade, o movimento ligando os âmbitos externo e interno partiu da sociologia histórica de corte comparativo, na ênfase dada à guerra na construção dos Estados nacionais. Pioneiro dessa perspectiva, Otto Hintze (1975) já observara que o Estado territorial só pode se constituir em vista do conflito entre a Igreja e o Império, as duas principais instituições universalistas, "transnacionais", da ordem medieval. A guerra não apenas configurou os atores territoriais, representando uma oportunidade para a expansão e consolidação da estrutura administrativa do Estado, como criou oportunidades para a redefinição do equilíbrio de poder entre os governantes e a sociedade. O *insight* de Hintze do papel crucial da guerra tanto no fortalecimento das capacidades do Estado quanto no sucesso da construção das instituições democráticas modernas foi retomado por comparativistas contemporâneos, como Tilly (1996), Ertman (1997) e Martin (1997), por exemplo. No campo da economia política comparada, autores como Gourevitch (1986) e Katzenstein (1985) exploraram em estudos de caso empíricos o impacto da economia internacional sobre a política doméstica e a política econômica doméstica. Do ponto de vista teórico, esse movimento na política comparada é tributário das contribuições da perspectiva dos "sistemas mundiais" e da teoria da dependência para o entendimento da relação entre o desenvolvimento do capitalismo e o moderno sistema de Estados.

9 Putnam (1988). Ver também Evans, Jacobson e Putnam (1993).

acadêmica dedicada ao assunto: *Foreign Policy Analysis* [Análise de política externa], cujo primeiro número foi publicado em 2005. No contexto do fim da bipolaridade e da diminuição do peso das restrições sistêmicas, o subcampo de análise de política externa propunha elaborar uma teoria "orientada para o agente" e a retomada da perspectiva dos estudos do processo decisório da política externa, bem como dos decisores governamentais. De acordo com seus proponentes, uma teoria "*actor-specific*" [ator específico] de análise de política externa forneceria os microfundamentos para as teorias "*actor-general*" [ator geral] das relações internacionais. Dessa perspectiva, as explicações dos processos de política externa seriam multifatoriais e multiníveis, no sentido de incluírem mais de um nível de análise. Ênfase também era dada à retomada dos estudos comparados de política externa, reconhecendo-se que os trabalhos pioneiros de processo decisório focalizavam quase que unicamente o caso norte-americano.[10]

O segundo movimento, praticamente simultâneo à criação do subcampo de análise de política externa, foi o esforço de elaboração de teorias de política externa a partir da derivação de proposições analíticas das teorias de relações internacionais à análise da política externa, incorporando explicitamente variáveis domésticas. Um elemento presente nesses esforços é a crítica à premissa do ator unitário e a ênfase na diversidade de agentes envolvidos no processo de formação da política externa. Também em comum nelas, a preocupação em combinar em um mesmo argumento os dois níveis de análise, doméstico e internacional. Observa-se, portanto, na análise da política externa um ganho cumulativo ao longo de sua evolução que questiona duas das principais premissas das análises convencionais de relações internacionais: o axioma do Estado como ator unitário e a separação ontológica entre os campos interno e externo.

Três abordagens teóricas na análise da política externa podem ser apontadas: o realismo neoclássico, as abordagens institucionalistas e as construtivistas.

A primeira delas é fruto da proposta de restaurar a relevância analítica da abordagem realista na explicação dos fenômenos internacionais, tendo

10 Cf. Hudson (2005). Ver também Neack, Hey e Haney (1995); e Neack (2003; 2008).

em vista o descrédito experimentado pelos modelos sistêmicos e estruturais ao não terem sido capazes de prever e explicar a mais importante mudança sistêmica na atualidade: o fim da ordem bipolar da Guerra Fria. Para os realistas neoclássicos tratava-se de incorporar variáveis domésticas como fatores intervenientes nos argumentos realistas clássicos.[11] Dessa forma, o principal determinante das ambições internacionais de um país é o lugar ocupado na estrutura de poder internacional, bem como suas capacidades relativas de poder. Contudo, o impacto dessas dimensões no comportamento dos Estados é indireto, mediado por variáveis intervenientes situadas no nível da unidade nacional. As decisões de política externa são tomadas pelos líderes políticos e são suas percepções do poder relativo que importam, como em Wohlforth (1993). Por outro lado, esses líderes devem ser capazes de mobilizar recursos de suas respectivas sociedades para seus objetivos internacionais. Dessa forma, a análise realista do poder nacional deve agregar outros elementos explicativos, como a "estrutura" do Estado e sua "força" com relação às suas respectivas sociedades. A força do Estado é medida por sua capacidade de mobilizar e extrair recursos de sua sociedade para suas ambições internacionais. A "força do Estado" é introduzida como variável interveniente entre as capacidades materiais e o comportamento dos líderes e decisores governamentais (Zakaria, 1998).

Para as abordagens institucionalistas, em especial o "institucionalismo racionalista", a unidade de análise também são os decisores, e o Estado não é ator ou unidade de decisão.[12] Numa referência clara à abordagem de política burocrática, "as escolhas de política – doméstica ou externa – são o resultado de um jogo estratégico entre atores domésticos" (Cf. Mil-

---

11 Cf. Gideon Rose (1998).

12 O novo institucionalismo refere-se não a uma teoria integrada, mas a uma perspectiva analítica centrada na premissa da racionalidade instrumental dos atores, em que prevalece a lógica das "consequências esperadas", vinculando instituições e comportamento. Nesta, as instituições e os resultados políticos são tomados como produto do comportamento de agentes autorreferidos e maximizadores. Ao contrário, a vertente sociológica do institucionalismo está baseada na lógica do "comportamento apropriado", em que a ação política é fruto de regras, papéis e identidades que estipulam o comportamento apropriado numa dada situação. No institucionalismo da escolha racional, as instituições são tratadas como variáveis dependentes e independentes. Suas principais questões de investigação empírica dizem respeito às origens, consequências e mudança institucional. Questões normativas também integram o conjunto de suas preocupações. Nesse caso, trata-se da elaboração de desenhos institucionais eficientes.

ner, 1999, p.135). As políticas governamentais resultam da interação estratégica de burocratas e outros atores governamentais e não governamentais dentro de instituições específicas. Mudanças nas preferências dos atores ou das instituições levam a mudanças de política. Para a abordagem do institucionalismo racionalista, ao abandonar a premissa do Estado unitário, as análises de política externa podem fazer uso dos instrumentos e mecanismos analíticos da política comparada. Simultaneamente, a abordagem institucionalista permitiria unificar as abordagens estatista e societal na análise da política externa, uma vez que a política governamental passa a ser vista como resultante da complexa interação estratégica entre vários jogadores diante das injunções de diferentes instituições domésticas.

Duas contribuições recentes sobre a relação entre variações institucionais e escolhas internacionais são indicativas do rendimento analítico da perspectiva institucionalista na análise da política externa. O trabalho de Helen Milner (1997) constrói uma teoria da cooperação internacional com base no modelo do jogo de dois níveis, demonstrando que o "interesse nacional" nada mais é que o resultado do embate entre diferentes forças domésticas competindo por apoio e poder.

No modelo da autora, três fatores definem a localização da política no *continuum* que vai da hierarquia à anarquia, definida como uma situação de vetos mútuos: as preferências de política dos atores domésticos; as instituições que definem a distribuição dos poderes legislativos entre os atores; e a distribuição de informações. A distribuição de poder e informação entre Executivo, Legislativo e os grupos de interesse e a divergência entre suas respectivas preferências estabelecem a extensão da poliarquia. A probabilidade da cooperação internacional é função das preferências dos atores e da distribuição dos poderes legislativos entre eles. O impacto da convergência entre as preferências de distintos representantes nacionais sobre a cooperação internacional depende do grau de concentração dos poderes legislativos. Quando esses poderes estão dispersos, mudam a probabilidade e os termos da cooperação, mesmo quando existe convergência entre Estados. Ao contrário da hipótese realista em que o temor dos ganhos relativos ou da trapaça afeta a cooperação internacional, no modelo de Milner a variável crucial são as consequências distributivas domésticas.

Duas implicações importantes da contribuição de Milner podem ser apontadas. Em primeiro lugar, o modelo adotado da política doméstica elimina a distinção ontológica do realismo entre política interna e externa, revelando a possibilidade da existência de conflito na definição do "interesse nacional" e, consequentemente, a legitimação que a alegada razão de Estado dá ao governante. Como em outros modelos racionalistas, a sobrevivência política interna dos governantes é o fator predominante nas suas escolhas internacionais.

O trabalho de Lisa Martin (2000) vai de encontro à premissa de uma relação soma zero entre representação (Legislativo) e eficiência (Executivo) na formação da política externa. Para a autora, ambos – Executivo e Legislativo – ganham com a cooperação na política externa. Portanto, os dois piores resultados são a paralisia decisória, predomínio da anarquia absoluta, ou a usurpação do poder pelo Executivo, predominância da hierarquia absoluta.

Com base nas teorias de delegação e das relações Executivo-Legislativo, Martin constrói seu argumento a partir de duas proposições centrais: a) a influência legislativa é maior do que o senso comum acredita, pois o Legislativo dispõe de mecanismos para impedir a implementação de acordos internacionais, e b) a participação institucionalizada em processos de cooperação internacional aumenta a credibilidade dos compromissos internacionais. À pergunta "por que delegar?", Martin enfatiza os aspectos substantivos referidos à convergência das preferências entre agente e principal. Dessa forma, sua hipótese sobre a delegação estabelece que os legisladores buscarão institucionalizar sua participação na formação da política externa no caso de conflito de interesse entre os dois poderes. No seu modelo, a delegação é primariamente função de interesses comuns, existindo menor vontade de delegar quando Executivo e Legislativo não compartilham dos mesmos interesses e maior participação institucionalizada nas situações de governo dividido entre Executivo e Legislativo.

Na definição de credibilidade, a autora adota a perspectiva da escolha estratégica, em que compromissos internacionais têm credibilidade para os parceiros quando é racional para o ator cumprir o que prometeu, ou, na linguagem dos jogos, quando constitui uma estratégia em equilíbrio, no sentido de que o ator não tem incentivo para se desviar daquela posição de forma unilateral. Sua hipótese sobre credibilidade estabelece que a participação legislativa institucionalizada na cooperação internacional aumenta a credibilidade dos compromissos internacionais. Se a cooperação internacional requer credibilidade, a participação legislativa aumenta os níveis de cooperação internacional.

As abordagens construtivistas partem de um entendimento sociológico das instituições e da ontologia dos agentes, mas compartilham o entendimento comum às perspectivas revistas acima de analisar a política externa a partir de seus agentes constitutivos. Tal como o institucionalismo racionalista, o construtivismo não constitui um corpo teórico unificado, mas uma perspectiva teórica que adota determinadas premissas centrais. A primeira delas é que os fenômenos internacionais são socialmente construídos. A segunda é a importância da noção de agência, uma vez que são os indivíduos que têm capacidade de construir e mudar a realidade social. A terceira proposição comum aos construtivistas é que o "mundo social" é distinto do "mundo natural" em que o analista é parte dos fenômenos que busca entender. Outra proposição consensual é que as ideias e normas coletivas são fundamentais na medida em que são elas que constituem as identidades e os interesses dos indivíduos. Os autores construtivistas se diferenciam, porém, no peso que atribuem à agência e à estrutura na constituição dos fenômenos sociais. Alguns deles utilizam uma concepção mais holista da relação agente-estrutura, como Alexandre Wendt, cuja contribuição peca exatamente pela inexistência de componente de agente em sua teoria. Outras contribuições construtivistas privilegiam a agência nos fenômenos sociais, adotando uma perspectiva com base no nível da unidade.[13]

Apesar de razoáveis diferenças epistemológicas, existem fortes comunalidades entre as perspectivas construtivistas, em especial as que enfatizam o componente do agente, e as abordagens cognitivas no estudo do processo decisório, e algumas pontes analíticas foram estabelecidas entre aquela tradição e as abordagens correntes construtivistas. A iniciativa dos estudos de processo decisório de abandonar o modelo de Estado enquanto unidade de decisão e focalizar os decisores individuais propiciou esse diálogo, em especial com os construtivistas, críticos do excessivo holismo de algumas das análises naquele veio teórico.

É crescente a contribuição da abordagem construtivista à análise de política externa, atestada pelo número de trabalhos sobre a importância

13 Para as diferenças entre os autores, bem como uma discussão das proposições construtivistas comuns, ver Houghton (2007).

de normas domésticas e internacionais na formação da política externa de países específicos. Uma consequência positiva desse diálogo tem sido o aperfeiçoamento metodológico e o uso de instrumentos sistemáticos nas investigações construtivistas de política externa. Grosso modo, duas vertentes analíticas podem ser identificadas nas análises construtivistas de política externa.

A primeira delas, mais identificada com as abordagens estruturantes da relação agente-estrutura, toma o Estado como desempenhando determinados papéis em função da internalização de normas e ideias coletivas nacionais e internacionais. Os atores adotam a lógica da apropriação, em oposição à lógica consequencialista, premissa da racionalidade instrumental. As estruturas sociais moldam não apenas o comportamento dos agentes, mas também suas identidades e interesses. O efeito das normas compartilhadas se faz por via da socialização e do aprendizado dos agentes da política externa nos âmbitos doméstico e internacional. Exemplos de trabalhos que estabelecem uma relação causal entre normas e conteúdo de política são: Boekle, Rittberger e Wagner (2001); Finnemore (1996); Cordell e Wolff (2007). A reconceitualização construtivista da construção do "interesse nacional", conceito caro à tradição realista, foi realizada por Weldes (1996). De uma perspectiva comparada, Risse-Kappen (1991) analisou o impacto da opinião publica e sua influência no processo de formação de coalizões de apoio a determinadas linhas de política externa. O conceito de "empresários de normas" foi elaborado por Finnemore e Sikkink (1998) para dar conta do processo de socialização transnacional de normas internacionais pelos agentes da política externa.

Outra vertente construtivista trabalha com a análise de discurso como teoria de política externa. Essa vertente, ainda que com diferenças epistemológicas bem pronunciadas, pode estabelecer uma ponte interessante com os estudos da subárea de análise de política externa em função da escolha metodológica de ambas perspectivas em elaborar uma teoria de política externa "*actor-specific*". Com forte influência da tradição iniciada por Michel Foucault, essa vertente adota uma postura reflexivista na análise do discurso, buscando colocar em evidência as regras de formação dos diversos componentes de um discurso e suas implicações políticas. A análise de discurso e como as diversas percepções são replicadas em momentos distintos do processo de formulação da política externa têm clara ressonância com os estudos clássicos sobre percepções e "*misperception*" na política externa.[14]

Na trajetória dos estudos de política externa no contexto norte-americano, alguns desenvolvimentos devem ser ressaltados, uma vez que eles contribuíram fortemente para o enquadramento analítico da política externa enquanto política pública. O primeiro deles é o abandono da perspectiva do Estado como unidade de decisão e ator unitário. Esse desenvolvimento gerou a necessidade de trazer para os modelos de política externa as dimensões domésticas, sejam os agentes nacionais, sejam as instituições domésticas, gerando uma ponte entre as análises de política externa e a política comparada. Uma outra linha divisória atenuada foi a premissa da separação entre os campos interno e externo. À primeira vista esse movimento parecia ameaçar teórica e substantivamente o papel estratégico do Estado e seus agentes nacionais. Não foi o que aconteceu, ao contrário, estes últimos foram reconstituídos como os principais agentes na mediação entre os níveis doméstico e internacional. Essa mediação foi elaborada pelo modelo de jogos de dois níveis e pela adoção da perspectiva multinível na análise de política externa. Em um movimento simultâneo, autores construtivistas questionaram a divisão clássica entre política internacional e política externa.[15]

Por fim, o renascimento da análise de política externa com a perspectiva de restaurar as teorias "*actor-specific*" e a análise do processo decisório, bem como os esforços de se elaborar hipóteses sobre a política externa derivadas das teorias de relações internacionais, estão criando grande sinergia entre diferentes abordagens teóricas e métodos de investigação explicativos e interpretativos. Isso abriu caminho para um diálogo com outras disciplinas, além da Política Comparada, Políticas Públicas, Instituições Políticas, mas também com a Sociologia, Antropologia, Economia e Psicologia Social. O subcampo hoje é bem mais aberto a essas outras influências disciplinares e também mais eclético, comparando-se com seu início nos anos 1950. Uma consequência positiva desse movimento é que, ao contrário do que tem sido o padrão de desenvolvimento teórico na disciplina de Relações

14 Ver, entre outros, Baumann (2002); Gaskarth (2006); Larsen (1997); Torfing (2004); e Waever (2004).

15 Ver Kubalková (2001).

Internacionais, pautado por discussões metateóricas importantes, mas estéreis do ponto de vista da formulação de questões de investigação, o avanço da subárea de análise de política externa tem sido pautado exatamente pela elaboração de novas questões de pesquisa, utilizando aportes de distintas perspectivas teóricas e metodologias de investigação variadas.

Do ponto de vista da prática política, esse ecletismo teórico e metodológico também é responsável por trazer para o debate público a crença, longamente difundida por seus praticantes, de sua especificidade no contexto das demais políticas. Essa crença legitimou entre seus praticantes a necessidade, para o sucesso da política externa, da autonomia com relação às respectivas sociedades nacionais para a coerência e estabilidade da mesma no longo prazo. Tanto a autonomia dos decisores como a estabilidade e a coerência da política externa só poderiam ser garantidas, de acordo com o argumento tecnocrático, pela coordenação estatal em estruturas burocráticas verticalizadas e concentradas. São essas necessidades, fruto da excepcionalidade da política externa, que a tornariam imune ao controle democrático. A solução estaria no seu insulamento com relação à dinâmica política, arena dos conflitos e das facções, e em sua localização no núcleo de poder do Estado, onde prevaleceria uma visão holística do interesse nacional e o julgamento prudencial do bem comum. Ao se enquadrar a política externa como política pública, eliminam-se a crença de sua especificidade e também a legitimidade de sua excepcionalidade diante das demais políticas governamentais. A política externa passa a ser uma entre outras políticas governamentais sujeitas aos mesmos procedimentos de controle e regulação próprios de contextos democráticos.

Análise de política externa no contexto brasileiro[16]

A institucionalização da área de Relações Internacionais no Brasil foi posterior à das demais ciências sociais, tendo se iniciado no fim dos

---

16 Foram incluídas nesta seção apenas as contribuições sobre a política externa brasileira. Não se pretendeu realizar uma resenha exaustiva da produção brasileira nesse subcampo, nem muito menos da área de Relações Internacionais no Brasil. Os trabalhos citados não esgotam a produção nessa subárea, mas foram selecionados por serem representativos de cada uma das três gerações de análise da política externa brasileira.

anos 1970 e início dos 1980. Tal como ocorreu com as outras áreas, também nesta já existia uma tradição de reflexão internacional, produzida nos anos 1950 e 1960, que poderia ser agrupada em três grandes matrizes teóricas: as contribuições marxistas e da teoria da dependência, a matriz do realismo político e o pensamento geopolítico.[17] Foram as duas primeiras, contudo, as matrizes fundacionais que influenciaram a segunda geração de internacionalistas brasileiros, cuja produção data dos anos 1980, uma vez que a escola geopolítica permaneceu bastante vinculada às doutrinas de segurança hemisférica do pós-guerra dominantes no pensamento militar de então. Outra característica dessa segunda geração de internacionalistas é sua concentração nos estudos sobre a política externa brasileira. Na verdade, no seu início, a área de relações internacionais no Brasil se confundia com a análise de política externa e ambas eram identificadas como um campo disciplinar próprio, distinto das demais disciplinas que também iniciavam seu processo de institucionalização.

Não foram fortuitas, porém, a ênfase na política externa e a influência combinada das duas matrizes teóricas acima especificadas. O pensamento dependentista e estrutural, cujo impacto foi importante nas jovens ciências sociais brasileiras, chamava atenção para a situação periférica do país e sua condição reflexa no sistema hegemônico ocidental, capitaneado pelos EUA. Contudo, a matriz teórica construída com base na dimensão centro-periferia era insuficiente para dar conta dos momentos de inflexão dessa relação, no pós-Segunda Guerra, situações em que as orientações de política exterior do Brasil pareciam estar em desacordo com a natureza dependente da inserção econômica do país, ou bem com a natureza militar do regime. Por outro lado, a matriz realista, tal como elaborada pela primeira geração de internacionalistas, que incluía cientistas sociais como Helio Jaguaribe ou diplomatas como Araújo Castro, tinha como foco a estrutura do sistema de Estados e do próprio Estado como ator político em si mesmo. Esse aporte abriu uma janela analítica para se pensar a política internacional do Brasil a partir da perspectiva de um país periférico. Em ambos destacava-se a ideia de que o eixo Norte-Sul tinha papel estruturador nas relações internacionais dos países periféricos, havendo espaço para a formação da coalizão dos

---

17 Para uma discussão das matrizes fundadoras dos estudos internacionais no Brasil, ver Lima (1992).

países do Sul nas suas relações com os do Norte nos âmbitos multilaterais. A formação de um bloco dos países do Sul também permitiria neutralizar o exercício de formas variadas de pressão das potências a que isoladamente esses países estavam sujeitos. Jaguaribe condiciona a implementação de uma política de aliança com os países em desenvolvimento à natureza da correlação de forças internas e à existência de uma aliança nacional-desenvolvimentista em oposição aos setores latifundiários e mercantis (Jaguaribe, 2005, p.200-267).

É possível estabelecer uma ponte entre os aportes desses autores e a contribuição da Comissão Econômica para a América Latina e o Caribe (Cepal) e o pensamento de Raul Prebish, que forneceu as bases conceituais para a construção de uma identidade econômica entre os países latino-americanos que os unificava, a despeito de suas diferenças nacionais, e os diferenciava dos países desenvolvidos. É essa condição comum de estarem situados na periferia do sistema capitalista, como exportadores de produtos primários, que proporcionará o argumento econômico para a articulação política entre os países latino-americanos e o restante do Terceiro Mundo no início dos anos 1960. A combinação entre os aportes dos autores realistas brasileiros e o pensamento estruturalista da Cepal terá influência decisiva nos estudos sobre política externa nos anos 1980. A questão substantiva suscitada por essas contribuições pioneiras é que era possível para um país periférico atuar no plano externo a partir de seus próprios interesses e valores, que não se confundiam com os da potência hegemônica, nem eram um mero reflexo da correlação de forças mundial. Com base nessa angulação teórica foi possível dar conta dos momentos de inflexão da política externa no pós-Segunda Guerra, o que não teria acontecido a partir das interpretações deterministas e sistêmicas vigentes nos anos 1950 e 1960.

Dessa forma, o aparecimento de uma segunda geração de internacionalistas é simultâneo ao início do processo de institucionalização da área de Relações Internacionais, no bojo de um movimento que inclui a Antropologia, a Ciência Política e a Sociologia, com a criação dos primeiros programas de pós-graduação no país nessas áreas, no fim dos anos 1970 e início dos 1980.[18] Não apenas a produção dessa segunda geração está

---

18 Em 1974 foi estabelecido o primeiro curso de graduação em Relações Internacionais na Universidade de Brasília (UnB). A criação do primeiro programa de mestrado em Relações

concentrada no estudo da política externa, em especial seus momentos de inflexão, como tem como eixo de análise a questão da "autonomia na dependência", utilizando-se a expressão de um dos autores pioneiros dessa geração (Moura, 1980). A dualidade autonomia/dependência organiza essa produção intelectual e está presente em trabalhos como os de Lafer (1982); Jaguaribe (1986); Peixoto (1980); Hirst (1982); Lima (1986); e Seitenfus (1985). Ainda que analisando momentos distintos da política externa, a premissa que unifica essas análises é a de que os determinantes estruturais, as carências de recursos de poder e a dependência econômica não eliminam o espaço para a ação positiva da política externa. Também comum a esses trabalhos é a introdução de fatores domésticos para dar conta das decisões de política externa em aproveitar eventuais espaços de manobra no sistema internacional com vistas a redefinir a própria inserção internacional do país.

Os determinantes domésticos serão objeto específico de outro conjunto de contribuições dessa segunda geração de análise de política externa. A perspectiva da política externa inclui a identificação de atores, estatais e não estatais; interesses econômicos e políticos; e alianças e conflitos no âmbito doméstico em torno das orientações e opções da política exterior. Uma das contribuições significativas dessa segunda geração é a de Carlos Estevam Martins (1975), por explorar as descontinuidades da política externa nos três primeiros governos militares.

O trabalho de Martins é emblemático, uma vez que transcende os dois enfoques correntes naquele momento de explicação da política externa do regime militar: aquele com base no papel subimperialista do Brasil no pós-1964 e o que enfatizava os determinantes geopolíticos do regime. O autor procura explicar as mudanças nas orientações da política externa combinando a dimensão da estrutura de poder militar com as contradições derivadas do desenvolvimento da economia política do regime autoritário. Para o autor, tal processo gerou mudanças nas relações de força entre os diferentes segmentos sociais que davam sustentação ao regime, gerando diferentes coalizões de governo ao longo do período de 1964 a 1974, e a política externa respondeu assim aos distintos projetos políticos dos setores militares dominantes em cada uma dessas coalizões.

Internacionais data de 1984, também naquela universidade. O segundo foi organizado em 1987 na PUC-Rio.

Em linha semelhante de argumentação, Sonia Camargo e José Maria Vasquez Ocampo (1988) examinam as políticas externas dos governos Geisel e Figueiredo, articulando na sua argumentação os limites da estratégia de acumulação do regime com a dinâmica política do mesmo. Para os autores, a política externa se converteu em um instrumento de legitimação do regime autoritário na sua tentativa de institucionalização. É esse o sentido da política externa do "pragmatismo responsável" do governo Geisel, cujas linhas de força no plano externo iam muito além da natureza autoritária e anticomunista do regime militar no plano interno. Também focalizando as bases societais da política externa, Gerson Moura (1980; 1991) procurou dar conta da "equidistância pragmática" do primeiro governo Vargas e do realinhamento da política externa no pós-Segunda Guerra, assim como Monica Hirst (1996) examinou a política externa do segundo governo Vargas. Em uma chave interpretativa da política externa a partir da economia política, mencione-se os trabalhos de Vizentini (1995; 1998). O início do processo de integração regional, com a criação do Mercosul, gerou uma série de trabalhos sobre o tema, já prenunciando as novas agendas da política externa com a democratização política.[19]

De certo modo, essa segunda geração de estudos de política externa, mesmo quando inclui os determinantes domésticos, enfatiza dimensões da economia política do regime e praticamente não utiliza o enfoque de processo decisório.

A partir dos anos 1990 é possível identificar uma terceira geração de estudos de política externa, refletindo mudanças na política mundial com o fim da Guerra Fria, a intensificação dos processos de globalização, e também a crise dos regimes autoritários na região e o retorno da democracia no Brasil. Também significativa foi a própria mudança na inserção internacional do país, em função da restauração do regime democrático e do aprofundamento da integração à economia global. Todos esses fatores contribuíram para uma mudança na própria agenda da política externa, a ampliação e diversificação de questões internacionais objeto de consideração da mesma e, consequentemente, do arco de setores e atores domésticos que de alguma forma vão estar conectados aos rumos da política externa. No processo de internacionalização de agentes públicos e privados, intensificado a partir

19 Ver, em particular, Hirst (1990a).

dos anos 1990, a política externa passa a contar com uma base societal de apoio e oposição que não existia anteriormente.

Relacionado a essas mudanças globais e domésticas, outro desenvolvimento significativo foi o expressivo crescimento do campo das Relações Internacionais no Brasil. Foram criados inúmeros cursos de graduação na área e foi consolidada a infraestrutura dos programas de pós-graduação, fatores que contribuem para a ampliação da comunidade brasileira de internacionalistas, com a capacitação de doutores no país e no exterior com formação acadêmica específica em Relações Internacionais, o que não era o padrão anteriormente.[20] A formação de uma comunidade de internacionalistas no país levou à criação de uma associação científica própria, a Associação Brasileira de Relações Internacionais, em 2005, e à institucionalização de revistas acadêmicas na área, como a *Revista Brasileira de Política Internacional, Contexto Internacional* e *Política Externa*.[21]

Em um contexto de maior densidade e volume da produção do campo das Relações Internacionais, o subcampo de análise de política externa perdeu o peso relativo prévio, mas se manteve como uma das subáreas principais dos estudos internacionais no país, sendo as demais: economia política internacional; instituições e regimes internacionais; integração regional; e segurança internacional.[22] A agenda de pesquisa na subárea reflete a diversificação da agenda da política externa. Mas apesar do movimento de diferenciação das Relações Internacionais com relação às demais disciplinas, no caso da subárea de política externa não apenas se intensificam as trocas com as disciplinas afins, como seu tratamento como política pública fica mais em evidência nessa terceira geração, em grande parte pela consideração dos condicionantes domésticos nas análises da política externa.

---

20 Em 1995 havia no Brasil três cursos de graduação em Relações Internacionais; em 2008 esse número subiu para 85. Os dois primeiros programas de doutorado em Relações Internacionais foram criados em 2001 na PUC-Rio e no ano seguinte na UnB. No biênio 2007-2008 havia doze programas de pós-graduação em Relações Internacionais no país e quinze na área de Ciência Politica. Para uma análise do desenvolvimento institucional do campo das Relações Internacionais, ver Velasco e Cruz e Mendonça (2010).

21 Criada em 1958, a *Revista Brasileira de Política Internacional* foi a primeira revista especializada no país. Em 1993, foi transferida para a Universidade de Brasília e desde então tem sido regularmente publicada. A *Contexto Internacional* data de 1985 e a *Política Externa* de 1992.

22 Para análises do desenvolvimento no Brasil da área de Relações Internacionais como um todo, ver Hirst (1990b); Almeida (1999); Miyamoto (1999); Herz (2002); Vizentini (2005); e Santos e Fonseca (2009).

Esse é o caso, por exemplo, da contribuição de Letícia Pinheiro (1995; 2000), que analisou o processo decisório da política externa do Governo Geisel, bem como as características da arena decisória da política externa durante o regime militar. Identificando as diferentes unidades de decisão nos sucessivos governos militares, a autora aponta os conflitos entre os atores, bem como os processos de ajustamento dessas posições. A metodologia de análise enfatiza a importância do processo de decisão na definição do próprio conteúdo da política externa.

Para a autora, a escassez de análise de processos decisórios no caso brasileiro teria duas razões básicas. A primeira delas, a hipótese da existência de um consenso entre as elites com relação às orientações da política externa, que teria desestimulado esse tipo de análise processual. A segunda seria a dificuldade de acesso aos dados, em especial com relação ao período de vigência do regime autoritário. Seu estudo das unidades de decisão nos governos militares aponta para o equívoco dessas duas proposições. A liberação de documentação primária depositada em arquivos no Brasil e nos Estados Unidos estimulou novas interpretações de períodos prévios da política externa, como é o caso da contribuição de Matias Spektor (2009) sobre o "pragmatismo responsável".

Apresento a seguir os temas principais da terceira geração dessa subárea, sem a intenção de uma cobertura exaustiva, apenas a título de ilustração.[23]

Tendo em vista o forte componente econômico da política externa e as transformações da inserção do país na economia global, os temas de economia política têm proeminência nessa produção, tais como: a questão da integração regional, a trajetória do Mercosul; as discussões em torno da criação da Área de Livre Comércio das Américas (Alca); os contenciosos bilaterais com os EUA com respeito aos setores de informática, patentes farmacêuticas e propriedade intelectual; o processo decisório da política comercial, entre outros. As negociações no plano multilateral e a participação do Brasil nas coalizões negociadoras, em especial em questões comerciais, também estão presentes nessa produção. Uma dimensão enfatizada nessas contribuições é o papel dos grupos de interesse na formação das posições brasileiras em negociações econômicas bilaterais, regionais e multilaterais,

23 Para uma ampla cobertura dos temas de análise de política externa em dois momentos distintos, ver Guilhon Albuquerque (1996) e Altemani e Lessa (2006).

em especial o movimento sindical e as associações empresariais. Uma outra contribuição é o uso da análise comparada, seja de natureza qualitativa, seja de natureza quantitativa. São exemplos: Carvalho (2003; 2010); Cepaluni (2006); Oliveira e Onuki (2007); Oliveira (2007); Saraiva e Ruiz (2009); Sennes (2001); Santana (2001); Vaz (2002); Vigevani (1998; 2008); e Vigevani et al. (2001).

O segundo conjunto mais significativo dessa terceira geração de estudos tem o foco no processo de decisão da política externa e, em particular, o papel do Legislativo, dos partidos políticos e do sistema presidencialista de governo na formação da política externa. A questão que norteou essas investigações referia-se ao questionamento da continuidade do padrão tradicional de insulamento burocrático do Ministério das Relações Exteriores na formulação da política externa, diante das mudanças políticas no país com o retorno da democracia, a abertura econômica e o aprofundamento da inserção do país na economia global. Dessa forma, a principal questão de pesquisa girava em torno da delegação ou abdicação do Congresso com respeito à política exterior frente ao modelo institucional brasileiro, que não apenas assegura o predomínio do Executivo na formação da agenda legislativa, como confere àquele poder a prerrogativa constitucional na formulação da política externa. Não necessariamente existe consenso nessas análises com respeito à suposta passividade do Legislativo no campo externo, variando sua participação em função da relevância eleitoral das questões externas.[24] Utilizando indicadores distintos de participação legislativa, estudos posteriores são bem mais positivos com relação ao papel do Congresso e dos partidos na formação da política externa, a despeito da assimetria de informação entre os dois poderes.[25]

Entre as questões emergentes de pesquisa cabe mencionar os temas transversais que incluem diferentes agências e burocracias do Estado brasileiro, além da corporação diplomática, seja na fase de negociação externa seja na de implementação doméstica. Esses temas dão conta da ampliação da agenda da política externa contemporânea, que passou a incluir não apenas novos atores, como os governos subnacionais, na assim chamada

24 Cf. Almeida (2000); Lima e Santos (2001); Oliveira (2003); Cesar (2002); Castro Neves (2002); Maia e Cesar (2004); Amorim Neto e Schiavon (2005); Cason e Power (2009).

25 Cf. Alexandre (2006); Diniz e Ribeiro (2008); Oliveira e Onuki (2010).

paradiplomacia, mas também novas questões relativas à saúde pública, meio ambiente, direitos humanos, refugiados, operações de paz e cooperação para o desenvolvimento.[26]

A incorporação de novos temas na agenda externa e a multiplicação das burocracias domésticas com envolvimento em questões internacionais têm assim uma dupla consequência: por um lado, a internalização da política externa na agenda doméstica, em dois sentidos, quais sejam, na participação de mais entidades governamentais na formação da posição negociadora brasileira em âmbito internacional e na implementação doméstica dos compromissos assumidos nesses fóruns. Por outro, a ampliação da cooperação para o desenvolvimento em diversas políticas governamentais nas áreas de saúde, transferência de renda, agricultura, educação, por exemplo, está implicando um processo inédito de internacionalização dessas mesmas políticas públicas. Por consequência, a discussão da política externa como política pública também foi incorporada ao processo de reflexão dos pesquisadores brasileiros sobre esse campo (Sanchez et al., 2006).

Esta sucinta apresentação da subárea de política externa no Brasil não pretendeu esgotar o tema, nem muito menos fazer um inventário minucioso. O presente esforço tem por objetivo apenas ressaltar as potencialidades de pesquisa da subárea e, simultaneamente, apontar a fragilidade analítica e empírica de se considerar a suposta especificidade da política externa. Quanto mais a última amplia a agenda de questões e de atores, mais o campo se aproxima das demais políticas públicas, sujeitas aos mesmos mecanismos de controle externo existentes nas democracias. Ademais, a continuidade desse movimento sugere que a política externa poderá variar na margem com a variação de governo. Em certo sentido, o tema corrente da politização da política externa e sua inédita presença no debate público sugere que, no contexto de consolidação da democracia no país, a hipótese tradicional do consenso e da continuidade da política externa merece ser reavaliada.[27] Por outro lado, a política externa, assim como a política de defesa, possui determinadas características, em particular os compromissos assumidos por cada um dos Estados perante outros Estados e as organizações

---

26 Cf. Alsina Jr. (2003); Couto (2004); Salomon e Nunes (2007); Saraiva (2007); Hirst (2009); Figueira (2009); Lessa et al. (2009); Ayllón e Leite (2010); Moreira (2010); Souza Neto (2010); Mello e Souza (2011); Pinheiro e Milani (2012).

27 Ver Souza (2009) e Faria (2008).

internacionais, que a diferenciam das demais políticas públicas e tendem a gerar maior efeito inercial. Essa dupla condição está na raiz da distinção de Araújo Castro entre "política externa" e "política internacional" (1982, p.197-199).[28]

Por fim, essa aproximação também releva a importância do diálogo intelectual com áreas de pesquisa consolidadas no país, como os estudos sobre o Executivo e as burocracias de governo; a intermediação e representação de interesses; instituições políticas; estudos legislativos; partidos políticos; políticas públicas; participação política e movimentos sociais, assim como com aquelas em processo de institucionalização, como são os estudos estratégicos e de segurança. Abre-se, portanto, um horizonte de possibilidades de projetos de pesquisa conjuntos envolvendo não apenas os demais subcampos das Relações Internacionais, mas também diversas áreas temáticas da Ciência Política, Direito, Sociologia e Antropologia.

28 A distinção consta do artigo de Araújo Castro "O congelamento do poder mundial", originalmente apresentado no Curso Superior de Guerra em Washington, EUA, em 1971. Política externa diria respeito à tradição diplomática do país e seus compromissos internacionais. A política internacional seria o componente mutável, referido à "norma de conduta brasileira", frente "aos problemas do mundo contemporâneo".

Psicologia Social e políticas públicas: linguagens de ação na era dos direitos[1]

Peter K. Spink

A presença de um capítulo escrito por um psicólogo social entre os demais textos deste volume talvez cause estranheza aos leitores mais acostumados à discussão sobre as políticas públicas na Ciência Política, ou nas suas interfaces com a Sociologia e a Administração Pública. Tal sensação é certamente justificada não só pelo fraco desempenho da Psicologia Social observado durante grande parte da segunda metade do século XX, mas também por causa da tendência que há na psicologia brasileira de se afastar da agenda das ciências sociais. Hoje, a situação mostra sinais de melhoria em ambos os pontos, especialmente no sul da Europa e na América Latina, onde uma psicologia social mais crítica, ancorada nos avanços da teoria social e na análise de práticas discursivas, começa a se evidenciar.

No Brasil, o fortalecimento democrático que levou ao avanço na provisão de serviços públicos no campo social foi, certamente, um fator de estímulo. Se há trinta anos muitos psicólogos brasileiros trabalhavam como profissionais liberais em consultórios próprios, atualmente existe um grande número deles que se encontra em ações de natureza pública, nas diversas áreas abertas pela Constituição de 1988. Por conseguinte, o que é natural, a discussão disciplinar sobre o que são as políticas públicas, seu papel, seus conteúdos e seus processos passou a ter visibilidade (Yamamoto, 2004; 2010; Conselho Federal de Psicologia, 2001; 2003; Silva et al., 2006; Gonçalves, 2010). O tema aparece de diversas maneiras no título de eventos regionais e nacionais

1 Quero registrar as valiosas contribuições de Mary Jane Spink, Lupicínio Iñiguez Rueda, Jacqueline Brigagao, Vanda Nascimento e dos membros do Núcleo de Práticas Discursivas da PUC-SP. Agradeço ao trabalho de Jullyane Brasilino e de Pedro Figueiredo na identificação da produção psicológica de dissertações e teses no campo.

recentes da Associação Brasileira de Psicologia Social (que agrega psicologia política, comunitária, de saúde e outros) e de congressos mais amplos, incluindo o III Congresso de Psicologia, Ciência e Profissão que contou com 7 mil participantes em setembro de 2010.

O interesse crescente também se manifesta na produção acadêmica de dissertações e teses, conforme os registros feitos no banco de dados de dissertações e teses da Coordenação de Aperfeiçoamento de Pessoal de Nível Superior (Capes). Entre 1990 e 1999 foram registradas 611 dissertações de mestrado com a expressão "política pública" seja no título, seja no resumo, ou entre as palavras-chave. Dessas, 2% eram de programas de pós-graduação em Psicologia. Na década seguinte, o número total de dissertações com as mesmas características aumentou para 5.298 (quase dez vezes), e a presença da Psicologia não somente acompanhou esse crescimento, mas aumentou para quase 4%. Em relação às teses de doutorado, o processo foi similar. Um aumento geral de 126 (1990-1999) para 1.266 teses com a expressão "política pública" no título, no resumo ou entre as palavras-chave (também dez vezes), e um aumento da contribuição da Psicologia de 2% para 3,5%. O resultado parece duplamente positivo: a linguagem das políticas públicas entrou firme na agenda acadêmica do novo milênio e, dessa vez, a Psicologia não ficou à margem.

Conexão, desconexão e reconexão

Como disciplina acadêmica, a Psicologia sempre teve múltiplas interfaces e inserções desde as ciências biológicas, passando pelas ciências humanas até as ciências sociais. São múltiplas psicologias com diversos modelos da pessoa humana e, consequentemente, as relações acadêmicas entre essas psicologias são às vezes bastante tensas, especialmente em termos de métodos de investigação e de construção teórica. Mas, ao mesmo tempo, parece que a maioria dos psicólogos se sente bem como psicólogos e estão dispostos a conversar, pois sugerem que há algo que os une. Com todos os riscos que provêm de generalizações, podemos arguir que o que os unifica é a disposição de assumir o lugar do outro e de buscar compreender o modo como esses outros, diferentes entre si, negociam os eventos do dia a dia.

No fim do século XIX, muito antes da era das políticas públicas e lado a lado com os experimentos no Laboratório Psicofísico de Wundt, foi elaborada uma extensa reflexão sobre a *volkspsicologie* (Farr, 1999). Gustav LeBon, entre outros (Ginneken, 1992), especulou sobre o comportamento das multidões – um novo fenômeno urbano – e psicólogos formaram parte significativa da expedição antropológica da Universidade de Cambridge para as Torres Straits na Melanésia, em 1889. A Psicologia Social desse período demonstrou todos os sinais de se configurar como um espaço basicamente multidisciplinar, aberto ao diálogo com as demais disciplinas das ciências sociais. Infelizmente, os ventos do behaviorismo (Allport, 1924), o canto da sereia da industrialização capitalista (Baritz, 1960), o fascínio com a mensuração das capacidades individuais e a busca de processos psicológicos básicos levariam grande parte da Psicologia Social por outros caminhos.

Embora a preocupação com as questões sociais presentes na agitação de Kurt Lewin conduzisse à criação nos Estados Unidos, em 1936, da Society for the Psychological Study of Social Issues [Sociedade para o estudo psicológico de questões sociais], a agenda da Psicologia Social na concepção norte-americana se distanciou muito dos espaços dos processos políticos e sociais de médio alcance. Desse modo, a Psicologia Social multidisciplinar que fazia parte da Escola de Chicago (Portugal, 2007) perdeu força e foi absorvida pelo interacionismo simbólico, pela sociologia do cotidiano e pelo estudo dos processos de ação (Strauss, 1991).

O resultado, conforme a descrição de Farr (1999), foi a ascensão nos Estados Unidos de uma Psicologia Social psicológica, bem caracterizada no Brasil por livros-textos que continuam até hoje em grande circulação, como por exemplo, Rodrigues (1972). A Psicologia Social psicológica volta sua atenção para os eventos comportamentais interpessoais e para os processos psíquicos do indivíduo, separados de um contexto social quase que amorfo. Sua orientação metodológica foi em grande parte quantitativa e experimental, um outro reforço para a redução de foco.

Na Europa, outras psicologias continuaram existindo e, na década de 1990, serviram de apoio para a recuperação de uma perspectiva mais sociológica, fruto de uma reação crítica ao modelo comportamental (Spears, 1997; Ibáñez; Iñiguez, 1997). Mas, no período da explosão de estudos sobre política pública nos Estados Unidos, entre 1950 e 1980, a Psicologia Social, de maneira geral, estava dentro do laboratório e sentada de costas para a conversa multidisciplinar.

Essa ausência acadêmica da discussão sobre as políticas públicas como campo de saber não significa que os psicólogos estivessem individualmente ausentes do campo público como profissionais. Ao contrário, nos contextos europeu e norte-americano, entre 1950 e 1970, avanços consideráveis foram feitos em relação ao Estado de bem-estar social (na Europa) e na presença mais ativa do governo em certos serviços nos Estados Unidos, onde a década de 1960 marcaria também o início das políticas domésticas para reduzir a pobreza no período da administração de Johnson (1963-1969). Johnson chamou para a Casa Branca alguns dos principais cientistas sociais do período e criou uma vasta gama de programas com a intenção de assumir de vez e ganhar a "guerra contra a pobreza".

Desse modo, houve uma migração em massa de especialistas em diferentes áreas de ação para Washington, seguindo os passos dos economistas da era Kennedy. A competência na análise de políticas públicas estava em alta, com novos centros de estudo e cursos universitários, todos interconectados por "[...] uma porta giratória que vinculava universidades, agências do governo e *think tanks* identificadas com as administrações do Partido Democrático" (Fischer, 2003). Além disso, havia fundos, uma vez que o Congresso dos EUA adicionou às aprovações dos diferentes programas de redução de pobreza a obrigação do acompanhamento e monitoramento de resultados. A consequência foi um caldo bastante rico em questionamentos e muitos estímulos para pensar a política pública, especialmente quando começou a ficar claro que a chamada guerra contra a pobreza não seria ganha tão facilmente assim (DeLeon, 2006). Psicólogos, individualmente, tal como qualquer profissional, tinham ideias sobre o que seus governos deveriam ou não fazer, mas pela literatura da época parece que a preocupação estagnou nesse nível, no plano local.

A Psicologia não foi, em outras palavras, uma presença acadêmica ativa naquele período-chave de formulação de ideias no pós-guerra, em que a noção de "*policy*", uma palavra anglo-saxã de longa data cujos usos incluem compromissos (apólice de seguros) e posicionamentos (*honesty is the best policy* [a honestidade é a melhor política]), assumiria contornos mais definitivos. Se a administração pública, no sentido da separação clássica entre administração e política proposta por Woodrow Wilson, em 1886, se responsabilizasse pela ação e implementação, a nova profissão de analista de políticas públicas se responsabilizaria pela formulação. O resultado, conforme podemos acompanhar pelos textos clássicos do campo, foram os alicerces do que Goodin, Rein e Moran chamaram, na introdução do *Oxford Handbook of Public Policy* (2006), de "*high modern period*" da política pública. Ou seja, um período fincado na racionalidade das ciências e na sua contribuição técnica para a formulação de boas decisões.

Nos Estados Unidos, naquele período, os gastos e investimentos do setor público de todos os níveis aumentaram de 25% do Produto Interno Bruto (PIB) em 1950, envolvendo 10% da força de trabalho, para 40% do PIB e 16% da força de trabalho em 1974. Edwards e Sharkansky (1978, p.2) comentaram as implicações:

> A amplitude de política pública é imensa. Os Estados Unidos, como muitos outros no mundo, estão testemunhando a expansão das ações de governo para muitas áreas que eram da iniciativa privada. Na medida em que os cidadãos exigem controle público sobre atividades que considerem incompletas ou ameaçadoras se deixadas para o setor privado, a regulamentação e os serviços governamentais ficam mais presentes.

A nova *policy orientation* [orientação de política] que Lasswell propôs em 1951 seria multidisciplinar, voltada à resolução de problemas e explicitamente normativa; quer dizer, reconheceria a relação conturbada de metas, valores, técnicas e meios. Em tempo, como Howlett e Ramesh (1995) apontam, a ciência da política pública se tornaria quase uma disciplina própria, com conceitos, técnicas e até modelos de comportamento humano, e a preocupação com a resolução de problemas minguaria diante da complexidade do processo de política pública em si e do reconhecimento de que a superioridade da análise técnica teve, muitas vezes, de se subordinar às necessidades políticas. Os resultados da "guerra contra a pobreza" demonstraram que não era tão simples girar a manivela técnico-científica e gerar impacto, e o famoso estudo de Pressman e Wildawsky (1973) sobre a efetivação do programa federal de treinamento ocupacional na Califórnia iniciou um novo ciclo de preocupações sobre implementação. A atenção migrou para a óptica processual, deixando de buscar respostas técnicas para considerar a política pública com base nas dinâmicas de sua presença enquanto temática, a sua formação em termos de estratégias de ação e a sua aplicação e consolidação (Kingdon, 1984; Colebatch, 1998; DeLeon, 2006).

O Reino Unido e os demais países do norte da Europa, mesmo sendo mais avançados em relação ao desenvolvimento de seus Estados de bem-estar, não acompanharam a discussão sobre políticas públicas com o mesmo entusiasmo – pelo menos no início. Provavelmente, a razão dessa postura está, em parte, nas condições muito difíceis da recuperação pós-guerra, mas, por outro lado, podemos mencionar a relação diferente entre governo, Legislativo e administração pública presente nas democracias parlamentares. Ali, a assessoria aos ministros era considerada obrigação de uma administração pública independente e permanente, com suas carreiras administrativas, técnicas e científicas, e o envolvimento de acadêmicos era institucionalmente incorporado e solicitado mediante comissões oficiais e documentos de consulta. Isto é, quase não havia espaço para cargos de confiança ou de assessoria, porquanto eram obrigações do serviço público. Talvez isso explique por que, quando eventualmente entrou na agenda acadêmica, o tema das políticas públicas se firmaria inicialmente nas escolas de administração pública e de administração social e os estudos sobre implementação é que abririam o espaço para um debate mais amplo (Barrett, 2004).

Nesse mesmo período (de 1945 a 1980), a situação no Brasil e no restante da América Latina era outra, caracterizada, no início, por governos populistas e, no final, por governos militares. Nenhum dos dois se caracterizava pela amplitude do debate sobre ação governamental, pelo menos de maneira similar aos países democráticos do Norte, com seus documentos de consulta pública, assessores técnicos independentes, investimentos em pesquisa e avaliação e práticas parlamentares de "oposição leal". As poucas políticas existentes no campo social eram de herança clientelista, enquanto nos regimes militares a luta era expressa em relação aos direitos. Não é por acaso que a discussão sobre política pública no Brasil seja, em grande parte, consequência do processo constitucional de 1987 e 1988, em que, conforme discutiremos mais adiante, a linguagem propositiva das políticas públicas enquanto modalidade discursiva de ação se encontraria – tal como a pororoca – com a linguagem impositiva dos direitos.

Nos países democráticos do Norte, os direitos caminhavam em outros espaços e com outras pernas – na Filosofia do Direito, nas convenções internacionais, como instrumento de pressão na Guerra Fria – longe da análise de políticas públicas, a não ser nas questões de ação afirmativa. Para a Psicologia e para a Psicologia Social brasileira desse período, inserida simultaneamente enquanto disciplina nos Estados Unidos, na Europa e no Brasil, o resultado do ponto de vista profissional e acadêmico era no mínimo complexo, quando não confuso.

Discutir as contribuições da Psicologia Social para a política pública, conforme esta breve introdução demonstra, é expor uma história não só de conexões parciais e conexões perdidas, como também de promessas de uma reconexão mais durável. Como recorte, e reconhecendo que em ambos (na Psicologia Social e no terreno multidisciplinar dos estudos da política pública) os desafios epistemológicos do pós-empiricismo (Fischer, 2003) prometem novas oportunidades de conversa, discutiremos quatro vertentes de contribuição possível, vinculadas a quatro pressupostos epistemológicos contemporâneos: realismo, perspectivismo, construcionismo e performatividade (Mol, 1999). Considerando que pressupostos epistemológicos são como línguas e que a proposta multidisciplinar presume – antes de tudo – uma competência conversacional, argumentaremos que, em cada vertente, há exemplos de conexão e contribuição, ora menos e ora mais promissoras.

Política pública como fato – realismo

A primeira vertente (realismo) corresponde ao "*high modernism*" de Goodin, Rein e Moran (2006). Nesse sentido, política pública é um fato real e objetivo, um instrumento de governos democráticos e eficazes, e o papel da academia é aplicar sua competência técnica a serviço da sociedade. A questão não é "o que é política pública", mas como contribuir para ela. Presume-se que governos são sérios, e a palavra "política pública" é a essência dessa seriedade. Aqui a psicologia se encontra na arena pública como uma fornecedora de serviços profissionais, onde os psicólogos têm o que dizer sobre muitas áreas de atuação (saúde, educação, bem-estar, entre outras). Por exemplo, a Sociedade de Psicologia Britânica, porta-voz dos psicólogos do Reino Unido, mantém um escritório especial para promover o entendimento da contribuição da disciplina para formular políticas e apoiar membros quando são solicitados a elaborar respostas oficiais aos documentos de consulta pública. Há um constante fluxo de textos, de orientações diversas, expondo como a disciplina pode e deve informar e contribuir para a melhoria das políticas, incluindo a discussão de alternativas de ação (por exemplo, McKnight, Sechrest e McKnight, 2005). Todos os textos aceitam – seja como fato ou como caminho inevitável – que, influenciando o conteúdo das políticas públicas, são *the name of the game*. Mesmo assim, nem sempre sem dificuldade.

Podemos usar como exemplo a American Psychological Association (APA), que criou em 1970 uma revista focada especificamente no campo profissional (*Professional Psychology: Research and Practice*). No primeiro número, Robert Reiff – professor de Psicologia e Psiquiatria e o primeiro presidente da Divisão de Psicologia Comunitária da APA – criticou muitos de seus colegas por sua tendência em rejeitar qualquer intenção da psicologia de agir organizadamente para influenciar a política pública, termo que usa para se referir ao "processo político por inteiro no país e não somente no sentido das políticas adotadas por governos em níveis diferentes" (Reiff, 1970, p.315). Ao contrastar a produção científica e a atuação disciplinar coletiva durante as duas guerras mundiais (em que a profissão se jogou quase por inteiro no esforço da nação) e os períodos intermediários tanto da depressão, do New Deal, quanto da era Kennedy-Johnson (quando em sua opinião a profissão fugiu para seu "lar tradicional" nas universidades), Reiff concluiu:

> Independentemente da severidade das crises sociais, ou da urgência dos problemas sociais, a não ser que estes tenham acontecido no contexto social de uma guerra, a psicologia organizada continua a ser uma criatura com duas cabeças, incapaz de criar uma resposta integrada. Nem a depressão econômica, os câmbios institucionais, o conflicto racial ou a guerra contra a pobreza produziram tanto quanto a guerra. Além do mais, a guerra em si, como problema social, nunca foi objeto da psicologia organizada durante a guerra [...]. A conclusão inevitável é que não são os problemas sociais *per se*, mas o contexto social no qual acontecem que determinam se, ou não, a psicologia organizada responderá a eles. (ibidem, p.321-322)

Acompanhando a discussão sobre o artigo no mesmo exemplar da revista e nos posteriores, observamos que houve poucos que concordaram que a Psicologia era em geral ingênua em termos políticos e sem modelos sobre o desenvolvimento de políticas públicas (Hampton, 1970). A maioria das respostas variava de questionamentos de lógica (talvez historicamente fosse assim, mas isso não quer dizer que a observação fosse válida) a comentários sobre os perigos de um envolvimento "político".

Considerando que justamente nesse período é que as ciências da política pública estavam em franca expansão, é bastante significativo notar, especialmente ao acompanhar a revista nos anos seguintes, quão poucos foram os trabalhos que efetivamente se dedicaram ao tópico. Entre eles, podemos citar o de Baratz (1973) sobre a experiência de usar experimentos sociais e comunitários em pequena escala para testar protótipos de políticas públicas, e o estudo de Suzanne Sobel e Nancy Russo (1981), que expõe acerca da necessidade de um esforço mais sério na análise da desigualdade imbricada nas políticas públicas.

Somente no fim da década de 1990 a situação começou a mudar. Nissim-Sabat afirmava que, especialmente na área de saúde, os psicólogos estavam "começando a enfrentar suas resistências e se envolvendo no negócio sujo da política e que parece, pelos trabalhos publicados, que estavam aprendendo as regras do jogo" (Nissim-Sabat, 1997). Contudo, as referidas regras do jogo eram aquelas de como influenciar a política pública, e não sobre a política pública como foco de estudo em si (Sullivan et al., 1998; DeLeon et al., 2006).

No Brasil, como em outras partes da América Latina e no sul da Europa, a ideia de um papel avocatório profissional baseado nas organizações representativas e numa atuação militante como parte dos movimentos sociais, foi muito menos traumática. É difícil dizer se isso ocorreu por causa de uma história de conflitos constantes e recentes entre o "Estado" e a "sociedade civil", ou pela maneira de fazer política em contextos nos quais o Legislativo é fraco ou, mais ainda, como discutiremos no final deste texto, em decorrência do papel articulador alternativo da noção de um "sujeito com direitos". Provavelmente é um pouco de cada. A Psicologia, como profissão organizada, foi bastante ativa no Brasil no campo da saúde pública e nas lutas sociais que levariam ao Sistema Único de Saúde (SUS) e a vários de seus desdobramentos, especialmente em relação à luta antimanicomial e ao movimento de saúde do trabalhador, entre outros. Mesmo assim, permaneceu a noção da política pública como algo real – uma instituição permanente e tomada como óbvia.

Política pública como processo – perspectivismo

A segunda vertente acompanha o gradativo reconhecimento no campo dos estudos da política pública de que essa área era mais complicada do que inicialmente se havia imaginado (Goodin; Rein; Moran, 2006; DeLeon, 2006). Permanece o pressuposto da sua centralidade para compreender o agir governamental, mas o foco se desloca do conteúdo para seus processos de elaboração e implementação. A política pública como processo oferece possibilidades de um outro tipo de interação com a Psicologia Social, não somente com base no estudo de processos organizacionais e interorganizacionais, mas também sob o ponto de vista do ator social específico.

Cumpre lembrar que a Psicologia é uma disciplina profissional na qual o contato com o outro é imediato. Psicólogos partem da ação social em direção aos processos sociais e não vice-versa, têm dificuldade com a ideia de decisões racionais e passam bastante tempo tentando ajudar pessoas a desfazerem os nós do cotidiano em diferentes situações sociais. Se na primeira vertente das políticas publicas há uma dedicação a um real existente, nessa segunda vertente podemos falar de perspectivas: de cima para baixo e de baixo para cima, de fora para dentro e de dentro para fora; de grupos que se fazem presentes e de grupos excluídos e ausentes, tornando-se vulneráveis. Não se abre mão do real, mas se reconhece que, dependendo do lugar e do olhar, a situação poderia ser – por todos os efeitos práticos – considerada plural.

Nesse processo há muitos pontos de interseção com estudos da área de política pública. Podemos citar, por exemplo, o trabalho de Lipsky (1980) sobre a maneira como os servidores entram em contato diário com o público refazem e reorientam a política pública para situações específicas. Ou o estudo de Maynard-Moody e Musheno (2000) a respeito do modo como os profissionais da linha de frente assumem o papel de "agente do cidadão" (*citizen agent*), agindo em resposta aos indivíduos e às circunstâncias específicas. Em ambos há clara relevância da discussão sobre os novos papéis públicos capilares, como o dos agentes comunitários de saúde. Também há possibilidades de diálogo com a discussão de Kingdon (1984) sobre a formação de agendas, a proposta de ciclos de política pública (Howlett; Ramesh, 1995), a análise das comunidades de políticas públicas (Coleman; Skogstad, 1990) e de coalizões advocatórias (Sabatier; Jenkins-Smith, 1993). Em todos esses estudos, os avanços na compreensão das dinâmicas intergrupais, dos processos organizativos e da análise de papéis oferecem instrumentos para um bom debate. A situação é a mesma em relação aos processos complexos de implementação das políticas públicas (Barrett, 2004), incluindo as ações por meio de organizações sem fins lucrativos (Smith; Lipsky 1993).

Durante a década de 1970, o Instituto Tavistock (um centro de pesquisa psicossocial aplicada), em Londres, elaborou um programa de investigação sobre processos interorganizacionais e mecanismos de coordenação entre as diferentes agências e políticas públicas no Estado de bem-estar social britânico. O programa foi influenciado pelas ideias de Emery e Trist (1975) sobre campos interorganizacionais e a ecologia organizacional, e por trabalhos anteriores que evidenciaram a importância das redes profissionais na formulação de políticas em situações complexas (Friend; Power; Yewlett, 1974). Uma das conclusões do programa foi a importância da atuação diária de trabalhadores públicos em contato direto com a população, e sua competência de criar vínculos com colegas em outras agências e serviços para poder articular soluções locais e negociar possibilidades de ação entre perspectivas que poderiam ser muito distintas: a primeira, a perspectiva do formulador de política pública, preocupado com a implementação; a segunda, a perspectiva do espaço de vida das pessoas, famílias e comunidades em busca de serviços, sendo atendidos de maneira diversa por serviços distintos, em lugares diferentes e com orientações variadas.

Entre psicólogos sociais brasileiros, a preocupação com política pública processual começou a se mostrar cada vez mais presente (Yamamoto, 2007; Gonçalves, 2010), estimulada em grande parte por uma retomada da Psicologia Social sociológica (Lane; Sawaia, 1995; Alvarez; Garrido, 2007; Spink; Spink, 2007; Guareschi, 2004). Na área da saúde, psicólogos foram ativos, desde o início, no campo do HIV/Aids (Paiva, 2009) e seu convívio produziu valiosas reflexões sobre a formação do campo e a sua evolução, como por exemplo no estudo de Mary Jane Spink et al. (2003) sobre os primeiros quinze anos da Comissão Nacional de Aids. A amplitude dessa preocupação também se demonstra nos tópicos escolhidos nas dissertações e teses mencionadas anteriormente, defendidas nos programas de Psicologia e Psicologia Social. Entre os diferentes temas encontram-se: a discussão sobre o campo de políticas de saúde mental; a atenção básica em saúde; as políticas públicas e a identidade quilombola; o dia a dia do Programa de Saúde da Família, incluindo os agentes comunitários de saúde e famílias de pessoas com transtornos mentais; cidadania e violência de gênero; redes e políticas públicas; a visão dos diferentes atores no Programa de Erradicação do Trabalho Infantil; as políticas de educação inclusiva, de práticas socioeducativas e de tabagismo; as perspectivas das crianças nas políticas e programas do tipo "Cidades amigas das crianças"; as organizações não governamentais e as políticas de superação das desigualdades; e políticas públicas e movimentos sociais na área de meio ambiente.

Vale também mencionar, como orientação teórica, os pesquisadores da área de representações sociais, cuja contribuição no Brasil para uma Psicologia mais sociológica tem sido constante (Guareschi; Jovchelovitch, 1994; Sá, 2007). Associado ao trabalho inicial de Serge Moscovici sobre a psicanálise no imaginário cotidiano (Moscovici, 1978), o estudo das representações sociais se tornou um aliado fundamental quando se trata de compreender as versões sociais em circulação. Na área da política pública, destaca-se o trabalho de Sandra Jovchelovitch (2000) sobre as representações sociais e esfera pública, mas podemos também encontrar vários exemplos, entre as dissertações e teses, que se referem às representações sociais da educação do ensino fundamental nas políticas federais, aos direitos humanos e às medidas socioeducativas de internação.

Uma iniciativa que serviu para aumentar ainda mais essa vertente de interação foi a criação, pelo Conselho Federal de Psicologia, de um observatório da presença dos psicólogos em diferentes áreas da implementação da política pública. Esse observatório tem como objetivo promover uma discussão acerca dos instrumentos e orientações necessários para uma atuação eficaz (Centro de Referência Técnica em Psicologia e Políticas Públicas – Crepop).[2] Entre as áreas de política pública em estudo, incluem-se: medidas socioeducativas em meio aberto e em unidades de internação; educação básica e inclusiva; serviços de atendimento à mulher; atenção básica à saúde; centros de atenção psicossocial; sistema prisional; atendimento à criança e aos adolescentes vítimas de violência sexual e à sua família; HIV/Aids; álcool e drogas; e os centros de referência de assistência social. Essa preocupação com o dia a dia do agir público oferecerá uma boa oportunidade de diálogo com as outras disciplinas no campo de estudos de política pública, preenchendo, assim, uma das lacunas apontadas por Celina Souza (2003).

---

2 Disponível em: <http://www.crepop.pol.org.br>. Para mais detalhes, ver Gonçalves (2010).

Política pública como produto social – construcionismo

A terceira vertente epistemológica se situa na reflexão que a Psicologia e as demais ciências sociais fazem sobre as categorias sociais em circulação. A perspectiva construcionista[3] (Berger; Luckman, 1966) ou pós-construcionista (Iñiguez, 2004) – expressão criada para evitar qualquer tendência paradigmática – conecta a Psicologia Social discursiva diretamente com tendências similares na área de *policy studies* (Fischer, 2003; Hewitt, 2009).

Na distinção de Hacking (1999), todos os proponentes construcionistas compartilham a proposta de que algo (X) não é inevitável, não precisava existir e é produzido e formatado por eventos sociais, por forças diferentes, pela história e pelas conversas. Nesse sentido, todos são de alguma maneira críticos. No entanto, são somente alguns que adotam as posições que poderiam seguir essa afirmação: por exemplo, que (X) não é necessariamente bom, ou até que seria melhor se nós nos livrássemos de (X) ou, pelo menos, o transformássemos radicalmente. Na Psicologia Social, as vertentes norte-americanas tendem a adotar a proposta crítica (Gergen, 2009), e as vertentes latinas, as mais radicais (Ibañez, 2001; 2005), especialmente quando influenciadas pelas reflexões de Foucault sobre a governamentalidade (Burchell; Gordon; Miller, 1991) e por comentários de analistas sociais como Nikolas Rose (1996) a respeito do papel nada simples das ciências da psique na modernidade.

Nas *policy sciences*, o impacto da perspectiva construcionista é relativamente recente. Mesmo que presente nas entrelinhas do trabalho de Lipsky (1980), é no pós-empirismo de Fischer (2003) e nas abordagens discursivas que começa a ter impacto (Hewitt, 2009). Colebatch (1998) expressa bem a noção construcionista sobre políticas públicas quando afirma que *policy* transmite o sentido de que a atividade é proposital e deliberativa, portanto, é uma expressão que "enquadra a ação em vez de simplesmente a descrever; nomeia o que vemos para que possamos fazer sentido dele numa maneira específica" (p.11). Para Fischer (2003), a política e a política pública constituem-se de uma competição sobre sentidos sociais, em que a política pública é um processo evolutivo de respostas diversas e frequentemente

3 O uso da expressão *construcionista* em vez de *construtivista* na Psicologia Social evita confusão com a teoria *construtivista* de desenvolvimento da criança de Jean Piaget.

contraditórias a um espectro de interesses políticos. Tanto as propostas quanto os grupos alvos e atores sociais estão em constante debate e formulação. O caminho proposto é o da democracia deliberativa e de política pública considerada como processo discursivo (Fischer, 2009).

Na Psicologia Social brasileira, reflexo talvez de uma sociedade em mudança, o construcionismo radical é o mais presente. Entre os diversos focos de atenção, encontramos as políticas de infância (Ruz; Hillesheim; Guareschi, 2005), juventude (Frezza; Maraschin; Santos, 2009), educação superior (Barrouin; Souza, 2010), gênero (Granja; Medrado, 2009; Medrado; Mello, 2008) e saúde (Guareschi et al., 2010). Ao mesmo tempo que Foucault estimula os analistas de política pública na Psicologia Social a questionarem as práticas de governo – por exemplo, os trabalhos de M.J. Spink e colegas (2004; 2007; 2009) sobre governamentalidade e risco; e de Nardi (2010) sobre políticas públicas, governamentalidade e diversidade sexual –, também aponta para a pergunta pós-construcionista sobre "política pública em si".

Como expusemos na introdução, a noção de política pública, enquanto expressão central da seriedade de governos democráticos, assume seu papel articulador num período específico de nossa história ocidental recente. A ideia de "política pública" expressa uma relação entre governo e sociedade – diretamente ou mediante seus representantes – mas também, conforme vimos, entre as comunidades acadêmicas de saber e a validade técnico-científica das ações governamentais. Várias premissas fazem parte dessa relação, especialmente nos principais países de democracia consolidada (o nascedouro da política pública). Entre elas, podemos citar uma prática de representação consolidada, a presença de grupos e pressões diferentes que precisam ser compatibilizados entre si, a premissa da oposição leal, um conjunto de direitos civis, políticos e sociais relativamente universais, a extensão de serviços para todos e certa equidade ou, pelo menos, a tentativa de reduzir as desigualdades presentes.

O problema não é com a observação de que a prática da "política pública" emerge inicialmente dentro das poliarquias centrais. Afinal, ideias sociais sempre nascerão em algum lugar e serão sempre passíveis de serem transferidas ou adaptadas. Muito menos estamos propondo que a noção de política pública é de uso patenteado. O problema é outro: de cair no erro de presumir que, ao usarmos a expressão "política pública", estaremos automaticamente falando de um país onde haja uma democracia consolidada com direitos extensivos, uma prática de representação efetiva e uma relação aberta entre Estado, sociedade e comunidades de saber no que tange à discussão de ações governamentais.

Em outras palavras, nossa discussão sobre políticas públicas precisa incluir a questão: o que quer dizer estudar e usar a linguagem das políticas públicas em países como o Brasil, onde muitas dessas dimensões continuam bastante frágeis? (Murillo de Carvalho, 2001; O'Donnell, 2001; P. Spink, 2009).

Política pública como múltiplos reais – performatividade

Embora parte do percurso do construcionismo esteja vinculada ao giro linguístico (Rorty, 1979), no qual a análise discursiva está muito presente (M.J. Spink, 1998; Iñiguez, 2004), não devemos cair na cilada de presumir que o discurso é somente social, conforme Hacking enfatizou, ao discutir a construção da ideia da mulher refugiada:

> As ideias não existem no vácuo, habitam situações sociais. Vamos chamar isso a matriz dentro da qual uma ideia ou conceito são criados [...]. A matriz dentro da qual a ideia de mulher refugiada é formada é um complexo de instituições, ativistas, artigos de revista, advogados, decisões jurídicas, procedimentos imigratórios. Para não falar da infraestrutura material, barreiras, passaportes, uniformes, balcões de aeroporto, centros de detenção, tribunais e os campos para crianças refugiadas. Você pode querer considerar estes como sociais porque são seus sentidos que são importantes para nós, mas são materiais e sua materialidade faz uma diferença substantiva para as pessoas. Igualmente, as ideias sobre mulheres refugiadas afetam o ambiente material (porque mulheres refugiadas não são violentas e não há necessidade de armas, mas há uma grande necessidade de papel, papel, papel) [...]. (Hacking, 1999, p.10)

Na interseção do material e do social, sem dúvida, os pesquisadores e acadêmicos identificados com a teoria ator-rede foram os que mais avançaram. Por exemplo, Law e Hassard (1999), e Latour (2005). Na teoria ator-rede, a perspectiva pós-construcionista tem servido de plataforma para um intercâmbio fértil com a Psicologia Social (Moraes; Arendt, 2010; Spink PK., 2003). Nesse caso, as distinções entre o social e o material presentes na matriz de Hacking ganham uma nova conectabilidade que Law e Mol expressam bem ao argumentar:

> Talvez materialidade e socialidade se produzam mutuamente. Talvez "associação" não seja somente um assunto para os seres sociais, mas também um assunto de materiais. Talvez, portanto, quando olhamos o social, estamos também olhando a produção de materialidade. E quando olhamos os materiais, estamos testemunhando a produção do social. (Law; Mol, 1995, p.274)

O desmonte da noção de uma realidade material independente das pessoas foi um processo lento, em parte porque contesta as definições e, portanto, as distribuições clássicas dos campos de saber. Tal postura se torna mais visível ao considerarmos que a contribuição mais importante dos envolvidos com a teoria ator-rede não foi simplesmente a proposta da justaposição das socialidades e materialidades, mas a sua aposta nos efeitos relacionais fundamentada na noção de actantes, de autoria de Latour:

> [...] os materiais são constituídos interativamente; fora de suas interações eles não têm existência; não têm realidade. Máquinas, pessoas, instituições sociais, o mundo natural, o divino – todos são efeitos ou produtos. É por isso que falamos em materialidade relacional. (Law; Mol, 1995)

Como M.J. Spink comenta:

> Do mesmo modo, tal como acontece com objetos inanimados, as socialidades são efeitos relacionais. Os seres humanos podem ou não ser atores nessas redes de interações, e os atores nessa rede podem ser ou não humanos. A atenção passa, assim, a ser fixada nas conexões parciais: as materialidades, as socialidades e as histórias que contamos sobre humanos e não humanos são como retalhos costurados em uma colcha. Como há muitas linhas possíveis e muitas tramas, a atenção se desloca para os modos de costura. (M.J. Spink, 2009, p.112)

O resultado não é uma ordem, nem uma ordem com diversas perspectivas ou também uma ordem processual de possibilidades e de histórias que poderiam ter sido outras, de noções aparentemente estáveis, mas que não o são. A proposta é de múltiplas realidades que são performadas ou, para usar a expressão de Annemarie Mol (1999), uma ontologia política de uma diversidade de ordens, de complexidades parciais e de uma política de ontologias.

É cedo ainda para julgar a contribuição potencial que essa vertente poderá trazer para a arena dos estudos da política pública, mas, sem dúvida, servirá para questionar ainda mais a solidez presumida, direta ou indiretamente, nas primeiras duas vertentes. A complexidade das múltiplas realidades está longe de ser uma complexidade facilmente negociável, como bem demonstra M.J. Spink no seu estudo sobre a compra de cigarros, que tem como parte do título "do rato não" – referência ao comentário de uma senhora sobre as fotos de advertência do Ministério da Saúde:

> Poderíamos, então, conceber a complexidade justamente como o ponto de encontro de vários ordenamentos simplificadores. A compra de cigarros, por exemplo, poderia ser pensada como um desses pontos de encontro de diferentes lógicas: a de quem quer o lucro da venda de seu produto e, para tal, usa estratégias de marketing; a de quem vende, para garantir a presença do cliente mais do que o lucro com o produto; a de quem quer coibir o uso por meio de advertências textuais e imagéticas, restrição de pontos de venda, taxas e preço do produto. (M.J. Spink, 2009, p.113)

Como ela concluiu:

> [...] nesse encontro de versões, a fluidez maior é do próprio cigarro que se transmuta relacionalmente a partir do embate entre fumante, indústria tabagística e regulações governamentais: teores de alcatrão, tamanho, cores, sinalizadores de conteúdos – associações orgânicas com prazer – fractais no jogo de legitimação ou deslegitimação de socialidades contemporâneas. (ibidem, p.120)

Linguagens de ação: as políticas públicas na era dos direitos

Cada uma das quatro vertentes sugere possibilidades de conexão para o estudo multidisciplinar das políticas públicas. Seguindo a linha do cientista político Colebatch (1998), podemos anotar que, para muitos, a política pública no dia a dia continua sendo um artefato, algo que tem existência real em si mesmo. Para as pessoas do ramo, política pública é um processo que se estende cada vez mais em direções diferentes e com frequentes tentativas de nomear seus contornos. É também uma busca de coerência diante da ambiguidade contínua e de contestação, por exemplo, entre seus aspectos hierárquicos e horizontais.

Entretanto, mais que um conceito, o autor argumenta que política pública é também algo que pessoas fazem. No Brasil, já encontramos concursos na administração pública para a carreira de "analistas" ou "especialistas" de "políticas públicas" em diversos estados, municípios e no governo federal. Já temos os nossos centros de estudos de política pública e a linguagem dos *policy think tanks*. Podem não ser as paredes cinza ou as mesas de entrevista nos centros de detenção onde a mulher refugiada é performada, mas é muito difícil questionar a presença da política pública quando confrontada por escritórios, notebooks, relatórios, números e apresentações tipo PowerPoint, como também ternos cinza, camisas brancas e telefones celulares. Como Colebatch também alertou:

> [...] o foco muda de "há uma *policy* e, se há, qual é" para "em que sentido há *policy* e qual seu impacto?". O termo não é um absoluto científico, mas uma variável construída socialmente. Política pública é um conceito que usamos para fazer sentido do mundo – mas temos que continuar trabalhando nele. (Colebatch, 1998, p.114)

Mas será que devemos continuar trabalhando nele? Nesta parte final quero – de maneira provocativa – levantar essa pergunta com base na Psicologia Social como uma contribuição ao debate multidisciplinar. O ponto de partida é a constatação de que no período em que a análise de políticas públicas (juntamente ao uso da expressão) se consolidou nos países centrais (1950 – 1980), o assunto dos direitos ocupava um espaço marginal na discussão pública nos mesmos países e seu uso internacional foi visto negativamente por setores progressistas. Em contraste, quando a discussão sobre políticas públicas começou a aparecer nos países latino-americanos, após a transição democrática nas décadas de 1980 – 1990, a noção de direitos estava em franca e generalizada expansão como instrumento progressista não somente nesses países, mas também na discussão sobre desenvolvimento em âmbito internacional (Nelson; Dorsey, 2008).

As rupturas e mudanças de regime nos países da América Latina estimularam relações entre Estado e sociedade muito diferentes das práticas presentes nas democracias representativas centrais, iniciando por inverter a evolução dos direitos civis, políticos e sociais na proposta original de Marshall (1950), elaborada a partir dos países do norte da Europa. Na história brasileira do século XX, seguindo os argumentos de Murillo de Carvalho (2001), os direitos políticos foram cassados por longos períodos, os direitos civis eram e continuam ainda precários e os direitos sociais construídos nas fases populistas foram até recentemente bastante restritos e longe de serem universais. Diante de tal cenário, não é surpresa que na luta contra o regime militar a linguagem de mudança e a linguagem da transição democrática tenham sido a linguagem dos direitos: políticos, sociais e civis. Saúde ocupava um lugar privilegiado na agenda dos direitos tanto por sua precariedade e acesso restrito quanto pela mobilização do movimento sanitário e das organizações internacionais após a declaração de "saúde para todos" na Conferência de Alma-Ata, Cazaquistão, em 1978. Mas também encontramos formulações sobre direitos sociais na área de habitação, de questões urbanas, de reforma agrária e, depois, de educação e serviços sociais.

No processo constitucional brasileiro, a orientação aos direitos foi muito além de uma declaração básica de direitos fundamentais, estabelecendo que, em muitas áreas de serviços públicos, a relação entre Estado e sociedade se daria também com base nos direitos. Ainda mais, criou – uma marca da Constituição brasileira – a presença institucional da sociedade civil na orientação e gestão dos serviços públicos por meio de conselhos deliberativos, consultivos e outros mecanismos. Como a mobilização para "ter" serviços é diferente daquela que se exige para sua eficácia e efetividade – inclusive porque alguns dos atores presentes na primeira fase estarão, na segunda fase, do outro lado da mesa – esse aspecto se tornará chave.

Desse modo, a criação constitucional de mecanismos de cogestão (Coelho; Nobre, 2004), as dificuldades de implementação, a nossa prática orçamentária e as constantes tensões entre relações populistas, clientelistas, tecnocráticas, representativas e a democracia direta, sem dúvida contribuíram para o uso crescente da expressão "controle social" (Guedes; Fonseca, 2007) no vocabulário de nossa ação pública e economia política.

As linguagens do controle social e dos direitos são distintas da linguagem de política pública, pelo menos, de duas maneiras. Primeiro, a linguagem de direitos é imperativa. Se há direitos, é obrigatório respeitá-los; não podemos postergá-los para quando houver orçamento ou ao discutir formas de implementação, ou ainda na sua redefinição ou aplicação parcial. Controle social adiciona a esta a noção de uma autoridade coletiva, externa e independente.

Por outro lado, a linguagem de política pública é uma linguagem de possibilidades, de orientação, de processos políticos e de negociação. Bobbio tratou bem essa distinção ao discutir a proliferação dos direitos:

> Eu compartilho a preocupação daqueles que argumentam que aplicar a palavra "direitos" para demandas que no melhor são direitos futuros, cria expectativas que nunca serão satisfeitas entre pessoas que utilizam a palavra "direito" de acordo com seu sentido atual de uma expectativa que pode ser satisfeita porque é protegida. (Bobbio, 1996, p.56-57)

Dessa observação decorre a segunda diferença marcante. Da previdência de Bismarck em 1883 à legislação de proteção social de Roosevelt em 1935, e dos relatórios de Beveridge, no fim da Segunda Guerra até o presente, nossa ideia básica de política pública é "quanto mais, melhor". Mesmo nos períodos de reforma do Estado, a retração foi pouca. Na área dos direitos aconteceu o inverso, pois a proposta tende a ser: "quanto menos, mais chance temos de garanti-los".

O caminho para essa conclusão – proposta originalmente por Bentham na sua famosa reação à declaração francesa sobre o caráter natural, inalienável e sagrado dos direitos do homem ("bobagem caminhando em pernas de pau") – foi longo e passou, entre outros, pelo reconhecimento de que não há nada fundamental nos direitos. Ao contrário, seu valor está justamente em serem, seguindo Michael Ignatieff (2001), instrumentos pragmáticos e políticos (moral, mas não moralistas) que devem buscar ser efetivos antes de serem compreensivos.

Porém, para serem efetivos é necessário garanti-los na prática cotidiana, uma vez que são instrumentos sociais construídos e tão frágeis que chegamos perto da desistência quando os meios (juízes, constituições, secretarias especiais, agências, entre outros) se tornam inadequados (Gearty, 2005).

Ignatieff (2001) propõe que entendamos direitos humanos como um regime mínimo e negociado para proteger indivíduos de abuso, crueldade, opressão e degradação, a fim de permitir que sejam agentes propositais. A essa definição Amy Gutmann (2001) acrescenta, com boa razão, o direito à subsistência, argumentando que pobreza extrema é também degradação.

Mesmo essa rápida incursão (sem adentrar na discussão sobre cidadania e identidades transnacionais, ver Isin; Wood, 1999) é suficiente para observar, como Norberto Bobbio afirmou: "[...] que a proclamação dos direitos humanos é um divisor de águas no curso histórico da humanidade no que se refere à concepção das relações políticas" (2003, p.201). Utilizando uma imagem brasileira, talvez possamos dizer que o divisor de águas não é uma simples justaposição dos rios Negro e Solimões para formar o Amazonas. Ao contrário, é uma pororoca ontológica.

Na literatura de desenvolvimento, a justaposição cada vez mais de direitos e de desenvolvimento (Nelson; Dorsey, 2008) gerou convergências e divergências, na medida em que redes de atores com tradições argumentativas e estratégias de ação muito distintas começaram a se encontrar no mesmo espaço. Organizações tradicionalmente envolvidas com problemas de direitos civis e políticos (como Amnesty International) passaram a debater direitos sociais e econômicos. Agências nacionais e multilaterais começaram a discutir desenvolvimento econômico e social não mais em termos de programas, mas em relação aos direitos. Os resultados não são em nada favoráveis se julgarmos as reações vindas tanto dos atores do próprio campo (Mitlin; Hickey, 2009) como dos observadores preocupados com a perda de foco das organizações advocatórias (ver, por exemplo, *The Economist*, 18/8/2001).

Usamos, para exemplificar, o documento de referência do World Urban Forum [Fórum Urbano Mundial] (Rio de Janeiro, 22-26 março 2010) sobre o direito à cidade: "[...] o direito à Cidade promove respeito, proteção e realização de direitos cívicos, políticos, econômicos, culturais e ambientais que são assegurados nos instrumentos regionais e internacionais de direitos humanos" (UN-Habitat, 2010).

Nesse caso, a pororoca se estabelece em torno das seguintes questões: o caminho dos direitos à cidade é a melhor estratégia para garantir políticas públicas urbanas eficazes? Ou, ao contrário, políticas públicas urbanas eficazes são o melhor caminho para garantir uma parcela mínima de direitos?

Ou, talvez, é melhor criar indicadores para cada tema urbano e exigir metas dos governos locais, como faz, por exemplo, o Movimento Nossa São Paulo? Ou, talvez, seja melhor simplesmente construir outra cidade: queimar carros (não ônibus), plantar hortas em terrenos baldios, retomar a rua e a calçada enquanto propriedades públicas coletivas, abrir espaços para artesãos, pontos de comércio e comida e ocupar prédios? Todas são viáveis e presentes hoje numa multiplicidade ontológica. No primeiro caso, a política pública é coadjuvante; no segundo, é o carro-chefe; e, nos outros dois, ausente; ou seja, um assumindo a sociedade de auditoria (Power, 1999) e o outro, a sociedade libertária e de ação direta da Comuna de Paris e dos coletivos catalães (Alba, 2001). Em outras áreas de ação, por exemplo, a da juventude, teríamos que incluir também as organizações independentes e sem fins lucrativos (Oscips, ONGs e associações diversas) que definem e assumem ações de interesse público porque seus membros e seus financiadores não estatais consideram essas ações relevantes e válidas. Para a Psicologia, essas mesmas considerações também se fazem presentes na interseção da noção de um sujeito de direitos e das políticas públicas, especialmente com a proposta da "importância dos Direitos Humanos para o exercício de toda e qualquer atividade profissional, notadamente para a Psicologia e os psicólogos" (Resolução CFP 011/98).

A polissemia do agir público

Não é a nossa intenção arguir que este ou aquele princípio ontológico seja mais adequado; contudo, igualmente, não queremos cair na cilada de propor que todas as vertentes possam conviver harmoniosamente. O que sugerimos é que o momento seja outro: o de uma renegociação tensa e conflituosa dos processos de governança da qual tanto a linguagem de políticas públicas quanto a dos direitos fazem parte. Nikolas Rose usou a ideia de historiadores do presente para se referir à captação de mudanças sutis em curso nas arenas da governamentalidade:

> É quase sempre, neste nível menor, vulgar, pragmático e quotidiano que podemos ver as linguagens e técnicas sendo inventadas que reformatarão as compreensões dos sujeitos e objetos de governo, e portanto reformatarão os pressupostos que são a sustentação de governo. (Rose, 1999, p.31)

Talvez essa seja uma das contribuições que a Psicologia Social pode trazer para a mesa multidisciplinar. Nesta última parte, buscaremos demonstrar essa possibilidade com um exemplo final retirado do centro do palco da reconstrução social brasileira – a área da saúde – e de uma temática também central para a construção prática da cidadania: a humanização do SUS. Utilizaremos o site do Ministério da Saúde[4] por ser um lugar de disseminação, de normatização e coordenação de processos que se triangulam pelos diferentes entes da federação. O site, um produto social complexo, incorpora, em diversos momentos, referências a leis, decretos, documentos e posições do Conselho Nacional, entre outros, informando e também formando expectativas de ação.

O caminho começa com uma das cinco principais entradas, incluída na página inicial que trata de assuntos relacionados ao cidadão, ao profissional e ao gestor, expondo informações sobre o ministério, o SUS e a imprensa. Referindo-se ao SUS, direciona às seguintes opções: o que é o SUS; direitos dos usuários do SUS; participação e controle social; e ações e programas do SUS.

Iniciamos com "O que é o SUS": um sistema que

> [...] abrange desde o simples atendimento ambulatorial até o transplante de órgãos, garantindo acesso integral, universal e gratuito para toda a população do país [...]. Antes da criação do SUS, que completa 20 anos em 2008, a saúde não era considerada um direito social [...].

Nos *Direitos dos usuários do SUS* estão listados os seis princípios da "Carta dos direitos dos usuários do SUS", incluindo acesso, tratamento adequado, atendimento humanizado, acolhedor e livre de discriminação que respeite a pessoa, seus valores e seus direitos. O documento conclui da seguinte maneira: "Todo cidadão tem direito ao comprometimento dos gestores da saúde para que os princípios anteriores sejam cumpridos". Em "Participação e Controle Social", somos informados sobre

> [...] mecanismos de participação da sociedade na construção das políticas públicas de saúde no Brasil. Por meio da participação na gestão pública, os

4 Disponível em: <http://www.saúde.gov.br>. Acesso em: 28 outubro 2010.

cidadãos podem intervir na tomada da decisão administrativa, orientando a Administração a adotar medidas que realmente atendam ao interesse público. A participação contínua da sociedade na gestão pública é um direito assegurado pela Constituição Federal, permitindo que os cidadãos não só participem da formulação das políticas públicas, mas também fiscalizem de forma permanente a aplicação dos recursos.

Em seguida, são apresentados os diferentes mecanismos de participação e controle social: ouvidoria geral do SUS, conselhos de saúde, conferências de saúde, mesa de negociação do SUS, ParticipanetSUS e disque saúde.

O HumanizaSUS é mencionado em "Ações e Programas do SUS" juntamente com os programas QualiSUS e UnaSUS.

Instituída pelo Ministério da Saúde em 2003, a Política Nacional de Humanização (PNH), o HumanizaSUS, propõe uma nova relação entre o usuário do Sistema Único de Saúde (SUS) e o profissional que o atenderá. A política estimula a implantação de práticas de humanização e a troca solidária de contribuições entre gestores, profissionais de saúde e usuários [...].

Ao adentrar o HumanizaSUS, aprendemos que a Política Nacional de Humanização e Gestão do SUS foi:

[...] formulada com base na sistematização de experiências do chamado "SUS que dá certo". Ela reconhece que estados, municípios e serviços de saúde estão implantando práticas de humanização nas ações de atenção e gestão com bons resultados, o que contribui para a legitimação do SUS como política pública. O HumanizaSUS tem o objetivo de efetivar os princípios do Sistema Único de Saúde no cotidiano das práticas de atenção e de gestão, assim como estimular trocas solidárias entre gestores, trabalhadores e usuários para a produção de saúde e a produção de sujeitos. Queremos um SUS humanizado, comprometido com a defesa da vida e fortalecido em seu processo de pactuação democrática e coletiva.

Ao longo desse caminho, foram diversas as linguagens e noções de ação, orientação e coordenação encontradas: sistema, direito social, direitos, princípios, construção de políticas públicas, controle social, gestão e administração, programa, projeto, política que propõe uma nova relação e a legitimação de um sistema como política pública. Se tivéssemos um amigo filósofo de Marte, ele certamente perguntaria: atendimento humanizado, acolhedor e livre de qualquer discriminação não foi declarado um direito, um dos seis princípios básicos de cidadania em relação à saúde? Agora virou um princípio, parte de um processo de legitimação de uma política pública? Então, quando um direito é um direito entre vocês? Políticas públicas não são legítimas?

Não se trata, voltamos a afirmar, de cobrar uma coerência acadêmica em relação a definições precisas, mas de demonstrar que, no momento atual, diferentes linguagens de ação no tocante ao agir público estão presentes, construídas a partir de bases diferentes e performando, provavelmente, distintas sociedades civis e Estados. Comprovam, ainda, quanto a discussão e a prática da cidadania ativa, da democracia deliberativa e da governança colaborativa avançaram entre nós para além das noções originais da democracia liberal.

Conclusão: um espaço para a Psicologia Social

Os exemplos mencionados ao longo do texto demonstram bem o desafio atual. Devemos persistir no argumento implícito de que toda ação (feita e não feita) deve ser enquadrada na linguagem da política pública? Ou devemos aceitar que a linguagem da política pública seja somente uma entre uma multiplicidade de ontologias que apresentam diferentes Estados e sociedades, diversas relações e várias maneiras de performar o político? A discussão sobre democracia deliberativa sugere que os novos mecanismos de cogestão e de controle social, do aumento da transparência direta e da decisão local, sejam vistos como expansões dos espaços públicos. Entretanto, como Vera Schattan Coelho e colegas (2002) apontaram, fundamentando-se em seus estudos sobre os novos foros deliberativos, há ainda tensões e conflitos entre sociedade civil e os atores estatais e de mercado. Nesse sentido, e como estratégia metodológica e analítica, optar pela cacofonia performática poderia ser mais adequado do que aceitar a hegemonia automática e articuladora da política pública.

Caminhamos talvez para arenas mais híbridas, nas quais diferentes linguagens de ação e diversas economias políticas se entrecruzam, às vezes, dentro de uma postura de coabitação e, outras vezes, de conflito direto. Saúde, por exemplo, pode ser considerada uma área em que as diferentes saúdes sendo performadas parecem buscar algum convívio. Educação, com todos os seus conselhos, projetos, normas e diretrizes não avançou tanto quanto esperávamos. A linguagem da política pública parece bastante presente na ciência e na tecnologia, nas relações exteriores e na economia. Nesses e em outros casos, vale a pergunta: por quê? Por outro lado, o Programa Bolsa Família, especialmente quando considerado sob a preocupação com pobreza extrema e insegurança alimentar grave, parece ser mais bem descrito como um direito humano básico em vias de conquista efetiva.

Talvez uma maneira de ampliar o foco fosse relocalizar a temática da política pública para a discussão sobre ação pública em geral, especialmente no Terceiro Mundo, onde a multiplicidade das versões de ação é maior. Se entendermos ação pública não somente em relação às atividades do setor público, mas incluindo os diversos arranjos entre governo e sociedade presentes na formulação e gestão do agir público e a pressão de novas instâncias da sociedade civil e a provisão de serviços próprios pelas comunidades (Spink; Best, 2009), segue que é aqui que precisaremos aprofundar nossas investigações.

Conforme apresentamos, a Psicologia Social está se equipando com conceitos analíticos e práticas metodológicas, capazes de assumir a complexidade das interfaces cotidianas entre atores sociais, movimentos, comunidades e diferentes organizações públicas e privadas. Seus estudos já caminham em direção a um maior questionamento da naturalização da política pública, seja pela via discursiva, seja pelo acompanhamento das múltiplas inserções dos psicólogos nas práticas públicas atuais. Podemos não ter respostas, mas, certamente, temos muitas dúvidas, questões e exemplos para serem compartilhados.

O DIREITO NAS POLÍTICAS PÚBLICAS[1]

Diogo R. Coutinho

Introdução

Quem no Brasil procura explorar as interações do direito com as políticas públicas logo depara com inúmeras dificuldades de diferentes ordens – conceituais, semânticas, metodológicas, teóricas e práticas. Traduzem, de antemão, desafios nada triviais à pesquisa nesse campo perguntas do tipo "É possível, e útil, pensar uma teoria jurídica das políticas públicas?", "Como as relações entre direito e políticas públicas podem ser observadas empiricamente?", ou "Quais critérios metodológicos podem ser empregados para descrever os papéis desempenhados pelo arcabouço jurídico nas políticas públicas?", bem como indagações do gênero "Qual a acepção da palavra 'direito' no contexto das políticas públicas?" ou "Há alguma distinção relevante e útil entre as expressões 'direito *das* políticas públicas' e 'direito *nas* políticas públicas?'".

Sem a pretensão de responder a essas perguntas de forma definitiva, de propor um corpo acabado de princípios ou um método capaz de dar

---

1 Gostaria de agradecer a Ana Maria de Oliveira Nusdeo, Virgílio Afonso da Silva, Jean-Paul Rocha, Fernando Herren Aguillar, Paulo Mattos, Mario Schapiro, Maria Paula Dallari Bucci, Carolina Stuchi, Vinicius Marques de Carvalho, Juliana Marques e Evorah Cardoso pelas ricas oportunidades de diálogo sobre direito e políticas públicas, bem como pelas críticas e os comentários feitos a versões anteriores deste texto. Meu obrigado, também, aos professores Eduardo Marques e Carlos Aurélio Pimenta pelo convite para participar deste volume e do fórum "A multidisciplinaridade na análise de políticas públicas", que ocorreu no 7º Congresso da Associação Brasileira de Ciência Política (ABCP), em Recife, em agosto de 2010.

explicações ou de oferecer prognósticos, este capítulo procura desenhar, de forma incipiente, categorias ou ferramentas de análise pelas quais o direito pode ter seus papéis nas políticas públicas vistos com algum ganho de clareza e nitidez. Por trás disso está a suposição de que, se de fato é possível observar e compreender os papéis do direito nas políticas públicas, seria também possível, em tese, aperfeiçoá-las a partir do ponto de vista jurídico. A perspectiva adotada é, nesse contexto, funcional – no sentido específico de que busca estudar e questionar as funções desempenhadas pelo direito. Outro ponto de partida é a suposição de que se é possível desdobrar políticas públicas em um emaranhado de normas, processos e arranjos institucionais mediados pelo direito, também é possível observar o direito nas políticas públicas sem dissecá-lo, isto é, enxergando-o como um elemento constitutivo, intrínseco a tais políticas.

A classificação segundo a qual o direito pode ser visto como objetivo, arranjo institucional, vocalizador de demandas ou ferramenta para políticas públicas é então proposta, com a ressalva, feita ao final, de que sua utilidade deve ser testada empiricamente, o que, por sua vez, suscita importantes desafios aos juristas brasileiros, cuja formação tem negligenciado a importância da reflexão jurídica sobre as políticas públicas e, mais ainda, a construção de habilidades e métodos de investigação aplicada.

Proximidade prática, distância acadêmica

Um sem-número procedimentos mediados por códigos, leis, decretos, regulamentos, portarias, circulares e outras espécies de normas é diariamente movimentado no dia a dia das políticas públicas. Os juristas, por isso, são a todo o tempo solicitados a opinar e decidir sobre problemas que surgem em suas diferentes fases, defendê-las ou questioná-las judicialmente, responder consultas e dirimir dúvidas sobre os mais diversos expedientes e providências que as envolvem.[2]

---

2 "Não podemos interpretar leis e atos regulatórios sem entender as políticas que eles devem 'implementar' e as teorias que levaram a essas políticas. Mas, de outro lado, não há meios de se dizer o que é a política pública sem estudar o direito. [...] Para entender a política precisamos estudar as regras jurídicas de perto" (Trubek, 1971, p.9).

No que se refere à área acadêmica, contudo, os juristas brasileiros estudam pouco as políticas públicas e o fazem com recursos metodológicos escassos e frágeis. Pode se dizer, em outras palavras, que a disciplina do direito tem uma relação um tanto ambígua com o campo transversal das políticas públicas. Se, de um lado, quando desempenham os papéis de gestores, administradores ou procuradores, os juristas interagem com elas intensamente (moldando-as e operando-as), de outro lado, como cientistas sociais, mantêm uma reveladora distância.

Essa relação simultânea de proximidade (prática) e distância (acadêmica) entre o direito e o campo das políticas públicas brasileiras seguramente tem muitas causas. Algumas delas, acredito, relacionam-se a certos traços do ensino jurídico de que dispomos, o qual, embora venha se dedicando a formar magistrados, advogados, promotores, procuradores, defensores políticos, autoridades públicas e políticos há quase dois séculos, não se propôs, especificamente, a formar profissionais do direito preparados para estruturar, operar e aprimorar políticas públicas e programas de ação governamental.[3]

Como já há tempos diagnosticado, os cursos de graduação e de pós-graduação em direito no Brasil continuam presos a referenciais e abordagens de ensino descritas como formalistas, estanques[4] e enciclopédicas,[5] essen-

3 Uma disciplina de estudo das políticas públicas não consta dos currículos das faculdades de direito brasileiras. O art. 4o da Resolução CNE/CES (Conselho Nacional de Educação, Câmara de Educação Superior) no 9, de 2004, que institui as Diretrizes Curriculares Nacionais do Curso de Graduação em direito, determina, no máximo, que "[o] curso de graduação em Direito deverá possibilitar a formação profissional que revele, pelo menos, as seguintes habilidades e competências: [...] IV – adequada atuação técnico-jurídica, em diferentes instâncias, administrativas ou judiciais, com a devida utilização de processos, atos e procedimentos". Essa diretriz é a que mais se aproxima do campo das políticas públicas, expressão que não chega, de resto, a ser empregada pela mencionada resolução.

4 "O ensino jurídico [...] continua distante tanto de um pensamento verdadeiramente teórico quanto de uma utilidade profissional imediata. Sem servir nem à teoria nem à pratica, resvala na tentativa de casar um amontoado de regras – o conteúdo do direito positivo – com um sistema fossilizado de conceitos doutrinários" (Unger, 2005, p.18).

5 "Pobre de conteúdo e pouco reflexivo, o ensino jurídico hoje se destaca por uma organização curricular meramente 'geológica'. O que se espera dos professores dos primeiros anos [...] é a oferta de informações não problematizantes, um conhecimento claro e evidente, à força de tanta repetição, mas desatualizado e alienado com relação às condições reais do país; um conhecimento 'receita de doce', que propicia aos professores dos anos seguintes lecionar sobre estratos sucessivamente mais técnicos, mas nem por isso mais atualizados ou ensinados com

cialmente baseadas em ensinamentos doutrinários.[6] A utilização intensiva de manuais – textos didáticos nos mais das vezes rasos e simplificadores – prevalece sobre a discussão do estado da arte da pesquisa nas salas de aula, e isso, em última análise, colabora para que o ensino jurídico acabe negligenciando a problematização, o diálogo, o caso e a dúvida como métodos.[7] As abordagens de pesquisa empíricas e interdisciplinares[8] são ainda escassas no campo do direito no país, que, autocentrado, tende a se desdobrar no estudo de inúmeros "ramos" ou subáreas, com prejuízos para o diálogo com as outras ciências sociais.

Os estudantes de direito são, nesse contexto, levados por inércia a crer que as profissões jurídicas se resumem à advocacia privada ou às carreiras públicas no âmbito do poder Judiciário e do Ministério Público.[9] Em outras

---

rigor metodológico" (Faria, 2005). Mendes (2008, p.20) distingue faculdades de direito "inovadoras" de "tradicionais", associando a estas a característica de ocuparem-se de uma formação generalista, com currículos amplos, por vezes inchados, e partirem da premissa de que o aluno deve, ao longo de sua graduação, ter uma visão, ainda que superficial, de todas as áreas do direito.

6 Muito simplificadamente, no campo do direito, doutrinadores são juristas que procuram organizar a prática jurídica (a chamada "doutrina") produzindo respostas técnicas para certas questões que requerem, necessariamente, um deslinde, uma decisão – seja ela legislativa, judicial, administrativa ou contratual. Doutrinadores procuram descrever e analisar a realidade, ensinam e dizem como algo deve ser feito (Ferraz, 1995, p.108), isto é, enfrentam o imperativo de produzir respostas (as respostas "certas") para problemas e controvérsias jurídicas.

7 San Tiago Dantas disse em 1955: "quem percorre os programas de ensino em nossas escolas, e sobretudo quem ouve as aulas que nelas se proferem, sob a forma elegante e indiferente da velha aula douta coimbrã, vê que o objetivo atual do ensino jurídico é proporcionar aos estudantes o conhecimento descritivo e sistemático das instituições e normas jurídicas. Poderíamos dizer que o curso jurídico é, sem exagero, um curso de institutos jurídicos, apresentados sob a forma expositiva de tratado teórico-prático" (San Tiago Dantas, 1955, p.452). Ver ainda, mais recentemente, sobre a crítica ao ensino jurídico no país, o livro de Mangabeira Unger (2005).

8 Nobre (2004, p.4) supõe um "atraso relativo" da pesquisa em direito no Brasil. Esse atraso seria resultado do isolamento do direito em relação a outras disciplinas e de uma "peculiar confusão" entre prática profissional e pesquisa acadêmica. Efetivamente, no Brasil, são escassos os profissionais do direito exclusivamente dedicados à docência e à pesquisa. A regra é, entre os acadêmicos, o exercício simultâneo de atividades práticas (como a advocacia ou a magistratura) e docentes. Como resultado dessa sobreposição, ficou prejudicada a atividade de pesquisa no campo do direito, nele incluído o rico universo de suas relações com as políticas públicas.

9 Evidentemente, isso não os impede de descobrir, depois de formados, que podem ser gestores públicos, carreira criada no Brasil em 1989, por meio da Lei Federal 7.834, de 6 de outubro de 1989, e regulamentada pelo Decreto 5.176, de 10 de agosto de 2004. Segundo

palavras, o futuro jurista brasileiro não é estimulado a se envolver na concepção, gestão ou pesquisa de políticas públicas, especialmente na área da administração pública, que é, por excelência, aquela responsável por operá-las (Daintith, 1987, p.8).

Além disso, a discussão sobre os efeitos de leis e de políticas públicas privilegia, entre nós, enfoques e abordagens predominantemente estruturais (em oposição a funcionais), que costumam ser estanques, formais ou procedimentais. Exemplos disso são controvérsias e disputas de interpretação envolvendo a observância de regras de competência, a autonomia de órgãos e entes públicos, a legalidade dos atos praticados por autoridades administrativas e as possibilidades e limites da revisão de decisões de políticas públicas pelo Judiciário.[10]

O debate público e as pesquisas acadêmicas sobre aspectos formais e interpretativos são fundamentais para a formação dos juristas, não há dúvida. Mas, dado que juristas brasileiros têm grande influência no modo como políticas públicas são moldadas, ajustadas e implementadas (na qualidade de legisladores, juízes e burocratas, respectivamente),[11] é preciso reconhecer que são igualmente importantes as habilidades que lhes permitam conhecê-las em suas peculiaridades setoriais e meandros, beneficiando-se do aprendizado que o fato de o fazer sistematicamente lhes traria.[12] Em especial, refiro-me a conhecimentos que os permitam aos

---

o "Documento de Referência para a Gestão da Carreira de EPPGG (Especialista em Políticas Públicas e Gestão Governamental)", publicado pelo Ministério do Planejamento, Orçamento e Gestão em dezembro de 2008, direito é a segunda graduação mais frequente entre os gestores públicos (18%), perdendo para os economistas (27%) e seguidos pelos administradores (12%), bacharéis em relações internacionais (10%) e cientistas sociais (9%). O mesmo documento menciona que os membros da carreira de Especialista em Políticas Públicas e Gestão Governamental da Classe A deverão ser capazes de, entre outras coisas, "colocar em prática a racionalidade técnica e instrumental por meio de seus conhecimentos de administração pública, direito constitucional, direito administrativo e políticas sociais" (Ministério do Planejamento, Orçamento e Gestão, 2008, p.22).

10 "Nos países de cultura latina", explica Enrique Saravia, "a perspectiva jurídica mantém sua vigência alicerçada no legalismo próprio da conformação de seus sistemas sociais. Essa visão leva a uma consideração um tanto estática do Estado e da administração pública, que privilegia o estudo de estruturas e das normas que organizam a atividade estatal. O estudo circunscreve-se às questões *de lege data* ou *de lege ferenda* e deixa de lado as realidades vitais que permeiam as estruturas públicas" (Saravia, 2007, p.21).

11 Cf. Epstein e King (2002, p.7).

12 "[A] observação de modelos concretos é praticamente obrigatória para a análise de políticas públicas", crê Bucci (2008, p.258).

juristas, como práticos ou como acadêmicos, formular e propor soluções e ajustes que contribuam para executar ou mesmo aperfeiçoar tais políticas, mitigando suas disfunções e aumentando sua efetividade.[13]

Particularmente negligenciado pelas faculdades de direito, nesse cenário, é o papel coordenador e articulador desempenhado pelo direito público e pelos juristas na modelagem institucional necessária à implementação de políticas. A reflexão sobre o uso do arcabouço do direito público para definir papéis e tarefas executivas ("quem faz o quê"), atribuir competências ("decidir quem decide"), conectar atores ("quem interage com quem, e como"), coletar, solidificar e difundir experiências bem-sucedidas é praticamente ausente nas faculdades de direito, incluindo os cursos de pós-graduação. Isso ocorre, possivelmente, porque os juristas ignoram os debates sobre formas, funções,[14] alternativas, aprendizados e comparações institucionais ou porque os consideram parte de um campo disciplinar estranho.[15]

Empobrecida tem sido também a reflexão dos juristas a respeito da dimensão jurídica da legitimidade, controle social e da participação nas políticas públicas no Brasil. Se o direito administrativo pode ser visto como mecanismo de disciplina, procedimentalização e de regulação da participação substantiva, bem como da mobilização de atores mais ou menos organizados na formulação, implementação e avaliação de políticas públicas, então faz sentido que isso seja mais tematizado por juristas, acadêmicos ou práticos. E, se é igualmente verdadeiro que o direito, além disso, estrutura e regula formas de prestação de contas e transparência (*accountability*) dessas

13 O grau de efetividade reflete a intensidade em que as práticas e comportamentos sociais sofreram alterações após a promulgação de uma certa norma jurídica. Já o nível de eficácia se volta para apurar se há relação de causalidade entre a adoção de novas práticas e comportamentos e as normas jurídicas que incidem sobre os agentes. Ver, sobre isso, Eberhard (1997).

14 Entre outros, sobre a discussão de forma, função e qualidade de instituições no desenvolvimento, ver Chang (2006) e Rodrik e Subramanian (2003).

15 Como afirma Komesar, embora decisões importantes e controversas sobre quem decide estejam enterradas em cada norma ou aspecto de política pública, elas não raro seguem não analisadas, tratadas superficialmente, ou, no melhor dos casos, analisadas em termos das características de uma alternativa" (Komesar 1994, 4). Roberto Mangabeira Unger critica especificamente o ensino jurídico brasileiro, que escorrega ao deixar de ensinar aos alunos que há um importante debate jurídico em torno da investigação das alternativas institucionais para o desenvolvimento (Unger 2005, 34).

políticas – uma vez que pode obrigar quem as opera a justificar e motivar as decisões relativas à definição de prioridades, seleção de meios, formulação de planos de execução, alocação de recursos e outras consideradas de interesse público –, então seria razoável supor que a falta de consciência desse papel profissional tende a aumentar o risco de que haja maior opacidade, menor participação e menos intensa mobilização de atores relevantes – sobretudo os grupos menos organizados – em políticas públicas.

Limitações do direito administrativo no campo das políticas públicas

Norberto Bobbio identificou os papéis do direito nas mudanças estruturais do capitalismo e das funções estatais ocorridas ao longo da segunda metade do século XX. Essas mudanças, sobretudo no contexto da construção do Estado de bem-estar europeu,[16] fizeram com que o direito (como ordenamento) e as normas jurídicas passassem a estar intensamente associados à realização de objetivos públicos concretos, por meio do encorajamento, da indução e de recompensas de comportamentos (Bobbio, 2007, p.15).

Aos olhos de Bobbio, o direito público passa a desenhar, operacionalizar e disciplinar um conjunto amplo de ações para a implementação e monitoramento de políticas públicas, e o fez por meio sanções positivas ou premiais, de cunho indutor.[17] Normas baseadas no binômio permissão/proibição passam a conviver com incentivos financeiros, procedimentais e com mecanismos de compensação. Além do critério de observância da

16 Trata-se, como o descreveram alguns autores, de um processo de "juridificação", isto é, da expansão e da proliferação (em alguns casos, de uma verdadeira "explosão") de normas destinadas a regulamentar a vida social e as burocracias no âmbito do *welfare state*. Esse processo reflete um importante processo de transformação do direito, que passa progressivamente a ser funcionalizado e instrumentalizado para alcançar objetivos de política pública, com todos os problemas de legitimidade, eficácia e controle social que passam a afetar as ordens jurídicas, até então tratadas pelos juristas como sistemas coerentes e íntegros. Ver, quanto à ideia de "juridificação", Teubner (1987).

17 Para Bobbio, as técnicas de estímulo a comportamentos podem tanto desencorajar a fazer quanto encorajar a não fazer. "Portanto", diz ele, "podem ocorrer, de fato, quatro diferentes situações: a) comandos reforçados por prêmios, b) comandos reforçados por castigos, c) proibições reforçadas por prêmios e d) proibições reforçadas por castigos" (Bobbio, 2007, p.6).

norma, seu grau de "utilização" (Eberhard, 1997, p.2) pelos destinatários passa a ser considerado uma variável-chave na construção de uma "tecnologia" jurídica de gestão de políticas públicas no âmbito de um Estado que tem obrigações (em alguns casos constitucionalmente previstas) positivas (isto é, não apenas de abstenção) que por sua vez demandam ações promocionais e medidas prospectivas permanentes e extraordinariamente dinâmicas.

Especialmente a partir dos anos 1970, uma inflexão liberalizante reduz significativamente os papéis do Estado, mitigando sua função de implementador de planos e programas de ação. Seu papel de condutor e planejador da economia é questionado pelo diagnóstico ortodoxo de que está acometido por uma crise fiscal e financeira, além de colonizado por interesses privados, inchado por contratações políticas e entorpecido por ineficiências cujo custo em muito supera eventuais benefícios. O direito do Estado de bem-estar, como tipo ideal, cede lugar a um tipo de ordenamento jurídico cuja função primordial é, de forma estilizada, garantir previsibilidade e segurança aos agentes econômicos, bem como definir claramente direitos de propriedade e reduzir ao máximo os custos de transação. Assim, o direito das políticas públicas, instrumento de ação articulada do Estado em nome de objetivos e da política pública, passa a perder espaço para um tipo de análise que procura descrever (e também prescrever) seu papel de fundamento de uma economia de mercado. O direito e outras instituições relevantes para o desenvolvimento não são mais identificados como instrumentos de implementação de programas políticos, econômicos e sociais por meio de políticas públicas de bem-estar, mas sim como um limite ou um escudo de proteção do indivíduo em relação ao Estado (Trubek, 2008).

O aparato jurídico passa a ser descrito, durante o período neoliberal, não mais como estruturador de mercados de outra forma inexistentes, formulador de planos de ação e implementador de políticas públicas, mas sim como um corretor de falhas de mercado e vetor de promoção de eficiência econômica. Com isso, o direito, tipicamente, passa a ser menos caracterizado por metas substantivas – certos objetivos macroeconômicos, como o pleno emprego, ou sociais, como a redistribuição da renda, por exemplo – uma vez que sua racionalidade vai se tornando progressivamente procedimental, "facilitadora" e descentralizada (em oposição à racionalidade substantiva, centralizadora e finalística do *welfare state*). Como resultado, as técnicas de prescrição e indução de comportamentos voltados a objetivos de interesse social passam a conviver com a proliferação de normas que definem procedimentos, estruturam competências e asseguram as "regras do jogo" capitalista (Faria, 1999, p.195).

Como consequência das limitações e instabilidades dos mercados, da necessidade de sua regulação e re-regulação depois de liberalizados e privatizados, do acirramento da competitividade entre países no comércio internacional, bem como em decorrência da crise financeira de 2008, o neoliberalismo e seu tipo ideal de direito estão em xeque, e alguns estudos discutem possíveis indícios de que um novo tipo de desenvolvimentismo pode estar sendo lentamente gestado em países como o Brasil[18] e de que, nesse modelo, haveria novos papéis ou novas aplicações para o direito.[19]

No Brasil,[20] entretanto, como aponta Maria Paula Dallari Bucci, o direito administrativo segue marcadamente liberal: "de cunho predominantemente negativo", voltando-se "à contenção da discricionariedade do governo mais que à coordenação de sua ação". [21] Herdeiro do direito administrativo francês sistematizado no início do século XX, ele tem revelado dificuldades e limitações epistemológicas para se adaptar às metamorfoses do Estado e dos papéis de seu arcabouço jurídico na construção de políticas públicas. E, como sintetiza Faria, nosso direito administrativo segue enfrentando dificuldades severas em conjugar "poder discricionário e certeza jurídica, eficácia na gestão pública e segurança do direito" (Faria, 1999, p.179).

Em boa medida por conta disso, um subconjunto de problemas epistemológicos e práticos se delineia em torno do anacronismo de algumas categorias jurídicas do direito administrativo brasileiro. Entre outras, as noções clássicas de serviço público, poder de polícia, autoridade, discricionariedade, poder normativo, regulamento, concessões, outorgas e distintas formas de parcerias público-privadas têm sido crescentemente descritas

18 Ver, por exemplo, Arbix e Martin (2010) e Boschi (2010).

19 Ver, por exemplo, Trubek (2008).

20 Claro, esse não é um problema brasileiro, apenas. Severas restrições de capacidade administrativa, capacitação da burocracia, coordenação de ações, assim como limites da ação distributiva e reduzidos níveis de gasto público (temas direta e indiretamente ligados às características jurídico-institucionais de cada país) são características de muitas nações em desenvolvimento (ou subdesenvolvidas). Cf., por exemplo, Lindert (2004).

21 Bucci (2002, p.11).

(e criticadas) como limitadas tanto em termos de capacidade explicativa teórica quanto em termos operacionais, isto é, como ferramentas para a resolução de problemas concretos.[22]

Um exemplo dessa exaustão de certas categorias é a noção estanque de ato administrativo, que ainda ocupa lugar central no direito público brasileiro. Para os juristas administrativistas, as políticas públicas são, em regra, formalmente traduzidas como uma sucessão de atos administrativos, e não como um *continuum* articulado e dinâmico, estruturado em torno de fins previamente articulados a meios (Bucci, 2002, p.18). Essa visão fragmentária impõe limitações severas à compreensão de políticas públicas como planos de ação prospectivos que, para fazer serem efetivos e eficazes, precisam de alguma dose de flexibilidade e revisibilidade (isto é, serem dotados mecanismos de autocorreção), já que estão em permanente processo de implementação e avaliação.[23]

Mesmo assim, o *welfare state* brasileiro, com muitas limitações e vícios,[24] assumiu a missão de adotar uma ampla gama de medidas jurídicas administrativas, incorrer em significativos gastos, eleger prioridades com limitações de informação, articular programas, avaliar seus resultados e promover ajustes por intermédio de políticas públicas simultâneas e intersetoriais. Boa parte de seus objetivos foi reafirmada e constitucionalizada em 1988, regulamentada sob a forma de leis, decretos e outras espécies de normas jurídicas.[25]

---

22 Ver, dentre outros, Sundfeld (2000), Marques Neto (2005), Aguillar (2006) e Binenbojn (2006). Nesses trabalhos, além dos textos citados de Bucci, estão discutidas as limitações de análise, diagnóstico e operação que certas categorias usuais do direito administrativo brasileiro ainda revelam.

23 Sobre a importância das políticas públicas conterem, em sua estrutura funcional, atributos de ajuste, adaptação e flexibilidade que permitam a realização de experimentos e a incorporação de aprendizados, ver, entre outros, Sabel e Reddy (2003).

24 Sobre a ideia de um Estado de bem-estar no Brasil, marcado pelo forte papel do governo no desenvolvimento da dinâmica capitalista de industrialização tardia e na regulação das transformações sociais como um modelo distinto do Estado de bem-estar social europeu clássico, oriundo das revoluções burguesas, ver Aureliano e Draibe (1989) e Draibe (1993).

25 Uma descrição das relações entre direito, economia e Estado no Brasil a partir de 1988 (um "momento maquiavélico" na história do Brasil) é feita por José Eduardo Faria, que identifica, nesse contexto, dilemas, aporias e contradições severas que, no limite, põem em xeque a eficácia das políticas públicas destinadas a implementar os novos direitos constitucionalmente adquiridos (Faria 1993).

Como resultado, o Estado e a burocracia brasileiros encontram-se, de modo geral, carentes de categoriais jurídicas analíticas, "institutos jurídicos" ou estudos acadêmicos e não acadêmicos aplicados que possam enfrentar os desafios tecnocráticos que se impõem à concepção, implementação e gestão de programas de ação complexos, intersetoriais e articulados. Exemplo disso, no campo do direito administrativo, é a dicotomia "ato administrativo vinculado" *versus* "ato administrativo discricionário". Com base nela, a maior parte dos futuros bacharéis em direito brasileiros é ensinada, em seus cursos de graduação, que ou a lei (promulgada pelo Legislativo) determina objetivamente à administração pública o que fazer como forma de cumpri-la (atos vinculados) ou, quando se tratar de atos discricionários, o agente público poderá fazer juízos (subjetivos) de oportunidade e conveniência em nome do interesse público.[26]

Embora seja importante reconhecer que políticas públicas requerem um certo grau de liberdade ou de margem de manobra e adaptação por parte dos agentes públicos (por exemplo, na escolha de meios alternativos e concorrentes para a realização de objetivos ou na opção por esta ou aquela solução para dado problema identificado ao longo da implementação da política), a doutrina jurídica brasileira, ao tratar da discricionariedade, parece estar mais preocupada com a busca do que são, intrinsecamente, atos vinculados ou discricionários, ou com o delineamento de critérios para disciplinar a liberdade de escolha do agente público e, por isso, menos engajada em ajudá-lo a tomar a melhor decisão dados os constrangimentos reais que a realidade impõe. Como resultado, o binômio "pode/não pode" prevalece, em suma, sobre a discussão sobre "como se pode" alcançar objetivos na administração pública. E em grande medida isso tem relação com o fato de que gestores públicos, juristas ou não, temem que as razões práticas e

---

26 Atos discricionários seriam "os que a Administração pratica com certa margem de liberdade de avaliação de decisão segundo critérios de conveniência e oportunidades formulados por ela mesma, ainda que adstrita à lei reguladora da expedição deles". Eles se distinguem dos atos administrativos vinculados, que seriam "aqueles em que, por existir prévia e objetiva tipificação legal do único possível comportamento da Administração em face de situação igualmente prevista em termos de objetividade absoluta, a Administração, ao expedi-los, não interfere com apreciação subjetiva alguma" (Mello, 2001, p.383).

funcionais que dão para justificar esta ou aquela medida sejam questionadas por órgãos de controle, como os tribunais de contas.[27]

Seja porque os objetivos da política pública raramente são especificados em minúcia pelo legislador, seja porque há caminhos alternativos e diferentes para alcançá-los, seja porque políticas públicas estão a todo tempo em processo de adaptação, ajustes e avaliações, é necessário, enfim, que administradores e gestores públicos possam contar com um arcabouço jurídico minimamente flexível, que permita experimentações, revisões e a incorporação de aprendizados, além de assegurar a prestação de contas e o controle democrático. Em síntese, além de ser um escudo de proteção do indivíduo, pode-se imaginar o direito administrativo como uma "tecnologia" de implementação de políticas públicas.[28]

Não chega a ser surpreendente, enfim, que os juristas brasileiros tenham grandes dificuldade em identificar, analisar, avaliar e aperfeiçoar de modo sistemático os arranjos e ferramentas jurídicas empregados em políticas públicas.[29] Posto que partem da suposição de que elas não são (a não ser se vistas fragmentariamente) seu *métier*, eles terminam, no fim das contas, por se excluir e privar de debates centrais a respeito da construção e aperfeiçoamento do aparelho do Estado e do Estado democrático de direito. Do ponto de vista da pesquisa acadêmica, perdem a oportunidade de desenvolver métodos de análise e abordagens próprias, que possam compor, no estudo

27 Uma discussão sobre o "medo da discricionariedade" em políticas públicas (em particular no campo da regulação das condições de trabalho) é feita por Pires (2011), que contrapõe diferentes paradigmas de gestão pública, apontando seus vícios e virtudes. Para uma discussão sobre a importância do aprendizado institucional, da inovação, do experimentalismo (a ideia de *learning by doing*) em políticas públicas, ver Sabel (2004; 2007) e Sabel e Reddy (2003).

28 Para uma discussão sobre as mudanças paradigmáticas que têm feito o direito administrativo norte-americano transformar sua arraigada tendência regulatória (rígida, *top down* e baseada em mecanismos de comando e controle e sanção punitiva) em uma forma de "governança" (*governance*) pela qual atividades e funções até então consideradas exclusivamente públicas passam a ser compartilhadas por atores públicos e privados, ver Lobel (2004, p.265). Para Lobel, nesse modelo de governança a produção do direito caminha em direção a instrumentos feitos sob medida, flexíveis, revisáveis e dotados de mecanismos de autoadaptação. A respeito de uma discussão de política pública (no campo do financiamento da inovação no Brasil) na qual esse modelo de governança é referido, ver, por exemplo, Schapiro (2010).

29 Na provocação de Christian Courtis, a "linguagem dos juristas e aquela daqueles que têm tido a tarefa de desenhar, implementar e avaliar políticas sociais têm estado, inexplicavelmente, divorciadas por tempo demasiado" (Courtis, 2007, p.73).

integrado das políticas públicas, um repertório consolidado de aprendizados que possam, no limite, ser replicáveis em outros contextos, setores, localidades ou níveis federativos. Com isso, perdem também os demais profissionais envolvidos na gestão de políticas públicas – cientistas políticos, economistas, sociólogos, administradores públicos, gestores, entre outros, que se ressentem da falta de uma interlocução mais substantiva com quem forja, implementa, interpreta e aplica leis.

m suma, a distância entre os juristas, o estudo aplicado e a pesquisa em políticas públicas impede que eles desenvolvam um tipo de conhecimento próprio e que o arcabouço jurídico possa ser, dentro de limites, adaptado e funcionalizado à realização de objetivos identificados com metas de desenvolvimento.[30] Se não puder fazê-lo (se os atuais e futuros juristas não forem treinados para tanto, poder-se-ia dizer), paradoxalmente, ficarão mitigadas a eficácia e a efetividade dos direitos assegurados pela Constituição ou pelas leis em vigor. Afinal, é razoável admitir que programas de ação adequadamente concebidos, implementados e avaliados do ponto de vista jurídico podem ser vistos como condição de efetividade dos direitos que procuram realizar ou materializar.

Normas programáticas e a crescente judicialização da política (e das políticas públicas)

A Constituição Federal de 1988 é progressista, generosa e transformativa. Apelidada de "constituição cidadã" por ter sido promulgada após um período no qual o Estado democrático de direito havia sido suprimido no país e por conter um respeitável rol de direitos e garantias contra o arbítrio, ela enuncia ainda um longo e detalhado capítulo de direitos econômicos e sociais. Além disso, contém normas ditas "programáticas" – isto é, normas que preveem objetivos a serem alcançados por meio de políticas

30 Bucci refere-se à figura do analista jurídico de políticas públicas como profissional que opera uma "caixa de ferramentas" jurídicas. A ele caberia, entre outras tarefas, sistematizar as análise, segundo determinadas categorias, que permitirão identificar repetições históricas, semelhanças e dessemelhanças nos arranjos observados, extraindo conclusões a respeito dos processos decisórios e suas componentes jurídicas" (Bucci 2008, 258).

públicas (como a erradicação da pobreza e a redução das desigualdades regionais e sociais, constantes do art. 3º) e comandos que explicitam valores a serem perseguidos pelo legislador infraconstitucional, juízes e administradores públicos. Diante disso, as questões da eficácia, da efetividade e da vinculação dos direitos sociais e das normas programáticas com relação a legisladores, juízes e autoridades públicas vêm mobilizando os constitucionalistas brasileiros há algumas décadas.[31]

Mas as abordagens de direito constitucional brasileiras não almejam, a não ser incidentalmente, enfrentar as políticas públicas a partir de uma perspectiva interna, isto é, que se preocupa com os processos de mediação jurídica demandadas por sua gestão. Dito de outra forma, embora os principais autores brasileiros reconheçam sua importância na efetivação de direitos econômicos,[32] sociais e culturais, não tem sido objetivo de sua agenda acadêmica realizar estudos voltados à compreensão e ao aperfeiçoamento de engrenagens jurídicas dessas políticas públicas como um capítulo do tema da efetividade dos direitos.[33]

Ao mesmo tempo que avançava, no campo jurídico, o debate doutrinário sobre as normas programáticas, seu *status* e eficácia, como resultado do progressivo aumento da judicialização das relações sociais e políticas,[34] desde a década de 1980 uma larga gama de assuntos e conflitos passou a ser levada aos tribunais,[35] sendo a discussão sobre a judicialização de polí-

---

31 Cf. Silva (1968).

32 Ver, por exemplo, Lopes (2006) e os trabalhos da coletânea organizada por Souza Neto e Sarmento (2010).

33 A discussão sobre estarem as políticas públicas incrustadas no próprio texto da Constituição de 1988 foi tematizada pela ciência política. Para Couto e Arantes (2002, p.2), a existência de direitos econômicos, sociais e culturais faz que a carta de 1988 tenha "consagrado formalmente como norma constitucional diversos dispositivos que apresentam, na verdade, características de políticas governamentais com fortes implicações para o *modus operandi* do sistema político brasileiro". Bucci (2008, p.254), de outro lado, lembra que não se pode confundir políticas públicas com direitos. As primeiras, que não devem ser reduzidas às disposições jurídicas com que se relacionam, a rigor não são direitos.

34 Sobre a judicialização da política, ver, entre outros, Vianna e colegas (1999) e Maciel e Koerner (2002).

35 No diagnóstico de José Eduardo Faria (2003, p.12-5), que aqui vale citar mais longamente, a judicialização da política é "um fenômeno complexo, que envolve diferentes atores. Um deles é a incapacidade do Estado de controlar, disciplinar, regular, com os instrumentos normativos de um ordenamento jurídico resultante de um sistema romano idealista, rígido e sem vínculos com a realidade contemporânea, mercados cada vez mais integrados, em escala

ticas públicas – isto é, sobre os limites da intervenção (ou da "correção"), pelo Judiciário, em políticas públicas – um dos assuntos que vem recebendo mais atenção dos juristas.

No caso brasileiro, esse debate tem como principal parâmetro jurídico a norma contida no art. 5º, inciso XXXV da Constituição de 1988: "a lei não excluirá da apreciação do Poder Judiciário lesão ou ameaça a direito". Essa norma impede o Judiciário de recusar a análise de qualquer política pública – ou de qualquer ato administrativo por ela editado – que lese ou ameace lesar direitos. Em termos práticos, significa que nenhuma política pública está imune a questionamentos e revisões judiciais. Isso está longe de significar, porém, que se trata de uma questão trivial: as formas como os juízes podem enfrentar políticas públicas que chegam ao seu crivo por meio de ações individuais e coletivas são muito diferentes.

Há magistrados tipicamente "ativistas", isto é, que consideram parte de seus papéis institucionais a possibilidade de alterar, remodelar, interromper ou mesmo criar uma política pública. Esses juízes tendem a decidir de modo voluntarista e, explícita ou implicitamente, a atribuir ao Judiciário a responsabilidade ativa de pôr em curso políticas públicas com relação às quais o governo se revele eventualmente omisso, além de corrigir os rumos de programas que, em sua da implementação, supostamente fogem ao objetivo da lei ou da Constituição.

Há, de outro lado, juízes que contêm a si mesmos, entendendo que a análise judicial de políticas públicas deve ater-se, no máximo, ao controle formal (e não substantivo) dos atos praticados pelos gestores no Executivo. Nesse segundo caso, em vez de rever o mérito da política pública, o juiz atribui a si o papel de assegurar que os procedimentos que direta ou indiretamente a regulam sejam respeitados – por exemplo, que um certo número

---

planetária. Pressionado por fatores conjunturais, desafiado por contingências que desafiam sua autoridade, condicionado por correlações circunstanciais de forças, obrigado a exercer funções muitas vezes incongruentes entre si e levado a tomar decisões em contradição com os interesses sociais vertidos em normas constitucionais, o Estado tende a legislar desenfreadamente com o objetivo de coordenar, limitar e induzir o comportamento dos agentes produtivos. [...] Como a ordem jurídica assim produzida não oferece aos operadores do direito as condições para que possam extrair de suas normas critério constantes e precisos de interpretação, ela exige um trabalho interpretativo contínuo. E, como seu sentido definitivo só pode ser estabelecido quando de sua aplicação num caso concreto, na pratica os juízes são obrigados a assumir um poder legislativo".

de interessados seja ouvido, que prazos e cronogramas nela previstos sejam cumpridos, que os recursos financeiros com que conta sejam gastos corretamente e que os atos administrativos que a põem em curso sejam devidamente motivados e praticados por quem tem competência para tanto.

No Brasil, o Judiciário vem exercendo um papel cada vez mais ativo – ou ativista – na implementação de certos direitos sociais e normas programáticas[36] por meio da revisão de políticas públicas em ações de diferentes tipos. Os juízes o fazem ordenando ao Estado, por exemplo, o fornecimento de medicamentos e procedimentos médicos não disponíveis no SUS, a garantia de acesso a vagas em escolas e creches superlotadas, a remoção de moradores em áreas urbanas e rurais, a inclusão de pessoas portadoras de deficiências, a determinação de realização de obras, o reajuste de preços e tarifas, o gasto ou contenção orçamentária, entre muitos outros exemplos de decisões que, direta ou indiretamente, afetam políticas públicas implementadas nos níveis federal, estadual e municipal.

Se o que está em jogo são direitos constitucionais, dizem os defensores do ativismo judicial, é função do Judiciário interferir para garantir o seu cumprimento sempre que o Executivo e o Legislativo deixarem de cumprir suas obrigações, isto é, quando eles se abstiverem ou se omitirem. Para os defensores do protagonismo dos juízes nas políticas públicas, uma atitude passiva dos tribunais poderia equivaler, enfim, a uma verdadeira abdicação de sua principal missão constitucional.

Já os críticos do ativismo judicial – os que defendem uma postura mais contida dos juízes em políticas públicas – ressaltam o fato de que o Judiciário tem características estruturais e institucionais que restringem significativamente sua capacidade de promover mudanças sociais abrangentes e de corrigir adequadamente o rumo de políticas públicas a partir de uma ótica substantiva ou distributiva.[37] Políticas públicas requerem medidas legislativas e complexas ações administrativas que dependem, em última instância, da combinação de ações políticas e *expertise* técnica para as quais o Judiciário não é capacitado, vocacionado ou legitimado. Além disso, medidas como essas dependem diretamente da arrecadação

36 Essa parte reproduz os argumentos de Coutinho e Ferraz (2008).

37 Sobre a judicialização de políticas públicas na área da saúde no Brasil, ver, por exemplo, Silva (2008).

e alocação de volumes de recursos significativos e de decisões alocativas baseadas numa visão alargada do universo das políticas públicas, que o Judiciário não possui.

Por isso, o papel de juízes e tribunais ativos e bem-intencionados no campo dos direitos sociais ficaria, na melhor das hipóteses, restrito a medidas bem-intencionadas e pontuais, nas margens do sistema, como a concessão de um medicamento ou tratamento no exterior aqui, uma vaga em creche ali etc. E essas medidas pontuais poderiam, em última análise, minar a racionalidade de políticas públicas que, não fosse a interferência judicial, poderiam funcionar melhor.

Os críticos do ativismo judicial alertam para o risco de que a interferência dos juízes nas políticas públicas sociais não é a mera inocuidade. Há a possibilidade real de o Judiciário modificar, para pior, programas que, embora imperfeitos, foram concebidos e implementados por especialistas. Pior que isso, como as demandas que chegam ao Judiciário são na sua grande maioria individuais, argumentam que o ativismo judicial pode causar um efeito ainda mais perverso: sem conseguir medir ou antecipar os impactos distributivos de suas decisões, juízes voluntaristas podem estar privilegiando aqueles que, por terem recursos para pagar um advogado, "furam a fila" das políticas públicas geridas pelo Executivo.[38]

Não é minha intenção aprofundar aqui o debate sobre a judicialização das políticas públicas. A despeito de sua importância evidente, ele não abrange aspectos que eu gostaria de discutir neste capítulo e tem sido objeto, como mencionado, de cada vez mais atenção dos juristas. Além disso, ele não se centra na dimensão jurídica interna das políticas públicas, mas sim nas distintas opiniões sobre os papéis institucionais dos juízes e tribunais quando levados a analisá-las e sobre elas decidir, por exemplo, sobre se são constitucionais ou não.

Por isso, opto por abordar o que seriam os possíveis papéis do direito na concepção, implementação e gestão de políticas públicas a partir do ponto de vista da administração pública (direta e indireta), partindo da premissa de que, ao compreender melhor tais papéis, os juristas possam colaborar para que tais políticas sejam aperfeiçoadas e, com isso, capazes de tornar mais efetivos e eficazes direitos.

38 Nesse sentido, ver Silva e Terrazas (2001).

Fins, arranjos, meios e participação: direito como tecnologia de políticas públicas

Como já afirmado, o campo do direito, observado em sua interação com as políticas públicas, abrange uma extensa gama de normas e processos. São leis em sentido formal (isto é, promulgadas pelo Legislativo) e em sentido material (atos normativos regulamentares produzidos pelo Executivo, como decretos, regulamentos, portarias, circulares, instruções normativas, instruções operacionais, entre outros). Por conta disso, seja de forma instrumental, como *medium*, seja para definir os "pontos de chegada" ou objetivos das políticas e situá-las no ordenamento, seja para prover arranjos institucionais ou para construir canais de *accountability* e participação, o direito permeia intensamente as políticas públicas em todas as suas fases ou ciclos: na identificação do problema (que pode ser ele próprio um gargalo jurídico), na definição da agenda para enfrentá-lo, na concepção de propostas, na implementação das ações e na análise e avaliação dos programas.[39]

Entretanto, do ponto de vista de uma agenda relevante (a despeito de incipiente) de pesquisas no Brasil, tão ou mais importante que traduzir políticas públicas para a linguagem técnica ou para o jargão jurídico é compreender os diferentes modos pelos quais ele se manifesta nelas, identificando e compreendendo seus papéis. Dito de forma sintética, tão importante quanto dizer o que *é* o direito é compreender o que ele *faz*, algo que requer um método de investigação[40] minimamente adaptado à complexidade dessa empreitada empírica. Em outras palavras, refiro-me à importância de enxergar o direito, entre tantas outras formas possíveis, como uma tecnologia de construção e operação de políticas públicas.

39 As fases das políticas públicas aqui mencionadas são as apresentadas por Theodoulou (1995, p.86).

40 Maria Paula Dallari Bucci (2006, p.47) crê que é preciso haver um método jurídico para analisar o conjunto de tarefas jurídicas nas políticas públicas. A esse método caberia "descrever, compreender e analisar as políticas públicas, de modo a conceber as formas e processos jurídicos correspondentes". Bucci (2008, p.228) desenvolveu, em seguida, esta ideia: "[o] desafio reside em estabelecer uma metodologia apropriada para o trabalho jurídico, que permita descrever e compreender, segundo as categorias do Direito, uma ação governamental determinada e analisar juridicamente o seu processo de formação e implementação".

Confrontado com o intrincado desafio de observar e descrever as políticas públicas de um ponto de vista jurídico, proponho e descrevo, a seguir, alguns papéis e tarefas para o direito e seus operadores em políticas públicas. Esses papéis consistem em apontar fins e situar as políticas no ordenamento (direito como objetivo), criar condições de participação (direito como vocalizador de demandas), oferecer meios (direito como ferramenta) e estruturar arranjos complexos que tornem eficazes essas políticas (direito como arranjo institucional).

Direito como objetivo

Os fins das políticas públicas podem ser enxergados de pelo menos dois ângulos. O primeiro deles os toma como dados, isto é, como produtos de escolhas políticas em relação às quais o direito ou o jurista têm pouca ou nenhuma ingerência. Os objetivos e metas das políticas públicas seriam, portanto, definidos extrajuridicamente, no campo da política, cabendo ao arcabouço jurídico a função eminentemente instrumental de realizá-los. Outro ponto de vista enxerga o direito como uma fonte definidora dos próprios objetivos aos quais serve como meio (Daintith, 1987, p.22).[41] Essas duas descrições não precisam ser vistas como antagônicas ou excludentes, pois o direito, em relação às políticas públicas, pode ser visto tanto como seu elemento constitutivo quanto como instrumento, a depender do ponto de vista e do critério de análise escolhido.

Assim, enxergar o direito como objetivo de políticas públicas sugere, em primeiro lugar, que se reconheça que o arcabouço jurídico tem a característica de formalizar metas e indicar os "pontos de chegada" de tais políticas. O direito, nesse sentido, pode ser entendido como uma diretriz normativa (prescritiva) que delimita, ainda que de forma geral e sem determinação prévia de meios, o que *deve ser* perseguido em termos de ação governamental. Ele é, nessa acepção, uma bússola cujo norte são os objetivos dados

41 Uma descrição semelhante é feita por Reich, que afirma que o direito pós-liberal tem uma dupla instrumentalidade: ele organiza e faz fluir processos econômicos, mas também promove a transformação desses mesmos processos tendo em vista fins de política pública (Reich, 1985).

politicamente, de acordo com os limites de uma ordem jurídica.[42] Exemplos disso seriam, no caso brasileiro, as normas contidas na Constituição de 1988 que determinam que a pobreza e a marginalização devem ser erradicadas, as desigualdades sociais e regionais reduzidas (art. 3, III), a autonomia tecnológica incentivada (art. 219) e o meio ambiente preservado (art. 225).

Ao formalizar uma decisão política e/ou técnica sob a forma de um programa de ação governamental, o direito agrega-lhe traços cogentes (isto é, vinculantes, não facultativos), distinguindo-a de uma mera intenção, recomendação ou proposta de ação cuja adoção seja facultativa. Dito de outra forma, o direito dá à política pública seu caráter oficial, revestindo-a de formalidade e cristalizando objetivos que traduzem embates de interesses por meio de uma solenidade que lhe é própria. E, ao serem juridicamente moldadas, as políticas públicas passam, *a priori* e/ou *a posteriori*, pelos crivos de constitucionalidade e de legalidade que as situam como válidas ou não em relação ao conjunto normativo mais amplo.

Direito como arranjo institucional

"As instituições definitivamente importam", é o que dizem, de forma unânime, os estudiosos dedicados ao tema do desenvolvimento. Por conta disso, cada vez mais os debates e controvérsias sobre reforma, evolução e aperfeiçoamento institucional têm sido projetados para o campo dos meios, isto é, para as formas e mecanismos pelos quais arranjos institucionais funcionais podem ser produzidos ou reproduzidos.

Nesse cenário, os estudos realizados quase sempre por economistas buscam, com frequência, descrever casos de sucesso e de fracasso e, com isso, identificar e analisar padrões, regularidades, inovações e variáveis institucionais. Esses estudos também têm se esforçado para criar *frameworks* e métodos de análise que possam ser replicados, dentro de certos limites, em outros contextos e circunstâncias.

42 "[A] decisão [política], expressada em geral por meio de uma formulação jurídica, representa a cristalização de um momento no estado da relação de forças entre os distintos atores que intervêm no processo de definição das regras do jogo [da regulação estatal]" (Roth, 2007, p.19).

A maior parte desses estudos, contudo, não chega a se aprofundar na análise das estruturas, processos e normas jurídicas que moldam e conformam as instituições e influenciam, não raro de forma decisiva, seu desempenho. Como resultado, são raros – pelo menos no Brasil – os estudos de caso voltados à compreensão dos meios pelos quais o direito pode (direta e indiretamente) tanto fortalecer e catalisar quanto debilitar e paralisar instituições e, por consequência, políticas públicas a elas associadas ou por elas implementadas.

Tendo isso em vista, Neil Komesar (1994, p.5) nos lembra que a ênfase na dimensão finalística é importante, mas insuficiente para compreender o papel do direito nas políticas públicas. Dito de outra forma, haveria, segundo ele, uma lacuna no raciocínio segundo o qual dado resultado de política pública se origina, automaticamente, da definição de certo objetivo social. Isso porque a escolha de objetivos e o que o autor define como "escolha institucional" são, ambas, essenciais para o direito das políticas públicas e estão intrinsecamente relacionadas.[43]

Entender o direito como parte da dimensão institucional de políticas públicas é supor que normas jurídicas estruturam seu funcionamento, regulam seus procedimentos e se encarregam de viabilizar a articulação entre atores direta e indiretamente ligados a tais políticas. Atributos do desenho institucional de políticas públicas – como seu grau de descentralização, autonomia e coordenação intersetorial e os tipos de relações públicas e público-privadas que suscitam, bem como sua integração com outros programas[44] – de alguma forma dependem, em síntese, da consistência do arcabouço jurídico que as "vertebra". O direito visto como componente de um arranjo institucional, ao partilhar responsabilidades, pode, por exemplo,

43 Para Komesar (1994, p.5), cujo cenário é o direito norte-americano, é a escolha institucional o que conecta objetivos a seus resultados jurídicos e de política pública. Para ele, se é verdade que instituições somente podem ser avaliadas tendo como referência certo objetivo ou conjunto de objetivos sociais, também é verdade, de outro lado, que, como dado objetivo pode ser consistente com diferentes políticas públicas, a decisão sobre "quem decide" determina como um objetivo molda a política pública.

44 Descentralização, intersetorialidade, articulação e orquestração de tarefas, conjugação de esforços, integração e o aproveitamento de sinergias públicas e público-privadas são descritos como atributos e desafios contemporâneos de políticas públicas sociais no Brasil por Draibe (1997). Ver também, no caso das políticas sociais brasileiras, Arretche (2004).

colaborar para evitar sobreposições,[45] lacunas[46] ou rivalidades e disputas[47] em políticas públicas. Nesse sentido, o direito pode ser visto como uma espécie de "mapa" de responsabilidades e tarefas nas políticas públicas.[48]

Direito como caixa de ferramentas

Praticamente falando, cabe aos juristas envolvidos na gestão de políticas públicas realizar os fins almejados por meio de decisões cotidianas, no nível executivo. Descrever o direito como caixa de ferramenta de políticas públicas como categoria de análise serve para enfatizar que a seleção e a formatação dos meios a serem empregados para perseguir os objetivos pré-definidos é um trabalho jurídico. O estudo das diferentes possibilidades de modelagem jurídica de políticas públicas, a escolha dos instrumentos de direito administrativo mais adequados (dados os fins a serem perseguidos), o desenho de mecanismos de indução ou recompensa para certos comportamentos, o desenho de sanções, a seleção do tipo de norma a ser utilizada (mais ou menos flexível, mais ou menos estável, mais ou menos genérica) são exemplos de tópicos que surgem quando o direito é instrumentalizado para pôr em marcha dada estratégia de ação. Desse ponto de vista, o direito poderia ser metaforicamente descrito como uma caixa de ferramentas, que executa tarefas-meio conectadas a certos fins de forma mais ou menos eficaz, sendo o grau de eficácia, em parte, dependente da adequação do meio escolhido.

Também têm relação com a perspectiva do direito como ferramenta a intensidade com que os atributos de flexibilidade (a possibilidade do arcabouço jurídico que estrutura a política pública servir a mais de uma finalidade) e revisibilidade (a característica de a política pública conter em seu próprio corpo jurídico mecanismos de ajuste e adaptação) estejam

45 Casos em que, desnecessariamente, mais de um ator, ente ou órgão público desempenha uma função que apenas um deles poderia ou deveria realizar adequadamente.

46 Situações em que nenhum agente ou órgão público desempenha uma tarefa ou ação de política pública necessária.

47 Casos em que, em face da inexistência da política pública, dois ou mais atores, órgãos ou entes públicos disputam competência formal e *expertise* técnica para implementá-la.

48 Para Bucci (2008, p.250), políticas públicas são, elas próprias, "arranjos institucionais complexos, expressos em estratégias ou programas de ação governamental, que resultam de processos juridicamente regulados, visando adequar fins e meios".

presentes, assim como a existência de certa manobra para experimentação e sedimentação de aprendizados, dados certos limites que a própria exigência de estabilidade e segurança jurídica impõem. Em outras palavras, pode-se dizer que o direito não apenas pode ser entendido como conjunto de meios pelos quais os objetivos últimos das políticas públicas são alcançados, mas também como regras internas que permitem a calibragem e a autocorreção operacional dessas mesmas políticas.

Direito como vocalizador de demandas

Descrever o direito como vocalizador de demandas em políticas públicas significa supor que decisões em políticas públicas devam ser tomadas não apenas do modo mais bem fundamentado possível, através de uma argumentação coerente e documentada em meio aberto ao escrutínio do público, mas também de forma a assegurar a participação de todos os interessados na conformação, implementação ou avaliação da política. Para isso, o direito pode prover (ou desprover) as políticas de mecanismos de deliberação, participação, consulta, colaboração e decisão conjunta assegurando, com isso, que elas sejam permeáveis à participação e não insuladas em anéis burocráticos.

O direito, nas políticas públicas, então, pode ser visto como portador da função não trivial de assegurar que elas não escapem aos mecanismos de participação e *accountability*. Isto é: normas jurídicas podem levar políticas públicas a serem mais democráticas uma vez que, por meio de regras procedimentais que disciplinem consultas e audiências públicas e a publicidade dos atos administrativos, as obriguem a estarem abertas aos *inputs* de uma pluralidade de atores.[49] O arcabouço jurídico pode, adicionalmente, ser mais ou menos capaz de estimular a mobilização de atores que, de outra forma, não se engajariam no acompanhamento e na avaliação de programas de ação públicos. Assim visto, o direito seria comparável a uma espécie de correia de transmissão pela qual agendas, ideias e propostas gestadas na esfera pública circulam e disputam espaço nos círculos tecnocráticos.

---

49 Ver, quanto ao debate sobre direito, democracia, legitimidade e *accountability* da política pública de telecomunicações no início dos anos 2000, no Brasil, a investigação de Mattos (2006).

A tabela abaixo sintetiza os papéis do direito acima descritos:

Tabela1

	Direito como objetivo	**Direito como arranjo institucional**	**Direito como caixa de ferramentas**	**Direito como vocalizador de demandas**
Ideia-chave	Direito positivo cristaliza opções políticas e as formaliza como normas cogentes, determinando o que *deve ser*	Direito define tarefas, divide competências, articula, orquestra e coordena relações intersetoriais no setor público e entre este e o setor privado	Como "caixa de ferramentas", direito oferece distintos instrumentos e veículos para implementação dos fins da política	Direito assegura participação, *accountability* e mobilização
Perguntas-chave	Quais os objetivos a serem perseguidos por políticas públicas? Que ordem de prioridades há entre eles?	Quem faz o quê? Com que competências? Como articular a política pública em questão com outras em curso?	Quais são os meios jurídicos adequados, considerando os objetivos?	Quem são os atores potencialmente interessados? Como assegurar-lhes voz e garantir o controle social da política pública?
Dimensão	Substantiva	Estruturante	Instrumental	Legitimadora

A importância das análises aplicadas

Como já afirmado, os papéis acima descritos não constituem um método acabado de análise, tampouco uma teoria das relações do direito com as políticas públicas. Não somente porque são categorias de análise embrionárias que podem, no limite, se sobrepor,[50] mas também porque um verdadeiro método voltado a essa finalidade não pode deixar de lado a incontornável

50 É possível, por exemplo, questionar tal classificação ao se apontar para o fato de que a tarefa de vocalizar demandas é produto de um arranjo institucional ou que arranjos institucionais são instrumentos ou ferramentas juridicamente construídas. Desde logo reconheço a pertinências dessas observações, mas ainda assim creio que os papéis do direito aqui descritos são potencialmente capazes de agregar maior objetividade e clareza nos estudos sobre o direito nas políticas públicas.

dimensão empírica das políticas públicas. Um estudo "por dentro" dos papéis do direito não pode nem deve, por isso, se esgotar em formulações genéricas, taxonomias ou mesmo em ferramentas de análise abstratamente descritas, sob pena de incorrer nos mesmos problemas e limitações práticas apontados no início deste texto.

Por isso, cada política pública – social, econômica, regulatória, descentralizada ou não em termos federativos – deve ser compreendida em sua especificidade, de modo que sua estruturação e modelagem jurídicas sejam concebidas e estudadas em função de seus traços próprios, não como aplicação apriorística de modelos pretensamente universais. Dito de outra forma, são as peculiaridades – o setor a que se refere, sua configuração administrativa, institucional e política, os atores, grupos de interesse, sua história na administração pública, entre outras variáveis – que permitem a discussão sobre o direito das políticas públicas, não uma teoria jurídica autocentrada e distanciada da realidade.

Assim, para estudar e aperfeiçoar as políticas públicas, será preciso que o jurista "suje as mãos",[51] isto é, debruce-se sobre tais políticas e enfronhe-se em seus meandros e minúcias, observando-as, compreendendo-as e descrevendo-as. Tal esforço requererá do ensino do direito e dos juristas, sem dúvida, a construção de abordagens e ferramentas de pesquisa empírica mais robustas, tal como vêm há muito desenvolvendo os sociólogos, cientistas políticos, antropólogos, economistas e administradores públicos (Epstein; King, 2002). Será necessário, enfim, que os juristas brasileiros aprendam a estruturar estudos de casos, *surveys*, entrevistas, abordagens quantitativas e qualitativas com lastro e consistência metodológica. Será preciso também que aprendam a lidar com argumentos envolvendo causalidades, lastrear inferências,[52] bem como distinguir argumentos normativos

51 Essa expressiva metáfora da dificuldade dos juristas se engajarem em pesquisas aplicadas é de Fernando Herren Aguilar.

52 Ver, sobre a ideia de "inferências defensáveis" no campo dos papéis do direito em políticas de desenvolvimento, Ohnesorge (2007, p.226). Ohnesorge afirma que uma boa forma de produzir uma contribuição teórica para o debate de direito e desenvolvimento é, indutivamente, estudar exemplos históricos recentes de sucessos e fracassos econômicos, deles extraindo "inferências defensáveis" lastreadas no que pode ser observado do funcionamento do direito nesses episódios. Tal abordagem se oporia à construção de modelo baseado em hipóteses abstratas voltadas para explicar teoricamente o processo de desenvolvimento ou a construção das políticas a ele associadas.

(prescritivos) de análises descritivas, que não almejam construir uma interpretação válida das normas em questão e sim observar e descrever políticas públicas para nelas encontrar gargalos e soluções.

Conclusões: o caminho adiante

Para usar uma expressão ilustrativa de Bucci, procurei, neste trabalho, meios para observar, a partir da ótica do direito, as políticas públicas "por dentro" – isto é, como arranjos complexos que requerem uma gestão jurídica estruturante e também cotidiana (uma vez que o direito não apenas é elemento constitutivo das políticas públicas, mas também componente-chave na sua implementação). Para isso, procurei descrever alguns desafios que se apresentam aos juristas, práticos e acadêmicos que queiram se debruçar sobre o campo das relações entre direito e políticas públicas no caso brasileiro. Foram apresentados certos papéis do direito em políticas públicas, vistas de uma perspectiva jurídica interna, e, por fim, foi enfatizada a dimensão empírica das políticas públicas vistas pela ótica do direito. Nenhuma aplicação desses tipos, contudo, foi feita aqui.[53]

Por isso, parece-me que não há como escapar da conclusão de que as políticas públicas são, efetivamente, um campo aberto para os juristas brasileiros, que para desbravá-lo terão de utilizar novos referenciais de análise, dando continuidade ao desafio de construir um referencial metodológico cuja lacuna se faz sentir. Um verdadeiro filão, uma miríade de temas e programas a serem potencialmente explorados se desvela a partir das hipóteses de que as políticas públicas podem ser juridicamente compreendidas, melhoradas e, sendo o caso, eventualmente replicadas em outros contextos. Resta agora semear e colher nesse campo fértil: que venham as pesquisas, suas lições e aplicações. Com elas, as políticas públicas só têm a ganhar, assim como os juristas.

53 Para uma aplicação experimental no caso do Programa Bolsa Família, ver Coutinho (2010). Para uma aplicação no campo das políticas de habitação na região metropolitana de São Paulo, ver Coutinho e colegas (2010).

Demografia e políticas públicas: uma combinação sugestiva e necessária

José Marcos Pinto da Cunha

Quando nos idos dos anos 1960, Hauser e Duncan no seu famoso livro *The Study of Population* [O estudo da população] realizavam uma discussão aprofundada sobre quais seriam a essência e as condições epistemológicas que tornavam a Demografia uma ciência, parecia haver por detrás desse esforço não apenas uma intenção de "institucionalizar" a Demografia como disciplina, mas também uma ideia muito clara de mostrar a sua importância para a compreensão da sociedade. Mesmo considerando que tal preocupação não necessariamente atendia a uma preocupação do tipo "universal", já que o temor com o controle populacional, de certa forma, alavancava essa emergente disciplina, o que ficava claro no livro publicado é que a Demografia tinha muito a dizer.

De fato, mesmo considerando que até hoje existe alguma discussão em torno de qual seria o campo e, sobretudo, o alcance da Demografia como ciência e, portanto, o que seria "fazer" Demografia, ou "ser" demógrafo, pode-se dizer que não há qualquer controvérsia ou discussão sobre o nosso objeto de estudo – a população – e como essa particularidade teria impacto sobre a importância da disciplina.

Particularmente no caso das políticas públicas, essa importância torna-se ainda mais óbvia na medida em que à Demografia cabe, entre outras questões, compreender e analisar o tamanho, composição, distribuição territorial, evolução e tendências da grande beneficiária e finalidade precípua dessas propostas, a população. Mais do que isso, como essas políticas precisam ser construídas – e hoje em dia cada vez mais – com transparência, acaba sendo elemento central para sua formulação, no mínimo, o conhecimento do número e do perfil daqueles que serão, em última instância, os beneficiários dos programas e projetos propostos.

É por essas e outras que os demógrafos muitas vezes, até com certa razão, são lembrados apenas quando o que se necessita é um número e uma estrutura etária futuros de pessoas residentes em um determinado território ou de demandantes de determinados serviços – como vacinação, livros didáticos etc. –, fato que reduz significativa e injustamente a sua relevância como cientista social que também pensa a respeito dos impactos e consequências das tendências demográficas sobre os rumos de nossa sociedade.

O demógrafo, sobretudo nos dias de hoje, embora ciente da necessidade de uma formação diferenciada e da assimilação de conceitos, ferramentas e dados bastante específicos que constituiriam, na concepção de Hauser e Duncan, a "demografia formal", já não se acomoda ou se contenta com apenas medir os fenômenos demográficos. Ele quer mais: quer interagir, quer discutir, quer trabalhar de forma interdisciplinar, uma vez que somente assim será possível desvendar de maneira mais adequada comportamentos demográficos específicos, sejam eles o nascer, morrer, migrar, unir-se etc. Aliás, embora preocupado com o que seria uma sistemática perda do "*core*" [núcleo] da Demografia, Ronald Lee, importante demógrafo norte-americano, reconhece a existência de um "demógrafo hifenizado" (*hyphenated demographer*) que, segundo ele,

> [...] não é ruim, é bom e é saudável. Nosso campo precisa e prospera a partir de infusões de outras disciplinas. Isso é o que o mantém longe de ter uma identidade meramente aritmética e enumeradora. Contudo, nossa formação de demógrafos deve incluir um núcleo de demografia suficiente para que os futuros demógrafos saibam demografia. (Lee, 2001, p.6, tradução livre)

Da mesma forma, outro importante nome da Demografia mundial, John Caldwell (1996) afirma em um de seus escritos que definir o demógrafo é na verdade mais fácil do que definir o campo da Demografia. Isso porque a Demografia seria uma disciplina diferenciada por conta de seu enfoque que demanda que as

> [...] conclusões estejam de acordo com os dados observáveis e testáveis no mundo real, que esses dados sejam utilizados o mais criativamente possível

para obter o seu significado real, e que o estudo deva ser representativo de populações de tamanho considerável ou com algum significado. (Caldwell, 1996, p.333, tradução livre)

Nessa linha de argumentação, o presente capítulo busca delinear qual seria o papel da Demografia e do demógrafo, não apenas na formulação, mas também na aplicação e na verificação da eficiência das políticas públicas.

Sem a pretensão de ser exaustivo e muito menos trazer uma visão consensual do que pensam os especialistas da área sobre essa questão, este texto é organizado de forma a dar, por um lado, um panorama sobre as principais transformações demográficas pelas quais a sociedade brasileira vem passando e algumas de suas implicações e, por outro, apresentar algumas contribuições que vêm sendo feitas pelos demógrafos nas várias áreas em que seu recorte disciplinar tem sido requisitado.

A dinâmica demográfica brasileira e suas consequências

Demografia: o estudo do tamanho, distribuição geográfica e composição da população, suas variações e as causas dessas variações que se podem identificar como natalidade, mortalidade, movimentos territoriais e mobilidade social (estados). Essa definição elaborada por Hauser e Duncan (1975) por si só permite que se avalie por que e como a Demografia poderia auxiliar as políticas públicas. Outras definições foram depois disso apresentadas, sendo talvez a mais convincente (ao menos no nosso entender) aquela apresentada por Wunch e Termote:

> [...] o estudo da população, do seu aumento através dos nascimentos e imigrantes, da sua diminuição através dos óbitos e dos emigrantes. Num contexto mais vasto, a Demografia é igualmente o estudo dos diferentes determinantes da mudança populacional e dos efeitos da população no mundo que nos rodeia. (1978, p.1, tradução livre)

Se por um lado é fácil imaginar como o conhecimento do número, das características e das tendências populacionais condicionadas pelo comportamento das chamadas componentes demográficas (nascimentos, mortes e migração) pode ajudar qualquer planejador, por outro, interessa também refletir como a segunda parte da definição de Wunch e Termote também seria central para melhor estabelecermos essa importância. De fato, conhecer os determinantes das mudanças demográficas e seus efeitos sobre "o mundo que nos rodeia" é tão ou mais importante do que saber quanto e como seremos ou onde estaremos, aspectos logicamente intrínsecos do fazer demográfico.

A ideia de inércia demográfica

Por estar, via de regra, preocupada em atender às necessidades da população residente de algum território ou jurisdição, a política pública necessita, como um de seus insumos fundamentais, das informações demográficas. Está na gênese da Demografia (a aritmética política, ou seja, a necessidade de conhecer o contingente populacional para fins administrativos, políticos e até mesmo defensivos, como no caso da Grécia antiga) a preocupação em desenvolver técnicas, habilidades, criar e manusear fontes de dados que permitam conhecer características das pessoas a serem atendidas, assim como, a partir dessas informações, pensar como seriam essas questões no futuro.

Se é verdade que algumas políticas até poderiam abdicar desse tipo de dado – como no caso da infraestrutura cuja unidade seria o domicílio –, não há como negar que ao fim e ao cabo, o real interesse acabará recaindo sobre a população. Embora se saiba que nem sempre a Demografia é tomada muito seriamente por formuladores de políticas, a verdade é que, de uma forma ou de outra, parâmetros básicos como o tamanho da demanda, sua composição segundo características de interesse (como sexo, idade, raça/cor etc.), bem como sua localização são informações básicas para iniciar qualquer processo de planejamento e gestão.

Não é nada incomum constatar, no diálogo e convivência com aqueles que desenvolvem e/ou implementam políticas voltadas à população, um grande desconhecimento dos princípios básicos do pensamento demográfico que acabam estruturando boa parte do desenvolvimento da Demografia e, portanto, o conhecimento das tendências populacionais.

Sem aprofundar demasiadamente esses princípios, talvez o principal deles diga respeito à questão da "inércia demográfica", um termo apropriado da Física, mas que para pensar o presente e o futuro de população é essencial. Trata-se, com esse conceito, de alertar para o fato de que uma vez que ingressa na população um conjunto de pessoas nascidas em determinado ano, nela permanecerá e terá influência sobre a sua composição até que a deixe por morte ou migração. Ou seja, é pela inércia demográfica que podemos entender o porquê de a população, embora apresentando forte queda da fecundidade (número de filhos por mulher), ainda poder apresentar uma natalidade (número de nascimentos com relação à população total) significativa e com ela ainda algumas "ondas jovens"[1] que, via de regra, confundem aqueles que se fiam nas estimativas demográficas para a população em idade escolar ou em idade ativa. É também por conta dessa inércia que é possível antecipar muitas tendências demográficas e, portanto, pensar, com bom nível de segurança, sobre o futuro do tamanho e da composição etária da população brasileira e de muitos de nossos estados.[2]

Na verdade, é a partir da análise demográfica que podemos prever com bom nível de segurança o número de crianças que demandarão nos próximos anos a vacinação específica, a educação infantil, o ensino fundamental, o ensino médio, que pressionarão o mercado de trabalho etc. Sendo assim, é incompreensível e inadmissível que ainda existam grandes surpresas com relação ao futuro (sobretudo o mais iminente) da população. Mesmo em casos nos quais a migração – elemento nem sempre ponderável – seja importante, ainda assim é possível estabelecer margens de segurança para que a demanda seja bem estimada.

Também é interessante o enfoque desenvolvido por Rios-Neto (2005) sobre os chamados "efeitos de composição" a respeito do presente e do futuro das demandas por políticas públicas. Segundo o autor, a partir desse tipo de enfoque é possível imaginar como serão as demandas e, portanto, as necessidades em termos de política públicas, demonstrando inclusive a relevância de se avaliar a conveniência ou não de implementar políticas do

1 As "ondas jovens" (Bercovich; Madeira; Torres, 1998) são momentos da evolução da população nos quais, por efeitos inerciais (número de nascimentos desproporcional no passado), o volume de pessoas nas idades adultas jovens tende a aumentar "inesperadamente" para logo depois de alguns anos voltar a equilibrar-se ou, como é mais comum, a reduzir-se quando em regime de queda da fecundidade. Essas mesmas "ondas jovens" podem ser observadas em momentos anteriores para o tamanho da população de crianças.

2 Obviamente que a migração é sempre a grande incógnita da equação demográfica e, dependendo de seu volume e composição, pode alterar significativamente as previsões.

tipo universalistas ou focalizadas. Ou seja, mesmo enfatizando não se tratar de uma visão neomalthusiana,[3] o autor mostra que, se nada for feito a respeito, a partir da lógica do efeito de composição seria possível prever que, em função dos diferenciais de fecundidade ainda observados entre certos estratos sociais, no futuro teríamos que responder a demandas específicas daqueles segmentos mais carentes que poderão até aumentar sua participação na população.[4]

A queda de fecundidade e o envelhecimento demográfico

O senso comum, de maneira geral, atribui o envelhecimento da população aos ganhos de longevidade, ou seja, ao progressivo (e desejado) aumento do tempo de vida do ser humano. No entanto, embora aceitável do ponto de vista lógico – na medida em que se morre mais tarde, mais se envelhece –, essa visão não toma em conta o fato de que temos que nos referir à população como um todo e não apenas aos indivíduos. Dessa forma, tal assertiva não leva em conta que em muitas partes do mundo, como em vários países africanos ou latino-americanos – a população ainda é composta de muitas pessoas jovens, fruto de uma fecundidade (corrente ou passada) que, a despeito das grandes transformações estruturais de nossas sociedades, dos

---

3 Esse termo faz referência ao pastor anglicano Thomas Malthus, que no século XIX sustentava a ideia da necessidade de se conter o crescimento demográfico que se dava em progressão geométrica, enquanto os meios de subsistência cresciam em progressão aritmética. Neomalthusianismo remete, portanto, às posições contemporâneas que ainda colocam a população, seu tamanho e ritmo de crescimento como obstáculo ao desenvolvimento e solução das questões relativas à pobreza, equidade e meio ambiente.

4 O "efeito de composição" é uma questão que gera muitos cuidados por parte dos demógrafos, já que a composição da população por determinadas características tem efeito não apenas sobre certas estimativas no presente, como terão impactos futuros. Um exemplo: a escolaridade média da população está influenciada pela estrutura etária da mesma, já que esta será menor se a população for muito rejuvenescida (as crianças ainda não completaram sua escolaridade) e maior, caso contrário. Outro exemplo, a existência de uma coorte (geração) numericamente importante no presente pode ter efeitos no futuro sobre certas estimativas, como a taxa de natalidade (o caso do *baby boom* é bem característico dessa situação). No caso aqui mencionado, Rios-Neto alerta para o fato de, em não havendo significativa mobilidade social, assistirmos no futuro a um aumento das pessoas provenientes de famílias, segundo ele, "menos dotadas em escolaridade e renda domiciliar *per capita*" (2005, p.383-4), o que implicaria um "aumento da carência de *background* das coortes futuras brasileiras" (2005, p.384).

avanços em termos de anticoncepção e "empoderamento" da mulher, ainda permanecem em níveis relativamente altos.

Ou seja, nesses termos, o fenômeno do envelhecimento deve ser encarado a partir de dois enfoques distintos: o relativo e o absoluto. O primeiro, também conhecido como envelhecimento pela base (em referência à pirâmide etária), ocorre simplesmente a partir de um processo de redução progressiva da fecundidade que, ao implicar a diminuição gradual da "entrada" de crianças na população, aumentaria a parcela devida aos mais velhos, independentemente de estes serem mais ou menos longevos.

Do ponto de vista das políticas públicas, essa questão é tão importante que não pode passar despercebida, na medida em que o envelhecimento relativo implica uma situação demográfica, via de regra, favorável, já que, por um bom período de tempo, propiciará uma distribuição etária da população com mais gente em idade ativa (a chamada PIA – População em Idade Ativa), em comparação com aquela fora das idades tradicionalmente produtivas, como os jovens e os mais idosos.[5] É o que se conhece por "bônus demográfico" ou "janela de oportunidades". Esta última denominação, no nosso entender, é mais eloquente, na medida em que nos lembra que uma janela se abre (menor grau de dependência econômica) por um período e paulatinamente vai se fechando no futuro (Wong; Carvalho, 2006; Alves, 2008; Alves; Vasconcelos; Carvalho, 2010).

Assim, aproveitar esse momento no qual não apenas o crescimento populacional, mas também a população em idade escolar (especialmente a menor de 15 anos) apresenta redução ou estabilização, ao mesmo tempo que as populações jovem adulta e adulta passam a representar os maiores percentuais possíveis no conjunto dos residentes no país, pode se tornar uma grande oportunidade para se alcançar melhores condições de vida para a população.

Obviamente que com isso não queremos afirmar que a dinâmica demográfica seja fator preponderante para a melhoria de vida da população, e muito menos sustentar que o problema da forte desigualdade social que

5 A discussão de que idades seriam essas é um pouco mais complicada do que se imagina. Tanto a extensão (altamente desejável) do tempo em que o jovem permanece na escola, quanto o progressivo aumento da longevidade e autonomia (física, material, psicológica etc.) das pessoas de mais idade tornam a definição exata da idade de demarcação dessas fases da vida mais complexa e dinâmica no tempo.

ainda assola nosso país seja fruto do tamanho populacional ou, o que seria pior, responsabilidade das famílias numerosas e pobres que, na verdade, são efeitos e não causa de nossas mazelas sociais. Defendemos firmemente a posição de que qualquer posição de cunho neomalthusiano não contribui para chegarmos ao fulcro do problema, ao contrário, representa uma visão míope da realidade e somente contribui para distorcê-la. Nesse sentido, o excerto abaixo deixa muito clara essa posição ao reafirmar que o crescimento demográfico nacional não impediu o crescimento econômico:

> [...] a população brasileira cresceu cerca de 10 vezes, passando, em números redondos, de pouco mais de 17 milhões em 1900 para 170 milhões de habitantes em 2000. Ao contrário das previsões pessimistas dos pensadores malthusianos, esse alto crescimento populacional não inviabilizou um elevado crescimento do Produto Interno Bruto (PIB). (Alves; Bruno, 2006, p.2)

A pobreza no Brasil está, portanto, muito mais ligada ao problema da forma como a riqueza nacional é distribuída. No entanto, não há dúvidas de que a situação demográfica pela qual passam o Brasil e vários outros países deve ser realmente encarada como uma oportunidade que, por sua duração (ao redor de trinta anos), nos permitiria investir, por exemplo, na melhoria da qualidade do ensino, na preparação e qualificação de mão de obra, na melhoria e ampliação dos empregos, no aumento da poupança interna, na busca de soluções mais duradouras e eficazes para a previdência social, entre outros.

O Gráfico 1 permite observar que essa "janela de oportunidades" se fechará em mais algumas décadas e que não apenas temos que nos preparar para isso, como principalmente aproveitar esse momento.

De fato, no gráfico fica claro que a trajetória descendente, desde 1970, da curva da relação de dependência total[6] será interrompida por volta de 2020, período em que o Brasil atingirá sua melhor relação entre a população em idade ativa (PIA)[7] e a população não ativa (jovens e idosos).

---

6 Quociente entre a população que "teoricamente" seria economicamente dependente (menores de 15 e maiores de 65 anos) e a PIA, população em idade ativa (de 15 a 64 anos).

7 Há alguma discussão em torno da faixa etária que representaria a PIA, ou seja das idades que delimitariam os jovens inativos e o idosos. Na verdade, tal questão decorre muito mais da definição do "idoso" (se a partir dos 60 ou 65 anos) do que do jovem (em geral tomado até os 15 anos).

Gráfico 1 – Razão de dependência total, de jovens e idosos. Brasil, 1950-2050.

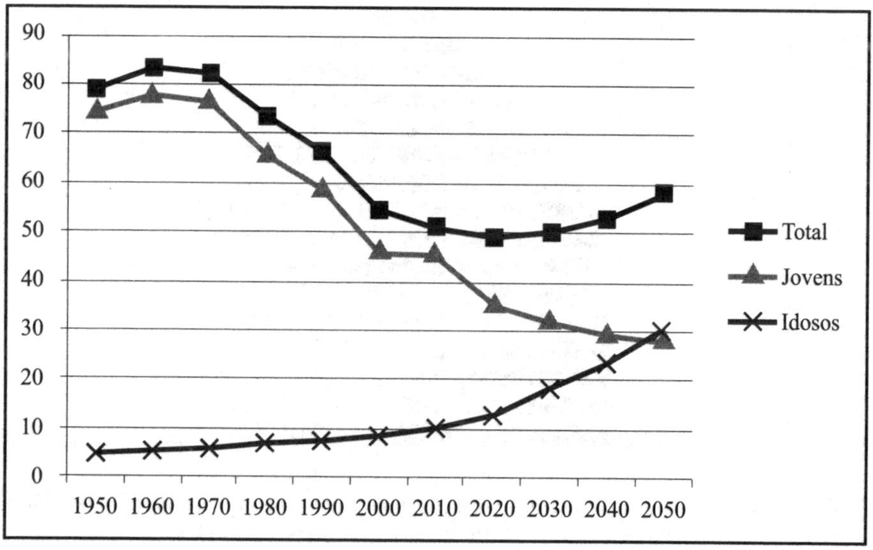

Fonte: Fibge, Censos demográficos e projeções populacionais.

Depois disso, a curva volta a subir, o que trará para o país novos desafios, como mostram vários estudos (Alves; Vasconcelos; Carvalho, 2010; Alves; Bruno, 2006; Rios-Neto, 2005; Turra; Queiroz, 2005; Carvalho; Garcia, 2003; Camarano, 2001; Wong, 2001).

Na verdade, é partir desse momento que o Brasil começará o chamado envelhecimento absoluto ou "pelo topo", como é também conhecido. Ou seja, um processo no qual a estrutura etária de sua população (e consequentemente sua idade mediana) passa a modificar-se principalmente pelo aumento progressivo do peso relativo dos idosos, já não mais impulsionado, como nas décadas passadas, pela redução da fecundidade, mas agora com os ganhos na longevidade. A nossa "pirâmide" começa a perder essa forma para se assemelhar muito mais a uma "coluna", como fica claro no Gráfico 2.

Essa "nova" fase da dinâmica e estrutura demográfica nacional corresponde a um processo que, em poucas décadas, levará a que a relação de dependência dos idosos ultrapasse a dos jovens. Como mostra o Gráfico

Gráfico 2 – Projeção da população, por sexo e grupos de idade. Brasil, 2025.

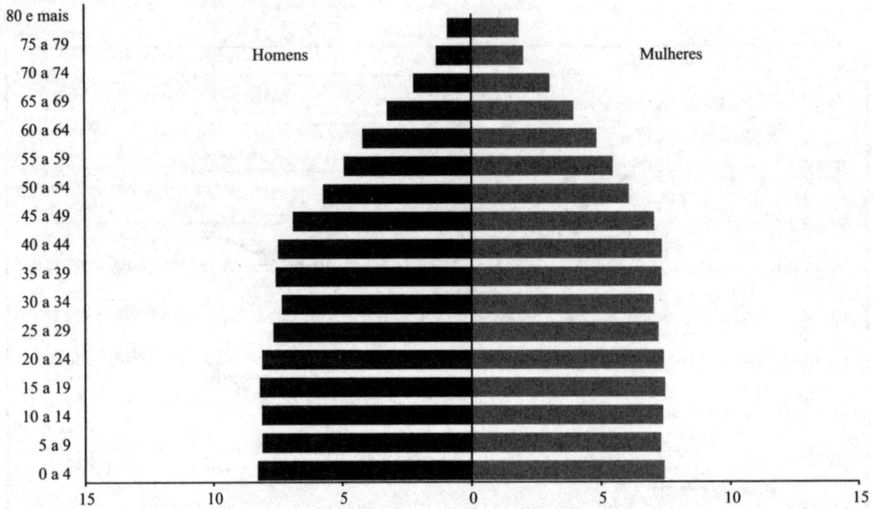

Fonte: Projeto IBGE/Fundo de População das Nações Unidas – UNFPA/Brasil (BRA/98/P08). Sistema Integrado de Projeções e Estimativas Populacionais e Indicadores Sociodemográficos

1, estima-se que, próximo a 2050, a população idosa ultrapassará, em termos relativos, a população jovem, e com isso sua razão de dependência, pela primeira vez na história demográfica brasileira, também será maior que a dos jovens. Consequências? São várias e, para tanto, temos os exemplos dos países europeus que, na atualidade, enfrentam o "drama" de uma população com níveis de fecundidade abaixo da reposição[8] por um longo período. Não é raro nos depararmos com notícias sobre programas pró-natalistas de países como Espanha ou Itália, de protestos sobre mudanças previdenciárias como os ocorridos no segundo semestre de 2010 na França, de problemas de falta de mão de obra que imediatamente remetem à migração internacional e, o que é mais preocupante, a reações xenofóbicas dos países

8 Considera-se a fecundidade no nível de reposição aquela cujo nível garante que cada mulher dê a luz a uma mulher (ou seja, que garanta sua reposição) e que esta sobreviva até o momento de reproduzir-se. De maneira geral esse valor é próximo a 2,1 filhos, já que nascem mais homens que mulheres. Pode-se demonstrar que a manutenção de taxas de fecundidade abaixo desse valor implicará no longo prazo um crescimento negativo da população.

que necessitam desses braços não para substituir, mas literalmente para complementar aqueles que faltam por conta de sua população envelhecida.

Isso sem pensar nas implicações que uma população na qual mais de um quarto dos seus habitantes são pessoas acima de 65 anos tem sobre o sistema de saúde. Isso porque, décadas atrás, esse sistema estruturava-se a partir de outros paradigmas, apresentava outras demandas e, portanto, exigia capacidade instalada, recursos e tecnologias distintos dos que agora precisa dispor para atender a um subgrupo que requer cuidados e atenção especiais, acometido majoritariamente por doenças crônico-degenerativas, por terapias e medicação contínuas e relativamente mais dispendiosas etc.

Como mostram vários estudos (Wong, 2001; Camarano, 2001; 2005), uma população majoritariamente idosa e cada vez mais longeva tem implicações também sobre políticas de assistência social, lazer e cultura, e talvez o maior desafio seja a previdência social. Quanto a este último aspecto, contribuições de demógrafos sobre o tema (Turra; Queiroz, 2005; Alves; Vasconcelos; Carvalho, 2010) mostram que o nosso sistema atual precisa passar por uma discussão frente a essas novas tendências demográficas que já batem à nossa porta e cujas consequências são apenas uma questão de curto tempo.

No entanto, o que talvez mais interessa para o presente texto é que tais tendências, imaginem, já podiam ter sido previstas há pelo menos vinte anos, muito embora, é bem verdade, a rapidez dessas mudanças talvez não fosse imaginada da forma como acabou acontecendo. Ou seja, graças à demografia e a seus métodos, pensar o tamanho e a estrutura da população no futuro não é um exercício de simples abstração, de adivinhação, de palpite ou algo semelhante.

De maneira geral, em função da dinâmica demográfica e dos comportamentos de seus componentes, via de regra, é possível antever muito do que está por vir em termos do tamanho e estrutura da demanda por vários bens e serviços que as políticas públicas se encarregam de prover.

A redistribuição espacial da população e suas tendências

Ainda que, de certa forma, negligenciada na compreensão das formulações mais gerais utilizadas pela Demografia como a transição demográfica, transição epidemiológica[9] ou mesmo, no caso aqui tratado, da "janela de oportunidades", a questão relativa à redistribuição e mobilidade espacial da população pode ter grande impacto sobre a formulação e proposição de certas políticas públicas.

Com o termo "redistribuição espacial da população" (REP) trata-se de representar o processo pelo qual a população se (re)aloca no território e, por conseguinte, como este último está em constante (ou não) modificação em termos não apenas dos contingentes, mas também das características populacionais daqueles que ocupam cada subespaço desse território.

Nesse sentido, a REP não seria apenas sinônimo de mobilidade territorial como se poderia pensar a princípio, mas também poderia ser influenciada pelos diferenciais de crescimento vegetativo. Ou seja, mesmo em situações nas quais a migração ou os deslocamentos territoriais[10] sejam poucos ou inexistentes, ainda assim a população poderia sofrer um processo de redistribuição (ou seja, mudanças de peso relativo) se algumas áreas crescessem em termos vegetativos a ritmos diferentes de outras. Obviamente que a mobilidade territorial na maioria das vezes acaba sendo o elemento mais importante para se compreender a REP, contudo, não se deve negligenciar o componente vegetativo.

De qualquer forma, o fenômeno da REP não deve ser menosprezado na medida em que, de maneira geral, dificilmente as políticas públicas

---

9 *Grosso modo* entende-se por transição demográfica o processo de mudança de regime demográfico fundamentado em taxas de natalidade e mortalidade elevadas, e consequente crescimento populacional reduzido, para um outro também com baixo crescimento demográfico, mas ancorado em taxas de natalidade e mortalidade bem reduzidas. Nesse esquema, a mortalidade começa o seu descenso bem mais cedo que a natalidade, o que leva a um crescimento demográfico elevado durante um certo tempo. Já a transição epidemiológica refere-se às mudanças ao longo do tempo na estrutura de causas de morte e morbidade; nesse processo, as causas do período da infância, as evitáveis, em geral, e as agudas perdem peso relativo para aquelas de caráter crônico-degenerativo e outras que afetam especialmente adultos e idosos, como as cardiovasculares, do aparelho respiratório, os neoplasmas, as causas externas etc. É importante dizer que se trata apenas de modelos estilizados de comportamento, que não necessariamente correspondem à totalidade das situações observáveis no mundo.

10 Temos utilizado o termo "mobilidade espacial" ou "territorial" como uma noção mais ampla que migração, e que portanto englobaria esta última. Entendemos que o primeiro termo evita o que consideramos ser um engessamento conceitual imposto pela definição de migração, que envolve mudanças entre unidades administrativas oficialmente constituídas (como municípios, estados e países) limitando, assim, no nosso entender, a compreensão e visualização das diversas escalas espaciais em que ocorrem as mudanças residenciais.

poderiam abrir mão de avaliar o componente espacial. Ou seja, não se trata apenas de saber quantas e como são, mas também onde estão as pessoas, famílias ou comunidades que serão alvo dos projetos e/ou ações imediatos. Considerando que o território é desigualmente ocupado, socialmente heterogêneo, e tem sido cada vez mais considerado como elemento ativo na determinação das relações sociais, conhecer os processos que levam à modificação da distribuição da população torna-se cada vez mais importante como elemento constitutivo do perfil da demanda.

Seja para pensar temas mais amplos, como uma política nacional de reforma agrária, de geração de empregos e de renda, de redução de déficit habitacional etc., seja para questões mais focalizadas social e regionalmente, como a estruturação de um programa de saúde da família, do sistema de transportes municipal, ou localização de escolas e outros equipamentos sociais, é fundamental conhecer e, sempre que possível, ter mecanismos para projetar a forma como a população se redistribui no espaço.

Mas somente isso não é o bastante. Como já dito, não basta saber quantos teremos e em que lugares. Precisamos também saber como são e, sobretudo, como serão essas pessoas que ocupam determinado território. Processos como aqueles ligados aos ciclos de vida familiar que, juntamente com o envelhecimento demográfico, paulatinamente vão reduzindo o peso relativo de certas áreas da cidade, além de tornar necessários, insuficientes e/ou obsoletos certos serviços lá existentes,[11] mostram que não apenas as ações imediatas, mas também as de médio e longo prazo precisam levar em conta que, de maneira geral, os territórios são "vivos" e dinâmicos, característica para a qual os estudos demográficos contribuem decisivamente.

Mesmo ampliando o recorte territorial para além de nossas cidades e contextos urbanos, percebemos que várias políticas poderiam influenciar e serem influenciadas fortemente pela REP, como seria o caso dos movimentos migratórios interestaduais e suas implicações e relações com os programas sociais, em especial aqueles de transferências de renda (Cunha, 2006a; Cunha; Baeninger, 2007; Oliveira, 2009) e de reforma agrária (Cunha, 2006b). Da mesma forma, os grandes programas ou projetos de investimento, como a construção de hidroelétricas, de desconcentração

11 Um bom exemplo disso seria uma escola de ensino fundamental em um bairro antigo e, portanto, mais envelhecido da cidade.

industrial, a construção de polos petroquímicos e indústrias automotivas, ou mesmo de desenvolvimento rural, como a agricultura irrigada, seriam fonte de alteração das dinâmicas demográficas e, ao mesmo tempo, poderiam ter seus efeitos nas áreas receptoras alterados pela força dos processos populacionais.

Ou seja, num país com grande heterogeneidade socioespacial, onde, segundo o censo 2000, mais de 10 milhões de pessoas mudaram de município na década de 1990, e certamente muitas mais mudaram de residência dentro de seus próprios municípios, é fundamental que a questão da (re)distribuição nunca seja desconsiderada.

A transição epidemiológica e o aumento da longevidade

Se há uma unanimidade em torno dos temas populacionais, esta sem dúvidas diz respeito à busca constante do aumento de longevidade do ser humano. Como se pode observar a partir da comparação dos dados dos vários países, em particular tendo em vista a situação daqueles do "Norte" (Estados Unidos, Canadá e Europa), parece haver ainda no mundo em desenvolvimento muito que fazer no que se refere à redução da mortalidade, seja ela a mais simples de evitar, como a infantil, seja aquela mais complexa e que exige não apenas mais investimentos, como também conhecimento, como é o caso da mortalidade por neoplasmas, doenças do aparelho circulatório etc.

Do ponto de vista dos estudos demográficos e sua relação com as políticas públicas, os avanços e mudanças ocorridos no perfil da morbimortalidade[12] no Brasil, principalmente depois da Segunda Guerra Mundial, têm implicado ganhos expressivos no nível da esperança de vida da população, como também na importante modificação no padrão das enfermidades e causas de morte da população brasileira.

Como se observa na tabela a seguir, não obstante a manutenção de significativa heterogeneidade regional, não há como negar que, no Brasil, os

12 Utiliza-se esse termo para referir-se ao processo mórbido (de doenças) que pode ou não levar à morte. Na verdade, para compreender e intervir melhor sobre a redução da mortalidade ou mesmo sobre as condições de saúde geral da população, é fundamental que se conheça não apenas as causas da morte, mas também o perfil de doenças que acometem a população.

ganhos de longevidade foram significativos nos últimos sessenta anos, com a população passando de uma vida média de 43,3 anos em 1950 para quase 72 anos em 2005.

Tabela 1 – Esperança de vida ao nascer, por grandes regiões, Brasil, 1950/2005.

Grandes regiões	1950	1960	1970	1980	1991	2000	2005
Brasil	43,3	48	52,7	62,5	66,9	70,4	71,9
Norte	44,3	52,6	54,1	60,8	66,8	69,5	71
Nordeste	35,9	40	43,3	58,3	62,9	67,1	69
Sudeste	48	53,1	57,4	64,8	68,8	72	72,5
Sul	52,7	57,5	60	66	70,3	72,8	74,2
Centro-Oeste	50,3	52,9	57,6	62,9	68,4	71,7	73,2

Fonte: IBGE, Censos Demográficos de 1950/2005 e Projeto IBGE/DPE/UNFPA – Revisão 2004.

Como dito anteriormente, a despeito desses grandes avanços na redução da mortalidade, não é esse fenômeno, ao menos até o presente momento da trajetória demográfica brasileira, que explica o processo de envelhecimento populacional. No entanto, isso não significa dizer que tal processo foi de menor importância para a agenda das políticas públicas.

De fato, em primeiro lugar há que se pensar que essa redução da mortalidade somente foi possível graças a uma forte intervenção e ação sobre um componente que, há até poucas décadas, determinava a menor longevidade da população: a mortalidade infantil. Com sua redução de níveis superiores a 130 mortes de menores de um ano por mil nascidos vivos em 1940, para algo em torno de 22 por mil na atualidade, foi possível alcançar um patamar de mortalidade bem mais aceitável, mesmo considerando que ainda existam áreas no país onde a morte de crianças alcança patamares preocupantes.

Em segundo lugar, é importante considerar que se a queda da mortalidade infantil até hoje tem sido motivo de preocupação e faz parte da agenda política e das políticas na área de saúde, é também verdade que o Brasil vem passando, nos últimos trinta anos, por um processo que se convenciona chamar de "transição epidemiológica" (Omram, 1983). Ao longo do período, as causas mais ligadas à mortalidade das crianças, como as "infecciosas e parasitárias", por exemplo, não apenas reduziram a sua incidência nessa população, como passaram a perder peso relativo para aquelas causas que acometem mais os adultos e idosos, como são as doenças do aparelho respiratório, do aparelho circulatório, as neoplasias e, o que talvez seja uma das grandes preocupações atuais, as causas externas, como os acidentes, homicídios etc.

Ou seja, os estudos demográficos nessas áreas tendem a contribuir de maneira decisiva para que sejam conhecidos não apenas as tendências tanto das causas de morte como de morbidade da população, mas também os seus impactos nas condições de vida e longevidade. O fato de conhecer melhor os processos saúde-doença-morte pode ser muito útil, por exemplo, para se pensar o futuro das demandas por serviços e equipamentos de saúde, e com isso melhor aparelhar o setor público (e até o privado) para um melhor atendimento à população.

Claro que viver melhor, morrer menos e cada vez mais velhos tem implicações também sobre outras dimensões da realidade social da população, o que mostra que nem tudo o que ocorre no campo da morbidade e mortalidade tem implicações e relação apenas com as políticas de saúde. Acreditamos que os estudos demográficos podem contribuir para mostrar e discutir os efeitos dessa dimensão da composição presente e futura das demandas por outros tipos de serviço, como na educação, na assistência social, no mercado de trabalho, na previdência social etc.

Contribuições da Demografia para as políticas públicas: algumas especificidades

Embora longe de buscar uma revisão exaustiva das contribuições da Demografia, em particular a brasileira, para as políticas públicas, esta seção pretende apresentar algumas das áreas dessa disciplina que mais claramente interagem com os formuladores e/ou executores de ações públicas ou privadas.

Assim, de maneira complementar à primeira seção, que tratou de refletir sobre como o pensar e a pesquisa demográfica poderiam ser úteis, esta breve apresentação visa mostrar algumas das áreas nas quais majoritariamente o demógrafo é convidado ou convocado a atuar quando a questão se refere ao planejamento, execução e implementação de alguma atividade social e/ou produtiva que tenha impacto ou possa impactar a população direta ou indiretamente.

Projeções demográficas

A projeção demográfica, mesmo que nem sempre seja um produto necessário na análise demográfica, é parte constituinte do pensar e de todo aquele trabalho que pretende conhecer as causas e consequências das tendências populacionais. Na verdade, mais que uma técnica – ainda considerada por alguns – é, antes de tudo, uma forma de pensar, é um exercício que exige muita reflexão e "bom senso", que somente se adquire com a experiência e, sobretudo, com o profundo conhecimento dos componentes da dinâmica demográfica.

Nesse sentido é que consideramos que "fazer projeção" necessariamente exige um bom trabalho de equipe. De fato podem existir os especialistas em técnicas de projeções, mas certamente estes dificilmente se valem por si próprios, uma vez que não é fácil conhecer a fundo as nuances dos comportamentos dos componentes fecundidade, mortalidade e migração que, ao fim e ao cabo, são os que determinam quanto somos e quanto seremos no futuro como agregado de pessoas.

Muito além de um simples exercício de previsão, a projeção se constitui em modelos e lógicas de pensamento que exigem dos especialistas o conhecimento do "metabolismo demográfico" que, aparentemente trivial quando pensamos no total da população – todos nós aprendemos sobre o crescimento demográfico nas aulas de geografia humana –, torna-se muito mais intrincado quando pensamos na população por sexo e idade, por condição rural e urbana, para pequenas áreas etc. Na verdade, além de noções e conceitos muito específicos, para fazer uma boa projeção precisa-se de muito bons dados e técnicas nem sempre palatáveis para um não especialista.

Assim, pensar o futuro da população é uma de nossas especialidades e, com isso, a Demografia se oferece como instrumento para antecipar tendências e para nortear ações concretas. As possibilidades de aplicação das projeções demográficas tornam esse campo da Demografia muito rico e fascinante, além de extremamente fértil para o desenvolvimento sociodemográfico, dada a gama de aplicações e consequentes desafios delas decorrentes em função de demandas cada vez mais específicas – como, por exemplo, as projeções para pequenas áreas e/ou grupos populacionais específicos –, da disponibilidade e qualidade de dados, das técnicas existentes etc.

Como nos mostra Jannuzzi, "[...] a consideração de variáveis demográficas no planejamento público constituíam, até o passado recente, mais uma promessa que uma prática corrente" (2010, p.91). Contudo, segundo o autor, "[...] mais recentemente, essa insensibilidade com a questão demográfica e, consequentemente, a subvalorização do papel das projeções populacionais na formulação de políticas sociais parecem estar sendo superadas" (ibidem, p.92). O autor ainda menciona várias áreas nas quais esse insumo tem sido requerido, reforçando a necessidade de que grupos específicos e suas tendências sejam levados em conta para políticas de saúde, habitação, empregos, assistência social e previdência.

As aplicações das projeções demográficas para o planejamento são inúmeras, envolvendo estimativas de matrículas e modelos de fluxo escolar (Cunha, 1999; Cunha; Ascama, 2000; Rios-Neto, 2004; Golgher, 2004), demanda por habitação (Givisiez; Rios-Neto; Sawyer, 2006), volume e composição da força de trabalho (Jannuzzi, 2000), entre outros. Além desses e outros exemplos possíveis de serem encontrados em divulgações científicas e em estudos de impactos de grandes projetos (EIA-Rima, estudos e relatórios de impacto ambiental), não podemos esquecer as demandas estabelecidas pelo setor privado através do que vem sendo chamado de "demografia de negócios".

Nesse caso em particular, embora não envolvam diretamente a formulação de políticas públicas, as demandas formuladas são muito similares, já que requerem basicamente a mesma informação: quantos, como e onde estão. Como esclarece Hakkert:

> Seja qual for o retorno almejado – comercial, político ou eleitoral –, a segmentação e o uso da informação demográfica no processo de decisão são igualmente relevantes. Sendo assim, a grande quantidade de estimações e projeções de populações de áreas pequenas [...] serve igualmente à iniciativa privada como às instâncias locais e regionais de planejamento setorial: secretarias de

educação e habitação, companhias públicas ou privadas de utilidade pública ou de saneamento básico, secretarias de transporte etc. (2006, p.21).

Para Hakkert, no campo da "demografia de negócios" – que tranquilamente poderíamos estender também para o campo do setor público – "[...] a demografia condiciona uma série de processos com relevância para o comportamento do consumidor e, consequentemente, para a pesquisa de mercados", já que

> [...] a definição de segmentos do mercado para produtos específicos depende, entre outros fatores, de variáveis demográficas como o ciclo de vida das famílias, o sexo do chefe, o lugar detalhado de residência e inclusive de processos que podem ser analisados em termos de conceitos demográficos consagrados, como a combinação de idade, período e coorte. (2006, p.59)

Podemos dizer que a Demografia tem sido, de maneira geral, muito bem-sucedida no que se refere especificamente à estimativa futura da população, particularmente nas últimas três décadas, quando o comportamento da mortalidade e fecundidade foi bem mais previsível. Assim sendo, não é exagero dizer que talvez nossos países pudessem ter evitado vários de seus problemas se, no momento adequado, tivessem levado em conta que a dinâmica demográfica podia ser antecipada e, com ela, as consequências que uma população de tamanho e composição específicos poderiam ter sobre a estrutura de demandas por bens e serviços essenciais para o bem-estar social.

No entanto, todo esse "sucesso" tem um preço. Infelizmente, apesar de poder dizer muito mais sobre o passado, presente e futuro da população e suas implicações sobre as ações públicas e privadas, na maior parte das vezes o demógrafo é requerido apenas e tão somente para apresentar cifras de projeções populacionais, o que implica a perda de uma enorme potencialidade que apenas raramente é reconhecida e aproveitada.

Nesse sentido, convém lembrar as considerações de Torres em um instigante artigo que trata da relação entre o que ele chama de "demografia urbana" e as políticas sociais:

> [...] a baixa participação dos demógrafos brasileiros em atividades de planejamento subnacional tem, provavelmente, diversas explicações. Por um lado, os

gestores locais possuem pouca familiaridade com as técnicas envolvidas e com a informação demográfica, desconhecendo seu potencial e, assim, não demandando-as adequadamente. Por outro, essas técnicas demográficas estão menos desenvolvidas no que se refere ao problema das pequenas áreas [...]. (Torres, 2006, p.27)

Se é verdade que ainda temos que evoluir muito nas metodologias, uso adequado dos dados e na escala de análise, não é menos correto afirmar que, como nos diz Torres, ainda falta que o real potencial da Demografia seja descoberto.

Dados, indicadores e diagnósticos sociodemográficos

Uma das especificidades da formação e atuação do demógrafo é, sem dúvida nenhuma, o criterioso e profundo conhecimento e avaliação das fontes de dados com as quais trabalha.

Parte intrínseca da preparação de qualquer profissional dessa área, o cuidado com as fontes de dados, em termos de suas potencialidades, limitações e tipo de informações disponíveis, é um atributo que não pode ser menosprezado, sob pena de se deixar de responder às expectativas de sua função: elaborar estimativas confiáveis, robustas e, sempre que possível, que revelem aspectos que possam passar despercebidos pelo usuário menos afeito a esses dados.

Censos demográficos, a Pesquisa Nacional por Amostra de Domicílios (Pnad), as Estatísticas Vitais e outras pesquisas domiciliares de envergadura, como são a Pesquisa Nacional de Demografia e Saúde (PNDS), as Pesquisas de Emprego e Desemprego (PED) etc., em geral, são fontes que fornecem a matéria-prima necessária para se conhecer o perfil da população, bem como seus principais comportamentos demográficos. Além disso, são fontes que, para serem utilizadas adequadamente, precisam ser bem conhecidas nas suas formulações conceituais e amostrais, e na forma de organização das informações.

Em geral, é a partir desse tipo de fonte que é possível extrair todos os dados necessários para se chegar às informações sociodemográficas requeridas pelos formuladores de políticas. Assim, tanto os dados relativos ao tamanho, composição e distribuição territorial do presente, quanto as estimativas necessárias para se pensar essas variáveis no futuro podem ser obtidos das fontes anteriormente mencionadas, contudo, não sem antes recorrer a cuidados e/ou elaborações nem sempre triviais.

Esse é o exemplo das estimativas dos níveis e padrões de mortalidade, fecundidade e migração. Tendo em vista a qualidade em geral ainda não totalmente confiável de nossas estatísticas vitais, muitas vezes se desaconselha o uso das estimativas diretas, o que leva à necessidade da aplicação de metodologias indiretas (United Nations, 1983), tornando a produção de indicadores demográficos ainda mais distante das possibilidades de um não demógrafo. Como já dito, todo o ferramental das projeções demográficas – que não envolve apenas estimar o tamanho e a composição da população no futuro, mas também pensar o comportamento (níveis e padrão) das variáveis básicas do crescimento demográfico – exige do usuário uma preparação ancorada nos conceitos básicos de Demografia.

Jannuzzi (2001) mostra que a construção de indicadores exige cuidados de variadas naturezas; contudo, no caso daqueles que a Demografia é capaz de proporcionar, certamente a qualidade do dado e a forma como este é preparado talvez seja um dos mais importantes. É nesse sentido que consideramos que a especificidade da Demografia em termos desses cuidados preliminares e básicos acaba favorecendo a sua contribuição para aqueles que necessitam de informações para planejar ou atuar sobre determinado problema (ou necessidade) que atinge a população.

Assim como outras disciplinas, a Demografia cada vez mais também se vale de outras ferramentas e tecnologias para aperfeiçoar, incrementar ou inovar em termos das informações que cria ou analisa. Esse é o caso do geoprocessamento, que tem contribuído sobremaneira para que a análise demográfica incorpore definitivamente o espaço como elemento-chave em suas conclusões (Torres, 2006), e da estatística, que contribui não apenas para análises de associações, correlações e causalidades, mas também para a construção de indicadores mais complexos, como é o caso da análise fatorial.

Indicadores robustos, com dados avaliados e fiáveis, fazem parte, portanto, dos requisitos mínimos do que em geral é produzido pela Demografia. Nesse sentido, essa especificidade torna-se um grande trunfo nas mãos dos formuladores, implementadores e até mesmo avaliadores das políticas públicas.

Considerações finais

Este breve ensaio buscou refletir sobre a relação da Demografia e do demógrafo com as políticas públicas. Na verdade, como o próprio título sugere, podemos pensar que basicamente essa ligação entre a disciplina e esse campo de aplicação estaria definida pelo fato de que qualquer política pública tem (ou deveria ter) como primeiro e principal objetivo a população. Aliás, até mesmo o objeto de estudo da Demografia, a população, ou seja, um coletivo (e não o indivíduo) é uma característica que a aproxima das ações voltadas ao bem-estar da sociedade.

Argumentamos, portanto, que, como elemento intrínseco do fazer da Demografia, o número, a composição e a distribuição territorial da população seriam elementos-chave para qualquer definição de políticas, fossem elas de desenho e abrangências mais amplos ou setoriais, universais ou focalizadas. Mais do que isso, muito além da capacidade dos profissionais preparados a partir dessa disciplina em fornecer dados e indicadores robustos e confiáveis sobre o tamanho e perfil da demanda por bens e serviços, a Demografia permite antecipar comportamentos futuros a partir de uma lógica de raciocínio muito bem estruturada, elemento central para o planejamento e gestão. Da mesma forma, os temas abordados no bojo dessa área tratam, via de regra, de questões essenciais para se pensar a qualidade de vida da população: envelhecimento, educação, mercado de trabalho, previdência e assistência social são apenas alguns temas que podem ser muito mais bem trabalhados à luz dos dados, indicadores e análises fornecidos pela Demografia.

Obviamente que não foi nosso objetivo aqui sobrevalorizar o papel da análise e produção demográficas, mas simplesmente alertar para o impacto que essa área pode ter ou vir a ter no processo de implementação, execução e avaliação das políticas públicas.

Como diz Torres,

> [...] o desenvolvimento da área de demografia aplicada a políticas sociais precisa superar diferentes obstáculos pertinentes tanto à tradição profissional da demografia quanto à produção de dados adequados para esse fim. Embora esse campo seja pouco desenvolvido em nosso universo profissional, milhares de gestores urbanos em todo o país tratam de tomar decisões sobre a alocação

> de recursos públicos, localização de equipamentos, montagem de redes de serviços etc. Contribuir para a ação desses gestores é provavelmente um dos principais desafios dessa disciplina nos próximos anos. (Torres, 2006, p.10)

O desejo de todos aqueles que lutam e trabalham para termos um país mais equitativo e com justiça social é que o Estado, seja como ofertante ou mesmo regulador dos bens e serviços fundamentais para a promoção social e da cidadania, chegue de fato e com qualidade para a população, principalmente aquela que mais necessita. Para tanto, a Demografia pode contribuir significativamente ao identificar volumes e perfis, bem como tendências. Esperamos que isso seja cada vez mais reconhecido e que, com isso, o trabalho do demógrafo passe a ser cada vez mais e mais bem considerado no processo de produção ou mesmo avaliação das políticas públicas.

História e políticas públicas[1]

Gilberto Hochman

A história importa? Como? Para quem? Essas são perguntas para as quais historiadores, economistas, sociólogos e cientistas políticos têm tido respostas crescentemente incisivas e positivas a partir dos anos 1980, ainda que muito longe de serem consensuais nas ciências sociais e na História (Pierson; Skocpol, 1999; Tilly, 2006; Tosh, 2008). Ainda que a História reconhecidamente estivesse associada à formação e aos caminhos das ciências sociais, foi apenas mais recentemente que um vocabulário particularmente a ela associado se incorporou a segmentos das ciências humanas: tempo, conjuntura, contexto, evento e sequência. Porém, foi o adjetivo *histórico* (tempo, passado), mais do que o substantivo *História* (a disciplina), que passou a frequentar mais as ciências sociais e a economia e, por conseguinte, as análises de políticas públicas. A pergunta é: quando, onde e por que dadas instituições vieram tomar a sua forma particular, e como elas mudaram (ou não) ao longo do tempo (North, 1990)? A partir do consenso em torno da afirmação de que as "instituições importam", esta foi transformada em sinônimo de a "história importa". Se a História tem estado presente nos estudos sobre política e políticas públicas, a questão passa a ser qual *história* é incorporada e como?

A resposta de parte dos historiadores profissionais a essas mesmas perguntas iniciais tem sido obviamente positiva, com uma direção semelhante, mas com objetivo inverso, isto é, o de transformar o *presente* em histórico.

---

1 Este capítulo é um dos resultados de pesquisa desenvolvida com recursos do Programa Papes (Fiocruz/CNPq) e da bolsa de pesquisa do CNPq. É uma versão bastante revista e ampliada de artigo publicado na *Revista Brasileira de Ciências Sociais* (n.64, 2007) como parte do dossiê *Métodos e Explicações da Política*, organizado por Eduardo Marques.

O esforço de parte da disciplina tem sido se aproximar das questões contemporâneas das quais o historiador é testemunha e analista, a partir de seus recursos metodológicos específicos. Com isso engaja-se o historiador nos debates contemporâneos sobre a política, sobre a administração pública e sobre as políticas e os programas governamentais. Desse modo, a História estaria também autorizada a falar sobre o *presente*, desenhando-se um quadro que potencialmente pode gerar mais a competição do que o diálogo ou mesmo a interdisciplinaridade. E, tornando mais complexo o problema, mesmo dentro da disciplina vozes majoritárias e influentes discordam da perspectiva de que a História deva servir ou dar lições ao presente ou, pelo menos, que essa deva ser sua meta prioritária (Skinner, 2005). Posições historicistas continuam reivindicando que cada "tempo" e "espaço" é único e deve ser compreendido em seus próprios termos, e nesses termos é que o diálogo com as políticas contemporâneas deveria ser feito.

A forte influência das perspectivas neoinstitucionalistas (Hall; Taylor, 2003) fez com que as políticas públicas fossem crescentemente escrutinizadas pelas ciências sociais como objetos dotados de temporalidade (Steinmo et al., 1992), com destaque também para a História Econômica/Economia Histórica, de onde saíram os mais influentes trabalhos sobre desenvolvimento e desempenho econômico no tempo (North, 1982; 1990). Porém, políticas públicas não têm sido objetos de análise mais sistemática da História, afirmação certamente mais categórica para essa disciplina no Brasil. O quadro internacional também não foi muito animador, pelo menos até o fim do século XX, por mais que reivindicações de diálogo façam parte da produção intelectual dessas disciplinas. Foi no campo das políticas públicas setoriais – como saúde, seguridade social, desenvolvimento, educação – que começou a se observar a saliência da História.

Neste capítulo não se pretende uma revisão detalhada dos usos da história pela análise das políticas públicas, mas sim discutir os desafios das ciências sociais e da História em tratá-las "no tempo". Abordaremos problemas no uso da história pelas análises de políticas governamentais sob a égide do institucionalismo histórico, sem intencionar inventariá-las. O objetivo da sequência deste texto, dividida em três partes, é abordar o diálogo possível entre ciências sociais e História para a análise das políticas e ações governamentais e os esforços de aproximação da História e dos historiadores com as análises de políticas públicas, em particular com políticas setoriais tais como de saúde e assistência médica.

Diálogos entre a História e as ciências sociais

A arguição da pertinência da história só tornou-se relevante a partir de meados do século passado, com a especialização das ciências sociais (Abrams, 1982). O fosso que separou as ciências sociais (muito em particular a Ciência Política) e a História foi expresso por monólogos disciplinares e baixa capacidade auditiva de historiadores, economistas, internacionalistas e politicólogos. As perspectivas longitudinais e a dimensão temporal teriam sido "expulsas" da Ciência Política pela revolução behaviorista, conforme argumentou Ashford, entre outros (Ashford, 1992, p.26-27). É no campo disciplinar da Sociologia que esse diálogo tem sido mais constante e persistente, de onde a História jamais foi completamente banida. E foi a partir da Sociologia que se manifestou a "virada histórica das ciências sociais" (McDonald, 1996), a constatação de que vivemos uma "era de ouro da sociologia macro-histórica" (Collins, 1999) ou de que estamos em uma "segunda ou terceira onda" da Sociologia Histórica (Adams; Clemens; Orlof, 2005). Independentemente do entusiasmo daqueles que incorporam a perspectiva histórica, têm emergido densas análises histórico-comparadas e análises político-contextuais como resultados dessas discussões (Ashford, 1992; Mahoney; Ruechemeyer, 2003; Goodin; Tilly, 2006). Apesar dessas mudanças, recentes revisões sobre perspectivas disciplinares, por exemplo, na análise de políticas e Estados de bem-estar, incluem a Sociologia, a Ciência Política, o Direito, o Serviço Social e a Administração – mas não a História, como sugere Overbye (2010). Esta, segundo alguns autores, não tem incluído a política social nos seus debates centrais ou suas perguntas disciplinares não promoveriam diálogos interdisciplinares.

O movimento de historiadores não se faz necessariamente na sua abertura para as ciências humanas (objetos e metodologias), como propugnam os fundadores e seguidores da chamada *Escola dos Annales* (Burke, 1990). Desde a década de 1980, a proposição de ampliação do alcance da análise histórica em termos temporais – uma "história do tempo presente" – vem sendo um dos caminhos de renovação da disciplina, que torna o historiador, e não apenas os documentos e as narrativas, uma "testemunha" dos eventos (Bédarida, 1993). Essa perspectiva presta particular atenção em como os interesses do presente influenciam as leituras do passado e como eventos passados influenciam ideias e ações do presente, essa sim tributária dos *Annales*, em particular de Marc Bloch (2001). Existem semelhanças por certo, contudo há uma diferença bastante estabelecida: para o cientista social, a história é relevante fundamentalmente por ser tempo, ser um meio de estruturação social (Abrams, 1982) e uma das escalas da análise sociológica (Collins, 1988; 1999).

Essa diferenciação entre *História*, como disciplina e método distintivo, e *histórico*, como atributo de processos e práticas estruturantes que ocorrem no tempo e no espaço, não é apenas um recurso para ressaltar dimensões e problemas da articulação entre história e política, mas indica também compreensões distintas sobre fenômenos sócio-históricos, tais como políticas públicas. Nesse sentido, as proposições de Weber continuam pertinentes. Para ele, as ciências sociais buscam

> [...] compreender a realidade da vida social naquilo que têm de específico; por um lado, as conexões e a significação cultural das suas diversas manifestações na sua configuração atual e, por outro, as causas pelas quais se desenvolveu historicamente assim e não de outro modo. (Weber, 1982, p.90)

É a necessidade de se responder "por que foi assim e não de outra maneira?" que abre o caminho para a análise sociológica de processos macro-históricos, pergunta cuja segunda parte seria rejeitada *a priori* por historiadores. Nesse sentido, Weber condiciona o interesse por determinados "elementos da realidade" ou pelas "configurações atuais" justamente na investigação da sua especificidade histórica, ou "pelo fato de haverem ocorrido precisamente assim e não de qualquer outro modo" (ibidem, p.102). Parte da sociologia histórico-comparada inspira-se nesse programa weberiano de buscar regularidades causais na história, a partir de certos casos históricos, sempre controlados por casos "negativos" nos quais o fenômeno e suas causas não aparecem, e implica um compromisso mais íntimo com a história que não seja apenas a ilustração de teorias preexistentes. Por que políticas estatais em experiências nacionais específicas, mas comparáveis, tiveram trajetórias singulares é uma das perguntas possíveis, diria crucial, para essa agenda.

A partir de Weber, e também de clássicos como Tocqueville, Marx e Hintze, o que caracterizaria um "verdadeiro" estudo de Sociologia Histórica seria a preocupação com estruturas e processos sociais no tempo e no espaço (Skocpol, 1985, p.1-2). Estes destacam as características específicas e variadas de tipos de estruturas sociais e padrões de mudança. O passado não seria algo unificado numa narrativa ou em sequências padronizadas, mas teorias sociais por si sós não o organizariam logicamente ou lhe dariam inteligibilidade. O movimento de "trazer o Estado de volta" para a análise sociológica e política promoveu importantes reflexões a partir da reconsideração do Estado (sua autonomia e capacidades) como categoria relevante. Análises em perspectiva comparada e temporal tiveram fortes implicações e influência na compreensão dos processos de formação e nas características das políticas e programas de bem-estar na Europa e na América do Norte (Evans; Rueschemeyer; Skocpol, 1985).[2]

Como objeto de análise, as ações governamentais estão envoltas por essa interação entre História e ciências sociais, porém ainda com pouca reflexão e consenso sobre o lugar e as diferenças de uma História das políticas públicas (no campo da História) ou das políticas públicas em perspectiva histórica (no campo da Sociologia e da Política) na compreensão dessas ações. No Brasil, os estudos sobre Estado e políticas públicas em perspectiva histórica obtiveram amplo acolhimento multidisciplinar e razoável audiência. Os embates travados com o behaviorismo e as perspectivas não históricas de análise, tão cruciais para uma reativa "virada histórica" no mundo anglo-saxão ou para "trazer o Estado de volta", não foram influentes nas ciências sociais brasileiras. Assim, os campos da Ciência Política, da Economia, da História e da Sociologia produziram importantes estudos sobre as origens, o desenvolvimento, as continuidades e as mudanças de políticas públicas específicas, em particular no período republicano, muitas com influência do marxismo. A gênese e o desenvolvimento das políticas sociais de proteção ao trabalhador e das políticas econômicas voltadas para a industrialização, o planejamento estatal e a formação do Estado foram temas privilegiados nas análises das políticas estatais em perspectiva histórica.[3]

Até a década de 1980, a ênfase foi em desvelar políticas estatais específicas em sua dimensão nacional, com poucos empreendimentos comparativos ou de incorporação dos entes subnacionais ou das relações

---

2 *Bringing the State Back In*, o influente livro organizado em 1985 por Evans, Rueschemeyer e Skocpol, tornou-se quase sinônimo dessa perspectiva.

3 As referências são inúmeras a partir da década de 1970 e início dos anos 1980 e, para não ser exaustivo e injusto, destaco alguns dos livros mais influentes para mim: Ianni (1971), Vianna (1976), Santos (1979), Draibe (1985), Carvalho (1980) e Schwartzman (1982). Destaco também os trabalhos de Reis (1979; 1998).

entre agendas internacionais e locais. De fato tratava-se de compreender a natureza do Estado brasileiro, seu viés autoritário e centralizador, a modernização econômica e a desigualdade, refletir sobre as possibilidades de construção de uma ordem democrática e sobre a evolução da cidadania e seus direitos. Esse extenso conjunto de trabalhos transitou entre uma narrativa organizada pela teoria e a pesquisa histórica. Em alguns casos, os processos históricos seriam cenários e conteúdos de um argumento teórico e formal que os organizaria e os interpretaria. Em outros, o singular e o contextual, que caracterizam a explicação histórica, foram as bases para generalizações e teorizações. Nesse diálogo fértil, nem sempre explícito ou pacífico, houve reconhecimento mútuo: os cientistas sociais adotaram categorias como periodização e contextualização em seus estudos, e os historiadores, por sua vez, passaram a utilizar categorias analíticas e interpretativas das ciências sociais. Há um acervo considerável de interpretações sobre o Estado e sobre a política brasileira que se constituiu a partir de análises longitudinais.

No caso do Brasil, a redemocratização do país trouxe novos temas e problemas de investigação para as ciências sociais, e novos arsenais teóricos e metodológicos adentraram o campo. Novas agendas e problemas de pesquisa e o processo natural de disciplinarização e internacionalização certamente tornaram mais complexo, e difícil, o diálogo entre a História e a Ciência Política, em comparação com aquele estabelecido com as ciências sociais em décadas anteriores e que de certa forma manteve-se com a Sociologia e a Antropologia. No campo da Ciência Política, o neoinstitucionalismo histórico tem sido a porta de entrada para estudos sobre políticas governamentais em uma perspectiva temporal ou histórica.[4]

"Voltar atrás e observar" políticas públicas: os desafios da Ciência Política

É preciso reconhecer que, no campo específico da Ciência Política, a questão "por que a história importa?" (Pierson; Skocpol, 1999) ganhou

4 Muitos trabalhos têm sido publicados no Brasil sob a égide, nem sempre apropriada, do institucionalismo histórico. Em particular, destaco por sua qualidade os livros de Fonseca (2007) e de Menicucci (2007).

um sentido particular quando os cientistas políticos voltaram a perceber a importância da análise das instituições, e, portanto, a perspectiva histórico-comparada passou a ser fundamental. Desse modo, a *história* tem exercido atração para os que enveredam na investigação de processos e escolhas que se deram "no passado", mesmo próximo, e que influenciam o presente. Por outro lado, a História Política passou a enfrentar dilemas do "tempo presente", ou de um "presente histórico", isto é, entendeu que era necessária uma interpretação histórica para os eventos do presente, mas tinha que manter, ao mesmo tempo, as características distintivas e constitutivas da área. Além disso, os historiadores adentraram também o terreno tradicional da Ciência Política, tratando de temas como eleições, partidos, opinião pública e ações governamentais a partir de suas circunscrições temporais e espaciais (Rémond, 2003). Mas, como sugere Sewell (2005), os historiadores não têm participado ativamente dessa discussão com as ciências sociais, seja no exterior ou no Brasil.

O grande consenso em torno da sentença de que as "instituições importam" produziu quase como corolário que "a história (também) importa". Isso é constatável pelo número crescente de trabalhos publicados no exterior, e no Brasil, que a assume como pressuposto. Reconhecem que, por exemplo, políticas públicas ocorrem num contexto histórico específico e que isso tem consequências. Porém, a proposição "*go back and look*" [voltar e observar] (Pierson, 2000, p.264; 2004, p.47) não é completamente nova, nem tão simples como poderia parecer em princípio, sendo polêmica dentro do próprio neoinstitucionalismo (Hall; Taylor, 2003; Pierson, 2004); e talvez não desfrute de prestígio em certas comunidades acadêmicas que ainda associam a História a métodos qualitativos, com baixa capacidade de formalização e reduzida capacidade de comparação.

Avanços e problemas são assinalados pela literatura que tem buscado refletir sobre o tema e, principalmente, empreender análises historicamente orientadas. Parte considerável desses avanços advém do crescimento e da visibilidade das análises comparadas e contextualizadas. Esses estudos abordam um número determinado de casos para delinear similitudes e divergências e identificar causalidades nos processos políticos de larga escala, tais como democratização, movimentos sociais, efeitos de políticas sociais, conformação e transformação dos modernos Estados nacionais (Mahoney; Rueschemeyer, 2003). Também vêm produzindo impulsos positivos no campo dos métodos histórico-comparativos. Os avanços e as novas proposições podem ser observados na produção da vertente histórica do novo institucionalismo, que se articula, mas não se confunde necessariamente, com as análises históricas comparadas (Steinmo et al., 1992; Mahoney; Rueschemeyer, 2003). Para Tilly (2006) não há como não levar a história *seriamente* em conta para se produzir explanações compreensivas, plausíveis e verificáveis de processos políticos. Afinal, eventos políticos ocorrem em contextos históricos que têm consequências nas decisões dos atores e estes também aprendem ao longo desses processos, ao longo do tempo.

O desafio dessa vertente é procurar explicar processos e resultados políticos a partir de variáveis institucionais, ou melhor, considerar as instituições como regras do jogo ou limites estruturantes da ação e da interação humana. Aqui, *histórico* refere-se à visão de que as instituições são produtos de lutas políticas e processos temporais concretos, o que remete ao conceito de dependência de trajetória (*path dependence*). Escolhas cruciais são feitas em determinadas conjunturas ditas *críticas* (Collier; Collier, 2002) que produzem legados que restringem as chances de trajetórias alternativas em política e em políticas públicas (e que se retroalimentam), processo esse que varia em contextos diferentes, potencialmente comparáveis. Enfim, existiria uma causalidade social dependente da trajetória percorrida observada na *história* (Lieberman, 2001; Mahoney, 2001).

No aprofundamento do debate em torno desse tema, autores oscilam entre o reforço ao vínculo entre as ciências sociais e a História e a demarcação de suas diferenças disciplinares. Nessas diferentes perspectivas, há de se levar em conta que o exame de processos temporais não é apenas uma mudança metodológica, ou aprimoramento técnico, mas também uma mudança teórica (Skocpol; Pierson, 2002; Pierson, 2004; Thelen, 2004). Ou seja, a construção de teorias de continuidade e mudança pressupõe o poder causal de conexões temporais entre eventos. Isso requer conceitos que reconheçam a diversidade dos padrões dessas conexões. Contudo, talvez ainda estejamos nos marcos tradicionais e disciplinares. Skocpol, por exemplo, em meados dos anos 1980, lembrava que os clássicos, nos seus esforços de compreenderem os processos de mudança e as estruturas sociais da Europa moderna, se preocuparam em explicar sequências particulares de eventos históricos, buscando a chave para entender as mudanças cruciais e os contrastes na formação do mundo moderno (Skocpol, 1985, p.2). Na perspectiva da análise política, a pesquisa histórico-comparada incorporaria os benefícios dos estudos históricos clássicos (aprofundamento de um caso), com a vantagem de poder fazer novas e específicas perguntas sobre trajetórias divergentes de políticas estatais (colocá-lo em comparação com casos divergentes ou similares) (Amenta, 2003). Seria a estratégia, para alguns a ideal, de mediação entre teorias e história (Skocpol; Somers, 1980).

Alguns autores entendem a história como uma trajetória ou uma ordem particular de eventos que produz resultados mais interessantes analiticamente quanto mais se autorreforçam e ou se reforçam positivamente. Essa noção de história associada à análise de trajetórias incorre no risco de se criar generalizações simplistas – como, por exemplo, o "passado influencia o presente" – e se enclausurar na busca de causas remotas explicativas do status presente das políticas (Bridges, 2000). Há análises que acabam por naturalizar a ideia de dependência de trajetória, como bem identificam Mahoney (2000) e Pierson (2004). Sob esse viés, parte da produção acadêmica acaba por enxergar mais continuidades (trajetória) e menos mudanças. Pierson sublinha que a história importa nos processos de retroalimentação positiva, nos quais a sequência é fundamental, e que é preciso identificar não apenas os eventos, mas a ordem temporal em que eles ocorrem, além de estar atento à possibilidade de comparar cursos de eventos diferentes (idem). Para ele, a história não deveria ser tratada como uma cadeia de eventos independentes. Um dos desafios do institucionalismo histórico é avançar sua agenda sobre mudança (Mahoney; Thelen, 2010).

Na medida em que a "dependência de trajetória" é muito utilizada de modo *lato* para compreender um conjunto de acontecimentos e instituições no passado que exerce influência determinante sobre a história posterior, ela, ao invés de se aproximar, se afasta da História. Para alguns, a tendência é cometer a "falácia da imagem no espelho", na qual aspectos selecionados do passado são apresentados como inevitáveis (Woolcock et al., 2011). Feitas as ressalvas anteriores, parece que a *História* como disciplina e arsenal metodológico não tem sido acionada quando proclamam seu papel na análise de políticas. A dependência de trajetória e as dinâmicas de autorreforço, os efeitos de bloqueio e os processos de retroalimentação positiva, entre outros, ao fornecerem um instrumental para analistas de políticas públicas, eximiu os analistas do diálogo sistemático com a História. Dessa forma, eles estariam escapando da "descrição" ou da "narrativa", como uma resposta às tradicionais e duras críticas de pouco rigor como atributo das análises histórico-comparadas (Mahoney; Terrie, 2008). A História como simples sequência de eventos ou repetição poderia se tornar simplesmente fonte e arsenal empírico para os analistas (Jackson, 2006; Collier; Mazzuca, 2006). Produziu-se em torno do "passado" um contencioso entre História e análises histórico-institucionais de políticas governamentais (Woolcock et al., 2011).

Se História é narrativa no tempo, pensar historicamente é indissociável do tempo cronológico, que, por sua vez, não é apenas sequência temporal de eventos. Na narrativa histórica os eventos se relacionam entre si e não são facilmente organizáveis e realocáveis. Aqui a distinção disciplinar, sem diálogo ativo, produz um fosso. A pergunta seria como, desprovidos da *História*, podemos acessar o *histórico*? "Pensar no tempo" não é necessariamente pensar historicamente. Um caminho é refletir sobre os instrumentos que dão acesso ao contexto, à contingência e aos eventos na organização de uma sequência temporal, o que nos permitiria identificar mecanismos sociais importantes. Essas assunções poderiam gerar a dissolução da Ciência Política na História. Contudo, seguindo a arguta sugestão de Charles Tilly (2006; 2008), os cientistas políticos, para continuarem explanando processos, instituições e mudanças – que é diferente de pensar em tempo e espaço –, têm que lidar seriamente com a História, porém de uma maneira distinta daquela dos historiadores.

"Política pública é sempre história": os desafios dos historiadores

A afirmação de um dos mais influentes historiadores da saúde, o norte-americano Charles Rosenberg, de que as análises de políticas públicas são inseparáveis da História, no caso das políticas de assistência médica e saúde pública, é reveladora dos vários movimentos de historiadores envolvidos com campos de conhecimento específicos e suas instituições e políticas setoriais (Rosenberg, 2007). Também envolvem um conjunto de historiadores que defendem uma "História aplicada" que tenha relevância para o debate público contemporâneo (Tosh, 2008). Mesmo alertados pelo debate teórico sobre o presentismo e o anacronismo, sobre a especificidade dos contextos e do passado e sobre o perigo das analogias históricas e as distorções que uma "História pública" pode produzir, esses historiadores reafirmam que a História importa como disciplina e importa para o debate público e para os formuladores, decisores e implementadores de políticas (Woolcok et al., 2009). Na medida em que o "tempo" tem sido objeto de outras ciências sociais, a afirmação dos historiadores agora é que a História importaria sim, mas como disciplina – e não como tempo – e que os historiadores também importam.

Há poucas iniciativas institucionalizadas e mais amplas que vinculam História e políticas públicas, a exemplo do periódico *Journal of Policy History* [Revista de História de Políticas]. Tem sido no campo das políticas setoriais, em particular da saúde e da educação, que essa perspectiva de análise histórica tem se desenvolvido, em particular nos Estados Unidos e na Inglaterra, mas com iniciativas em outros países. Para além de uma afirmação profissional e disciplinar, o ambiente conturbado de reformas do Estado nas duas últimas décadas do século XX impulsionou a reflexão sobre continuidades, mudanças e rupturas, que começou a demandar direta ou indiretamente a História. A existência ou não de sistemas nacionais de saúde e as possibilidades de sua criação e manutenção são, por exemplo, questões relevantes, uma questão também relevante para o Brasil. Assim como as ciências sociais buscaram "trazer de volta o Estado", a saúde pública e seus historiadores têm pretendido "colocar o passado de volta".[5] Mesmo os organismos multilaterais e as agências internacionais de cooperação também voltaram a arguir sobre diferentes estágios e trajetórias de desenvolvimento na constituição de suas agendas. Porém, na busca da demonstração dos fatores que explicariam a riqueza e a pobreza dos países e, desse modo, de identificar as melhores estratégias para o desenvolvimento, o tempo é acionado. Mas a seletividade do "passado", os argumentos teleológicos, a homogeneidade, a linearidade e a monocausalidade acabam por ser a-históricas mesmo se "pensando em tempo" (Neustadt; May, 1988). Os desafios da complexidade dos processos históricos, já mencionados acima, ganham maior relevância na medida em que se pretende que a História faça parte do processo de *policy-making*.

---

5 "*Putting the past back in*" é o subtítulo do livro de Stevens, Rosenberg e Burns (2006).

Nesse sentido, historiadores, profissionais e gestores de saúde de vários países têm crescentemente se interrogado – muitas vezes por razões distintas e divergentes – sobre a oportunidade, o sentido e a necessidade de incorporação da História no campo da saúde pública (ou coletiva). Como fazê-lo é a pergunta subsequente. Importantes periódicos científicos e profissionais desse campo passaram a dedicar espaço para essas reflexões e inquietações, criando seções específicas e permanentes dedicadas à história da saúde e da medicina. Instituições governamentais como ministérios da saúde, associações profissionais, organizações multilaterais e internacionais, tais como a Organização Mundial da Saúde (OMS), a Organização Pan-Americana da Saúde (Opas) e a Fundação Rockefeller, começaram a incorporar em seus documentos, e em algumas ações, a história como elemento constitutivo da política de saúde.[6] Como sabemos, esse não é um fenômeno novo. Ao contrário, ele está nas origens do que se convencionou chamar de medicina social e esteve de alguma forma presente nas escolas de saúde pública desde seu início (Rosen, 1974; 1993). Porém, sua relevância foi diminuindo ao longo do tempo, dado o próprio desenvolvimento do campo na direção dos métodos quantitativos e as dificuldades de diálogo disciplinar, e não instrumental, dos projetos e políticas governamentais com a História. No caso brasileiro, um exemplo é a chamada "reforma sanitária" (e a criação do SUS), na década de 1980, que organizou, em um primeiro momento, o discurso sobre a história da saúde no Brasil, suas continuidades e, principalmente, mudanças. A realização de um projeto político reformador passou por uma leitura seletiva do passado a ser ultrapassado e dos heróis e ideias a serem resgatados (Hochman, 2009).[7]

Em 1997, os historiadores norte-americanos Elizabeth Fee e Theodore Brown publicaram um editorial na *American Journal of Public Health* (AJPH) [Revista Americana de Saúde Pública], a revista da poderosa

---

6 Por exemplo, a Global Health Histories (GHH) da OMS. Disponível em: <http://www.who.int/global_health_histories/en/>. Acesso em 1º dezembro 2010. O documento da Fundação Rockefeller, "Human Resources for Health and Development: a Joint Learning Initiative" de 2003 incorpora a História como uma das áreas cruciais da saúde global no que concerne aos recursos humanos. Disponível em: <http://www.rockefellerfoundation.org/uploads/files/ad7cea0d-33f9-4de3-82c1-dabd88f5ca4f-03hrh.pdf>. Acesso em 1º dezembro 2010.

7 Por exemplo, a sobrevalorização de um sanitarismo "desenvolvimentista e progressista" nos anos 1950.

Associação Americana de Saúde Pública, com um provocativo título: *Por que História?* (Fee; Brown, 1997). Três anos depois, no prestigioso periódico *Lancet*, um outro artigo, da historiadora inglesa Virginia Berridge, reformulou a pergunta anterior: *História na saúde pública, quem precisa?* (Berridge, 2000). Nesses e em outros artigos, vários autores, ao discutirem o tema da História no coração do campo da saúde e da pesquisa biomédica no mundo anglo-saxão, levantam questões que são expansíveis para o contexto brasileiro e latino-americano. Em primeiro lugar, os autores recusam o papel exclusivamente comemorativo da História, ainda que indiquem que celebrar e relembrar são partes da reflexão sobre as políticas e práticas. Nesse sentido, as datas podem ser catalisadoras de análises sobre processos históricos específicos que permitem, para além do conhecimento em si mesmo, produzir identidades profissionais, compreender o presente, indicar sentidos, supor direções e revelar novas possibilidades sobre os caminhos das políticas públicas. No Brasil, o periódico *História, Ciências, Saúde-Manguinhos* tem cumprido o papel de aproximar a história da política de saúde e de ciência e tecnologia desde 1997, contando, porém, com pouca participação de cientistas políticos.[8] Outros periódicos brasileiros do campo da saúde coletiva têm publicado artigos sobre a história de programas e políticas de saúde, mas com ainda pouco (re)conhecimento pela área de História.[9]

Através do alargamento do olhar sobre o passado, a História potencializaria a compreensão de processos sociais e culturais, e poderia iluminar alternativas de mudanças nesses processos. A "sensibilidade histórica" auxiliaria na abertura de "caixas-pretas" das decisões tomadas no passado. A vantagem da História no debate sobre a medicina baseada em evidências, em um exemplo sugerido por Berridge, seria justamente sua capacidade de formular questões mais amplas que outros não farão. Em segundo lugar, a análise histórica também possibilitaria a compreensão contextual e sociológica das políticas de saúde, evitando visões conspiratórias, instrumentais e acusatórias, típicas dos embates políticos e ideológicos da saúde coletiva. Em terceiro lugar, esses autores chamam a atenção para as diferentes

---

8 Disponível em: <www.scielo.br/hcsm>. Acesso em: 1º dezembro 2010.

9 Por exemplo, para citar as que estão disponíveis no site da Scielo: *Physis – Revista de Saúde Coletiva; Ciência e Saúde Coletiva; Interface – Comunicação, Saúde, Educação; Saúde e Sociedade.*

culturas nas quais profissionais e pesquisadores da saúde pública e historiadores são educados e treinados. Diferenças que podem ser tanto um fator de afastamento como, surpreendentemente, de aproximação. No campo da História, tem prevalecido ainda o método qualitativo; de modo inverso, é crescente a presença dos métodos quantitativos no campo da saúde. Neste último, o rigor científico seria valorado pela objetividade, capacidade de generalização e precisão científica. Porém, para a História não haveria superioridade *a priori* de qualquer metodologia, além de uma valorização da subjetividade e dos complexos sentidos culturais e contextuais dos fatos sociais. Em quarto lugar, Fee e Brown, em particular, indicam a característica cética e desconfiada que move o historiador em suas pesquisas, que contrasta com a ação dos profissionais da saúde (e decisores), que necessitam dar respostas no presente aos problemas apresentados cotidianamente, sempre na possibilidade de com isso produzir o futuro. A aproximação dos dois campos seria vantajosa não apenas para a saúde pública, mas também para os historiadores, que são confrontados com novos temas, metodologias, problemas e alternativas que requalificam suas interpretações históricas. Portanto, historiadores e profissionais de saúde poderiam dialogar na produção do conhecimento, na formação de trabalhadores e na formulação das políticas setoriais.[10]

A emergência da chamada saúde global tem colocado novos desafios e questões para historiadores e políticas de saúde e saneamento. Por exemplo, o próprio uso da expressão "trabalhadores da saúde", que se tornou hegemônico em relação a "recursos humanos ou força de trabalho", seria um fenômeno histórico a ser explicado. Uma pergunta fundamental é: como a agenda internacional se relaciona e interage com agendas regionais e políticas nacionais? Do ponto de vista histórico e político, a análise da trajetória da saúde internacional e suas complexas relações com as agendas nacionais de saúde são importantes para os desafios do século XXI. No

10 Cruciais têm sido iniciativas no interior do campo da saúde pública que começam a prosperar. Há mais de uma década, o AJPH publica com sucesso uma seção chamada *Public Health, then and now,* além de *Voices from the Past,* sob a direção de Elizabeth Fee e Ted Brown e, mais recentemente, o *Journal of Epidemiology and Community Health* (da Associação Médica Britânica) inaugurou uma seção dedicada à História, inicialmente editada por Virginia Berridge. São artigos de História que passam a ser publicados nas principais revistas de saúde coletiva e medicina.

campo específico dos recursos humanos em saúde, essa agenda internacional tornou imperioso que os historiadores visitem as agendas locais da qualidade e dos regimes de trabalho; de educação profissional, no tocante à escassez e aos desequilíbrios na disponibilidade, composição, distribuição, produtividade e qualidade dos serviços; da governança e dos conflitos e das controvérsias trabalhistas no setor saúde (Pires-Alves; Paiva; Hochman, 2008).

O retorno à história, como vimos, não é um movimento isolado do campo da saúde coletiva. Desde meados da década de 1980, tem-se observado uma "virada histórica" nas ciências sociais que, se adquiriu visibilidade, está longe de ser hegemônica. Trazer o passado de volta, não só na formação e prática profissional, mas como elemento da análise das políticas de saúde, tem sido uma reivindicação que compreende que a "política pública é sempre História" (Rosenberg, 2007, p.202).[11] Para Rosenberg, a maior contribuição da História para as políticas de saúde seria o seu fundamental sentido de contingência e complexidade. Ao mesmo tempo, chama a atenção que a interação com a política de saúde pública pode impedir que historiadores produzam contextos despolitizados. Porém, o suposto e a diferença fundamental é que o passado deve continuar a ser tratado como "um país estrangeiro, pois lá se fazem as coisas de modo diferente" (Woolcock et al., 2011).[12]

Além de uma natural desconfiança dos profissionais da saúde e desinteresse dos *policy-makers* diante das urgências da gestão pública, essa também não é uma agenda fácil para os historiadores profissionais dedicados ao tema das políticas setoriais. Esse campo disciplinar tende majoritariamente a recusar a ideia de aprendizado com a História, ou a "História como mestra da vida", mesmo quando se reconhece a relação do presente com o passado. O já citado historiador inglês Quentin Skinner, ao escrever sobre o "lugar da História na vida pública", confessa que, mesmo reconhecendo que a História pode servir a propósitos públicos, espera que os historiadores

11 "*Policy is always history.*"

12 A frase "*The past is a foreign country; they do things differently there*" [O passado é um país estrangeiro; eles fazem coisas diferentes por lá], do livro *The Go-Between*, de Leslie Hartley (1953), é bastante acionada por historiadores para revelar a perspectiva específica da História.

não transformem essa aspiração em seu objetivo principal (Skinner, 2005). Como indica Rosenberg, os historiadores sentem-se bastante desconfortáveis com prognósticos que são, justamente, uma das expectativas dos formuladores de políticas (Rosenberg, 2007, p.202).

Há movimentos de historiadores buscando aproximar mais ousadamente a História da política pública, como a iniciativa inglesa *History and Policy: connecting historians, policy makers and media,*[13] que tem como objetivo "demonstrar" a importância da História para o *policy-making* contemporâneo, colocar em contato historiadores, formadores de opinião e decisores e aumentar o engajamento da História no processo político. Um dos caminhos escolhidos é publicar e mostrar que trabalhos históricos feitos nos cânones da disciplina, não encomendados e não politicamente orientados, podem ser bons exemplos de uma "história aplicada" ou "relevante". Uma perspectiva bastante utilitária da História está no livro de Neustadt e May (1988), em que discutem e apresentam os "usos da História" para formuladores e decisores de políticas públicas. Nessa obra os autores apresentam casos ou eventos políticos do passado sobre os quais poder-se-ia compreender as decisões e os resultados e fazer analogias com outras situações, enfim, apreender com a História incorporando "o pensar em tempo" como elemento do processo decisório.

O inglês John Tosh (2008; 2010) indica que um dos caminhos estabelecidos é o da argumentação processual (temporalidade e sequência), que desfruta de enorme respeitabilidade acadêmica e é acionado por outras disciplinas, como a Ciência Política. Contudo, propõe que historiadores podem e devem praticar também a argumentação por analogias, pela comparação e contraste entre passado e presente, condenada pelo *mainstream* da disciplina, mas talvez para ele a melhor maneira de exercitar um "historicismo prático". Uma boa estratégia para uma História Pública também seria via analogias, modo mais utilizado pela mídia e pelos políticos para relacionar passado e presente, ou acionar a História. Ela poderia ser mais prescritiva, porém não preditiva, e continuaria historicista na medida em que o passado continua a ser tratado como singular (idem) e seria constitutivo, mas não determinante, do presente. Ainda que imersa em polêmicas, iniciativas como a *history and policy*, entre outras, têm reafirmado que a

---

13 Disponível em: <http://www.historyandpolicy.org/>. Acesso em: 1º dezembro 2010.

História importa não apenas para historiadores e, desse modo, parece começar a alargar seu diálogo com outras disciplinas, bem como sua audiência no campo das políticas governamentais. Ao incorporar a sensibilidade histórica no debate público – com mais evidências e melhores teorias – poderia se produzir melhores políticas. Esses ainda são os desafios colocados para historiadores que almejam discutir as políticas públicas contemporâneas à luz da perspectiva ainda disciplinar.

Considerações finais

Os desafios de uma história das políticas públicas, ou de políticas públicas em perspectiva histórica, são grandes, em particular quando compromissada com o diálogo com o presente. Tanto no Brasil como no exterior, o maior desenvolvimento dessa perspectiva se encontra nos campos setoriais das políticas públicas, mas os obstáculos conceituais e normativos das disciplinas envolvidas ainda são grandes.

Existe maior sensibilidade interdisciplinar em algumas das ciências sociais para lidar com políticas públicas no tempo, ainda que seus problemas teórico-metodológicos sejam grandes, do que na História institucionalizada para lidar com a contemporaneidade dessas políticas. Os estudos de políticas públicas associadas ao institucionalismo histórico ganharam em densidade e rigor metodológico principalmente na interface com análises histórico-comparadas. No Brasil o campo carece de estudos empíricos que avancem essa perspectiva para além do uso das ideias *lato sensu* de trajetória, conjunturas críticas, efeitos de retroalimentação como descritores de processos históricos e não como ferramentas analíticas. A perspectiva comparada que acompanharia a histórica é um dos caminhos possíveis. Enfim, os usos e abusos do "tempo, do passado, da trajetória" não são privilégios inerentes a cientistas sociais, políticos e decisores, assim como os "percalços do presente" não alcançariam somente historiadores.

Desenvolver um campo de *policy history* no Brasil significa promover um diálogo incomum, perene, não predatório e interdisciplinar entre História e Ciência Política. Esse diálogo, ainda que com dificuldades, tem se realizado nas políticas setoriais como saúde, educação, urbanismo, ambiente, desenvolvimento e assistência social. As motivações são variadas, os atores diferentes, os percalços semelhantes; contudo os resultados serão verificáveis no longo prazo. Um encontro mais íntimo entre história e políticas públicas deve ter o compromisso principal de prover análises potencialmente comparativas de qualidade.

Se a *história* realmente importa para as políticas públicas, os historiadores e cientistas sociais, e *policy-makers*, a seu modo e a partir de perguntas diferentes, como sugeriu Charles Tilly, podem analisá-las longitudinalmente, dialogar e interferir no processo de sua formulação, implementação e avaliação. Ela pode ser compreendida como lição, aprendizado, caso, evento ou processo. Portanto o desafio continuará sendo saber como ela importa.

Referências bibliográficas

ABBOTT, A. *The Chaos of Disciplines*. Chicago: Chicago University Press, 2001.

ABERS, R. *Inventing Local Democracy*: Neighborhood Organizing and Participatory Policy-Making in Porto Alegre, Brazil. Los Angeles, 1997. Tese (Doutorado) – University of California.

ABRAMS, P. *Historical Sociology*. Ithaca: Cornell University Press, 1982.

ADAMS, J.; CLEMENS, E.; ORLOF, A. (Eds.) *Remaking Modernity*: Politics, History, and Sociology. Politics, History, and Culture. Durham: Duke University Press, 2005.

ADLER, E. The Emergence of Cooperation: National Epistemic Communities and The International Evolution Of The Idea Of Nuclear Arms Control. *International Organization*, Madison, v. 46, n.1, p.101-145, Dec. 1992.

AGUILLAR, F. H. *Direito Econômico*: do direito nacional ao direito supranacional. São Paulo: Atlas, 2006.

ALBA, V. *Los colectivizadores*. Barcelona: Editorial Laertes, 2001.

ALCOCK, P. et al. (Eds.). *Welfare and Well Being*: Richard Titmuss's Contribution to Social Policy. Bristol: Policy Press, 2001.

ALEXANDRE, C. V. M. *O congresso brasileiro e a política externa* (1985-2005). Rio de Janeiro, 2006. 142f. Dissertação (Mestrado) – Instituto de Relações Internacionais, Pontifícia Universidade Católica do Rio de Janeiro.

ALLISON, G. T. *Essence of Decision*: Explaining the Cuban Missile Crisis. Boston: Little Brown, 1971.

ALLPORT, F. H. *Social Psychology*. New York: Houghton & Mifflin, 1924.

ALMEIDA, P. R. de. A política da política externa: os partidos políticos nas relações internacionais do Brasil (1930-1990). In: GUILHON ALBUQUERQUE, J. A. (Org.). *Sessenta anos de política externa brasileira (1930-1990)*. São Paulo: Annablume; Nupri; USP, 2000. p.381-447. (Prioridades, Atores e Políticas, v.4).

ALMEIDA, P. R. de. Relações internacionais. In: MICELI, S. (Org.). *O que ler na Ciência Social brasileira (1970-1995)*: ciência política. São Paulo: Sumaré; Anpocs; Capes, 1999. v. 3. p.191-255.

ALSINA JÚNIOR, J. P. S. A síntese imperfeita: articulação entre política externa e política de defesa na era Cardoso. *Revista Brasileira de Política Internacional*, Brasília, v.46, n.2, p.53-86, 2003.

ALTEMANI, H.; LESSA, A. C. (Orgs.). *Relações Internacionais do Brasil*: temas e agendas. São Paulo: Saraiva, 2006. 2 v.

ALTSHULER, A. *Teaching Leadership*. Annual Meeting of APPAM, San Francisco, Oct. 1990.

ALVAREZ, J. L.; GARRIDO, A. *Psicologia Social*: perspectivas psicológicas e sociológicas. São Paulo: McGraw-Hill, 2007.

ALVES, J. E. D. *A transição demográfica e a janela de oportunidade*. São Paulo: Instituto Fernand Braudel de Economia Mundial, 2008. (Braudel Papers, v.1) Disponível em: <http://fernandonogueiracosta.files.wordpress.com/2010/08/transicao_demografica.pdf>.

ALVES, J.; BRUNO, M. População e crescimento econômico de longo prazo no Brasil: como aproveitar a janela de oportunidade demográfica? In: ENCONTRO NACIONAL DE ESTUDOS POPULACIONAIS, 15, 2006, Caxambu. *Anais*... Belo Horizonte: ABEP, 2006. Disponível em: <http://www.abep.nepo.unicamp.br/encontro2006/docspdf/ABEP2006_302.pdf>.

ALVES, J.; VASCONCELOS, D.; CARVALHO, A. *Estrutura etária, bônus demográfico e população economicamente ativa*: cenários de longo prazo e suas implicações para o mercado de trabalho. Brasília: CEPAL; IPEA, 2010. (Texto para Discussão, 10).

AMENTA, E. State-Centered and Political Institutional Theory: Retrospect and Prospect. In: JANOSKI, T. et al. (Orgs.). *The Handbook of Political Sociology*: States, Civil Societies and Globalization. Cambridge: Cambridge University, 2005. p.96-114.

AMENTA, E. What We Know About The Development of Social Policy: Comparative And Historical Research. In: MAHONEY, J.; RUESCHEMEYER, D. (Eds.). *Comparative and Historical Analysis*. Cambridge; New York: Cambridge University Press, 2003. p.91-104.

AMORIM NETO, O.; SCHIAVON, J. A. Instituciones políticas internas y la política exterior de Brasil y México. In: ORTIZ MENA, A.; AMORIM NETO, O.; CASTRO, R. F. (Orgs.). *Brasil y México*: encuentros y desencuentros. México: Instituto Matías Romero; Secretaria de Relaciones Exteriores, 2005. p.167-199.

ANDRADE, G. *A dinâmica de participação das organizações da sociedade civil em conselhos de políticas sociais*: um estudo de caso do município de Piraí-RJ. Rio de Janeiro, 2007. Tese (Doutorado) – Fiocruz.

ANITUA, G. I. Notas sobre la metodologia de investigaciones empíricas en Derecho. In: COURTIS. C. (Org.). *Observar la ley*: ensayos sobre metodologia de la investigación jurídica. Madrid: Trotta, 2006.

ARAÚJO CASTRO, J. A. O congelamento do poder mundial. In: AMADO, R. (Org.). *Araújo Castro*. Brasília: Universidade de Brasília, 1982. p.197-212.

ARBIX, G.; MARTIN, S. B. Beyond Developmentalism and Market Fundamentalism in Brazil: Inclusionary State Activism without Statism. In: WORKSHOP ON STATES, DEVELOPMENT, AND GLOBAL GOVERNANCE, 2010, Wisconsin: University of Wisconsin-Madison, 2010. p.1-35.

ARCHER, M. Human Agency and Social Structure: A Critique of Giddens. In: CLARK, J.; MODGIL, C.; MODGIL, S. (Orgs.). *Anthony Giddens*: consensus and controversy. Brighton: Falmer, 1990. p.73-84.

ARRETCHE, M. *Democracia, federalismo e centralização no Brasil*. Rio de Janeiro: Fiocruz; FGV; CEM, 2012.

______. Dossiê agenda de pesquisa em políticas públicas. *Revista Brasileira de Ciências Sociais*, São Paulo, v.18, n.51, p.7-9, fev. 2003. Disponível em: <http://www.scielo.br/scielo.php?script=sci_arttext&pid=S0102690920030001000001&lng=en&nrm=iso>. Acesso em: 17 maio 2010.

ARRETCHE, M. Dossiê agenda de pesquisa em políticas públicas. *Revista Brasileira de Ciências Sociais*, São Paulo, v. 18, n. 51, fev. 2003, p.7-9.

______. Federalismo e políticas públicas sociais no Brasil: problemas de coordenação e autonomia. *São Paulo em Perspectiva*, São Paulo, v.18, n.2, p.17-26, 2004.

______. Federalismo e relações intergovernamentais no Brasil: a reforma de programas sociais. *Dados*, Rio de Janeiro, v.45, n.3, p.432-458, 2002.

______. *Políticas sociais em um Estado federativo*. Rio de Janeiro: Revan, 2000.

______. The Veto Power of Territorial Governments in Brazil: Political Institutions and Representatives Voting Behavior. *Brazilian Political Science Review*, São Paulo, v.1, n.2, p.40-73, Jul.-Dec. 2007.

______. Uma contribuição para fazermos avaliações menos ingênuas. In: ROXO MOREIRA, M.; CARVALHO, M. (Orgs.). *Tendências e perspectivas na avaliação de políticas e programas sociais*. São Paulo: IEE; PUC-SP, 2001.

ASHFORD, D. *History and Context in Comparative Public Policy*. Pittsburgh: University of Pittsburgh Press, 1992.

ASHWORTH, L. Interdisciplinarity and International Relations. *European Political Science*, [S.l.] v.8, n.1, p.16-25, Mar. 2009.

AURELIANO, L.; DRAIBE, S. A especificidade do "*Welfare State*" brasileiro. In: *Economia e desenvolvimento*: reflexões sobre a natureza do bem-estar. Brasília: MPAS; Cepal, 1989. v.1.

AVRITZER, L.; PIRES, R. R. Orçamento participativo: efeitos distributivos e combate à pobreza. *Teoria & Sociedade*, Belo Horizonte, p.68-89, 2005.

AYLLÓN, B.; LEITE, I. La cooperación Sur-Sur de Brasil: proyección solidaria y política exterior. In: AYLLÓN, B.; SURASKY, J. (Eds.). *La cooperación latinoamericana*: utopia y realidad. Madrid: Ediciones Los Livros de la Catarata; IUDC; UCM, 2010. p.61-101.

AZEVEDO, S.; ANDRADE, L. *Habitação e poder*: da fundação da casa popular ao Banco Nacional da Habitação. Rio de Janeiro: Zahar, 1981.

BARACH, P.; BARATZ, M. Decisions and Non-Decisions: An Analytical Framework. *American Political Science Review*, Texas, v.57, 1963.

BARATZ, S. S. Applying the Behavioural Sciences to the Needs of Public Policy Making. *Professional Psychology: research and practice*, Detroit, v.4, n.2, p.216-223, May 1973.

BARITZ, L. *The Servants of Power*: A History of the Use of Social Science in American Industry. Middleton: Wesleyan University Press, 1960.

BARRETT, S. M. Implementation Studies: Time for a Revival? Personal Reflections on 20 Years of Implementation Studies. *Public Administration*, [S.l.], v.82, n.2, p.249-262, Jun. 2004.

BARROUIN, A. W.; SOUZA, S. J. Políticas públicas e educação superior: o jornal como ator social. In: SOUZA, S. J.; MORAES, M. (Orgs.) *Tecnologias e modos de ser no contemporâneo*. Rio de Janeiro: PUC-Rio; 7 Letras, 2010. p.99-126.

BAUMANN, R. The Transformation of German Multilateralism: Changes in the Foreign Policy Discourse since Unification. *German Politics and Society*, [S.l.], v.20, n.4, p.1-26, 2002.

BAUMGARTNER, F.; JONES, B. *Agendas and Instability in American Politics*. Chicago: The University of Chicago Press, 1993.

BECKER, H. et al. The Value of Ethnography: Sociology and Public Policy. *The Annals of the American Academy of Political and Social Science*, [S.l.], v.595, n.1, p.264-276, 2004.

BÉDARIDA, F. Temps Présent et Présence de l'Histoire. In: *Institut d'Histoire du Temps Present*: ecrire l'histoire du temps présent. Paris: CNRS, 1993.

BERCOVICH, A.; MADEIRA, F.; TORRES, H. Descontinuidades demográficas. In: FUNDAÇÃO SEADE. *20 anos no ano 2000*. São Paulo: [s.n.], 1998.

BERGER, P.; LUCKMAN, T. *The Social Construction of Reality*: A Sociology of Knowledge. London: Penguin Books, 1966.

BEVILAQUA, C. *Consumidores e seus direitos*: um estudo sobre conflitos no mercado de consumo. São Paulo: Humanitas, 2008.

BEVILAQUA, C.; LEIRNER, P. Notas sobre a análise antropológica de setores do Estado brasileiro. *Revista de Antropologia*, São Paulo, v.43, n.2, p.105-140, 2000.

BINENBOJN, G. *Uma teoria do direito administrativo*: direitos fundamentais, democracia e constitucionalização. 2.ed. Rio de Janeiro: Renovar, 2006.

BLAU, P. *Exchange and Power in Social Life*. New York: Wiley, 1964.

BLOCH, M. *Apologia da história ou o ofício de historiador*. Rio de Janeiro: Jorge Zahar, 2001.

BOBBIO, N. *Da estrutura à função*: novos estudos de teoria do Direito. São Paulo: Manole, 2007.

______. *O filósofo e a política*. Rio de Janeiro: Contraponto, 2003.

______. *The Age of Rights*. Cambridge: Polity Press, 1996.

BOEKLE, H.; RITTBERGER, V.; WAGNER, W. Constructivist Foreign Policy Theory. In: RITTBERGER, V. *German Foreign Policy since Unification*: Theories and Case Studies. Manchester: Manchester University Press, 2001.

BONACICH, E. A Theory of Ethnic Antagonism: The Split Labor Market. *American Sociological Review*, Washington, v.37, n.5, p.547-559, 1972.

BORGES, A. Democracia vs. eficiência: a teoria da escolha pública. *Lua Nova: Revista de Cultura e Política*, São Paulo, n.53, p.159-179, 2001.

BÖRZEL, T. Organizing Babylon: On the Diferent Conceptions of Policy Networks. *Public Administration*, [S.l.], v.76, n.2, p.253-273, 1998.

BOSCHI, R. Estado desenvolvimentista no Brasil: continuidades e incertidumbres. *Ponto de Vista*, Rio de Janeiro, n.2, p.1-34, fev. 2010.

BOURDIEU, P. *O poder simbólico*. Rio de Janeiro: Bertrand Brasil, 1989.

BOURDIEU, P.; PASSERON, J. *La reproducción*. México: Editorial Siglo XXI, 1976.

BRASIL. Ministério do Planejamento, Orçamento e Gestão. Secretaria de Gestão. Gestão da Carreira de Especialista em Políticas Públicas e Gestão Governamental – EPPGG. Documento de referência para a Gestão da Carreira de EPPGG. Dezembro 2008. Disponível em: <http://www.planejamento.gov.br/secretarias/upload/Arquivos/seges/EPPGG/seges/gestao_da_carreira.pdf>. Acesso em: 7 julho 2010.

BRAUN, T.; SCHUBERT, A. The Growth of Research on Inter- and Multidisciplinarity in Science and Social Science Papers (1975-2006). *Scientometrics*, [S.l.], v.73, n.3, p.345-351, 2007.

BREWER, G. The Challenges of Interdisciplinarity. *Policy Sciences*, Netherlands, v.32, n.4, p.327-337, 1999.

BRIDGES, A. Path Dependence, Sequence, History. *Theory Studies in American Political Development*, Cambridge, v.14, n.1, p.109-112, 2000.

BUCCI, M. P. D. *Direito Administrativo e políticas públicas*. São Paulo: Saraiva, 2002.

______. Notas para uma metodologia jurídica de análise de politicas públicas. In: FORTINI, C.; ESTEVES, J. C. dos S., DIAS, M. T. F. (Orgs.). *Políticas públicas*: possibilidades e limites. Belo Horizonte: Fórum, 2008.

BUCHANAN, J.; TOLLISON, R. D. (Eds.). Politics Without Romance: A Sketch Of Positive Public Choice Theory And Its Normative Implications. In: BUCHANAN, J.; TOLLISON, R. (Eds.). *The Theory of Public Choice*. Michigan: University of Michigan Press, 1984. v.2.

BURCHELL, G.; GORDON, C.; MILLER, P. *The Foucault Effect*: Studies in Governamentality. Chicago: University of Chicago Press, 1991.

BURKE, P. *A Escola dos Annales (1929-1989)*: a revolução francesa da historiografia. São Paulo: Unesp, 1990.

CALDWELL, J. C. Demography and Social Science. *Population Studies*, New York, v.50, n.3, p.305-333, Nov. 1996.

CAMARANO, A. A. (Org.). *Os novos idosos brasileiros*: muito além dos 60? Rio de Janeiro: Ipea, 2005.

CAMARANO, A. O idoso no mercado de trabalho. In: CONGRESO NACIONAL DE ESTUDIOS DEL TRABAJO, 5, 2001, Buenos Aires. *Anais*... Buenos Aires: Aset, 2001.

CAMARGO, S.; OCAMPO, J. M. V. *Autoritarismo e democracia na Argentina e Brasil*. São Paulo: Convívio, 1988.

CAMPBELL, J. L. Ideas, Politics and Public Policy. *Annual Review of Sociology*, Palo Alto, v.28, p.21-38, 2002.

CAPELLA, A. Perspectivas teóricas sobre o processo de formulação de políticas públicas. In: HOCHMAN, G.; ARRETCHE, M.; MARQUES, E. (Orgs.). *Políticas públicas no Brasil*. Rio de Janeiro: Fiocruz, 2007.

CAPELLA, A. Transformando idéias em ação: o papel dos empreendedores de políticas públicas. In: ENCONTRO ANUAL DA ANPOCS, 34, 2010, Caxambu. *Anais*... São Paulo: Anpocs, 2010.

CARTER, H.; GLICK, P. *Marriage and Divorce*: A Social and Economic Study. Cambridge: Harvard University Press, 1976.

CARVALHO, J. A. M.; GARCIA, R. A. O envelhecimento da população brasileira: um enfoque demográfico. *Cadernos de Saúde Pública*, Rio de Janeiro, v.19, n.3, p.725-733, jun. 2003.

CARVALHO, J. M. *A construção da ordem*: a elite política imperial. Rio de Janeiro: Campus, 1980.

CARVALHO, J. M. de. *Cidadania no Brasil*: o longo caminho. Rio de Janeiro: Civilização Brasileira, 2001.

CARVALHO, M. I. V. Condicionantes internacionais e domésticos: o Brasil e o G-20 nas negociações agrícolas da rodada de Doha. *Dados*, Rio de Janeiro, v.52, n.3, p.405-445, 2010.

______. Estruturas domésticas e grupos de interesse: a formação da posição brasileira para Seattle. *Contexto Internacional*, Rio de Janeiro, v.25, n.2, p.363-401, 2003.

CASON. J.; POWER, T. Presidentialization, Pluralization, and the Rollback of Itamaraty: Explaining Change In Brazilian Foreign Policy Making In The Cardoso-Lula Era. *International Political Science Review*, [S.l.], v.30, n.2, p.117-140, March 2009.

CASTELLS, M. *A era da informação*: sociedade em rede. São Paulo: Paz e Terra, 1999. v.1.

CEPALUNI, G. *Regime de patentes*: Brasil x Estados Unidos no tabuleiro Internacional. São Paulo: Lex, 2006.

CERQUEIRA, K. C. As propostas de política econômica do PT entre 1989 e 2006: um exame sob o referencial teórico das coalizões de defesa. Brasília, 2010, 202f. Dissertação (Mestrado em Ciência Política) – Instituto de Ciência Política, UNB.

CESAR, S. E. M. O Congresso Nacional e a política externa brasileira (1985-2002). Brasília, 2002. Dissertação (Mestrado em Ciência Política), UnB.

CHANG, H.-J. Understanding the Relationship between Institutions and Economic Development: Some Key Theoretical Issues. *WIDER Discussion Paper*, Helsinky, 93, p.1-14, 2006.

CHAPUT, C. Regimes of Truth, Disciplined Bodies, Secured Populations: An Overview of Michel Foucault. *Science Fiction Film and Television*, Baltimore, v.2, n.1, p.91-104, 2009.

CLASTRES, P. *A sociedade contra o Estado*. São Paulo: Francisco Alves, 1978.

COELHO, F. de S. A problemática atual do ensino de graduação em Administração Pública no Brasil. *Cadernos EBAPE.BR*, Rio de Janeiro, v.6, número especial, ago. 2008.

COELHO, V. S. P.; ANDRADE, I. A. L.; MONTOYA, M. C. Deliberative Fora and the Democratisation of Social Policies in Brazil. *IDS Bulletin*, [S.l], v.33, n.2, p.65-73, Apr. 2002.

COELHO, V. S.; NOBRE, M. (Orgs.). *Participação e deliberação*: teoria democrática e experiências institucionais no Brasil contemporâneo. São Paulo: 34 Letras, 2004.

COHEN, J. Sociedade civil e globalização: repensando categorias. *Dados*, Rio de Janeiro, v.46, n.3, p.419-459, 2003.

COHEN, J.; ARATO, A. *Civil Society and Political Theory*. Cambridge: MIT Press, 1992.

COHEN, M.; MARCH, J.; OLSEN, J. A Garbage Can Model of Organizational Choice Administrative. *Science Quarterly*, Ithaca, v.17, n.1, p.1-25, Mar. 1972.

COLEBATCH, H. K. *Policy*. Buckingham: Open University Press, 1998.

COLEMAN, J. *The Foundations of Social Theory*. Cambridge: Belknap, 1990.

COLEMAN, W. D.; SKOGSTAD, G. (Orgs.). *Policy Communities and Public Policy in Canada*. Mississauga: Copp Clark Pitman, 1990.

COLLIER, R. B.; COLLIER, D. *Shaping the Political Arena*: Critical Junctures, the Labor Movement and Regime Dynamics in Latin America. Notre Dame: University of Notre Dame Press, 2002.

COLLIER, R. B.; MAZZUCA, S. Does History Repeat? In: TILLY, C.; GOODIN, R. (Eds.). *The Oxford Handbook of Contextual Political Analysis*. New York: Oxford University Press, 2006.

COLLINS, R. *Four Sociological Traditions*. Oxford: Oxford University Press, 1994.

______. *Macrohistory*: Essays in Sociology of the Long Run. Stanford: Stanford University Press, 1999.

______. *The Credential Society*: An Historical Sociology of Education and Stratification. New York: Academic Press, 1979.

______. *Theoretical Sociology*. San Diego: Harcourt Brace Jovanovich, 1988.

CONFERÊNCIA Nacional de Administração Pública. *RAP-Revista de Administração Pública*, Rio de Janeiro, v.1, n.2, p.233-237, 2º sem. 1967.

CORDELL, K.; WOLFF, S. A Foreign Policy Analysis of the "German Question": Ostpolitik Revisited. *Foreign Policy Analysis*, Birmingham, v.3, n.3, p.255-271, 2007.

CORTES, S. Sistema Único de Saúde: espaços decisórios e a arena política de saúde. *Cad. Saúde Pública*, Rio de Janeiro, v.25, n.7, p.1626-1633, jul. 2009.

CORTES, S. Viabilizando a participação em conselhos de política pública municipal: arcabouço institucional, organização do movimento popular e *policy communities*. In: HOCHMAN, G.; ARRETCHE, M.; MARQUES, E. *Políticas públicas no Brasil*. Rio de Janeiro: Fiocruz, 2007.

CORTES, S.; GUGLIANO, A. 2012. Entre neocorporativistas e deliberativos: uma interpretação sobre os paradigmas de análise dos fóruns participativos no Brasil. *Sociologias*, Porto Alegre, v.12, n.24, p.44-75, mai.-ago. 2010.

COSTA, B.; BRONZO, C. Intersetorialidade no enfrentamento da pobreza: o papel da implementação e da gestão. In: FARIA, C. (Org.). *Implementação de políticas públicas*: teoria e prática. Belo Horizonte: PUC-Minas, 2012.

COURTIS, C. Los derechos sociales en perspectiva: la cara jurídica de la política social. *Revista da Faculdade de Direito da Fundação Escola Superior do Ministério Público (FMP)*, Porto Alegre, 1, p.73-101, 2007.

COUTINHO, D. R. et al. O direito nas políticas públicas de habitação: usos de instrumentos urbanísticos no Município de Santo André, Brasil. Relatório final de pesquisa realizada na Faculdade de Direito da Universidade de São Paulo, no âmbito de investigação coletiva realizada em 2010 com apoio do *Lincoln Institute of Land Policy*, no prelo.

COUTINHO, D. R. Linking Promises to Policies: Law and Development in an Unequal Brazil. *The Law and Development Review*, Berlin, v.3, n.2, May 2010.

COUTINHO, D. R.; FERRAZ, O. L. M. Direitos sociais e ativismo judicial. *Valor Econômico*, São Paulo, 27 out. 2008. Caderno Legislação, p.2.

COUTO, C. G. Modernização. In: ANDRADE, R. de C.; JACCOUD, L. (Orgs.). *Estrutura e organização do Poder Executivo.* Brasília: Enap, 1993. v.1. p.109-202.

COUTO, C. G.; ARANTES, R. B. Constituição ou políticas públicas? Uma avaliação dos anos FHC. In: ABRUCIO, L. F.; DURAND, M. R. L. (Orgs.). *O Estado numa era de reformas*: os anos FHC. Brasília: Enap, 2002.

COUTO, E. F. Judicialização da política externa e direitos humanos. *Revista Brasileira de Política Internacional*, Brasília, v.47, n.1, p.140-161, jan.-jun. 2004.

CUNHA, J. A dinâmica demográfica e seus impactos na trajetória da população em idade escolar. In: CASTRO, M. H. G.; DAVANZO, Á. M. Q. *Situação da educação básica no Brasil*. Brasília: MEC; Inep, 1999.

______. A migração no Brasil no começo do século 21: continuidades e novidades trazidas pela PNAD 2004. *Parcerias Estratégicas*, Brasília, n.22, p.381-439, jun. 2006a.

______. Dinâmica migratória e o processo de ocupação do Centro-Oeste brasileiro: o caso de Mato Grosso. *Revista Brasileira de Estudos de População*, Campinas, v.23, p.87-107, jun. 2006b.

CUNHA, J. M. P.; ASCAMA, M. O. O. Indicadores do fluxo escolar: modelo de profluxo e projeções de demanda escolar. *Textos NEPO 38*, Campinas: Nepo; Unicamp, 2000.

CUNHA, J.; BAENINGER, R. Las migraciones internas en el Brasil contemporâneo. *Notas de Población*, Santiago de Chile, v.33, n.82, 2007.

CUNHA, J.; JIMÉNEZ, M. A. Segregação e acúmulo de carências: localização da pobreza e condições educacionais na região metropolitana de Campinas. In: CUNHA, J. (Org.). *Novas metrópoles paulistas*: população, vulnerabilidade e segregação. Campinas: Nepo; Unicamp, 2006.

CURSO de mestrado em Administração Pública. *RAP-Revista de Administração Pública*, v.7, n.3, p.85-104, jul.-set. 1973.

DA MATTA, R. *Carnavais, malandros e heróis*. Rio de Janeiro: Zahar, 1978.

DAHL, R. *Who Governs?* Democracy and Power in an American City. New Haven: Yale Press, 1961.

DAINTITH, T. Law as Policy Instrument: A Comparative Perspective. In: DAINTITH, T. (Ed.). *Law as an Instrument of Economic Policies*: Comparative and Critical Approaches. Berlin; New York: Walter de Gruyer, 1987.

DANTAS, B. M.; MELLO, R. P. Posicionamentos críticos e éticos sobre a violência contra as mulheres. *Psicologia & Sociedade*, Porto Alegre, v.20, número especial, p.78-86, 2008.

DANTAS, F. C. de S. T. A educação jurídica e a crise brasileira. *Revista Forense*, [S.l.], v.159, p.449-459, jul.-ago.-set. 1952.

DEACON, A. Resenha de Julian Le Grand (2003), Motivation, Agency, and Public Policy: Of Knights and Knaves, Pawns and Queens. *Journal of Social Policy*, London, v.33, p.503-506, 2004.

______. Richard Titmuss: 20 Years On. *Journal of Social Policy*, London, v.22, n.2, p.235-242, 1993.

______. The Dilemmas of Welfare: Titmuss, Murray and Mead. In: GREEN, S. J. D.; WHITING, R. C. (Eds.). *The Boundaries of the State in Modern Britain*. Cambridge: Cambridge University Press, 1996. p.191-212.

DEACON, A.; MANN, K. Agency, Modernity and Social Policy. *Journal of Social Policy*, London, v.28, n.3, p.413-35, 1999.

DeLEON, P. H. et al. Navigating Politics, Policy, and Procedure: A Firsthand Perspective of Advocacy On Behalf Of the Profession. *Professional Psychology: research and practice*, Detroit, v.37, n.2, p.146-153, Apr. 2006.

DeLEON, P. The Historical Roots of the Field. In: MORAN, M.; REIN, M.; GOODIN, R. E. (Orgs.). *The Oxford Handbook of Public Policy*. Oxford: Oxford University Press, 2006. p.39-57.

DENNIS, M. *Public Choice*. Cambridge: Cambridge University Press, 1989. v.2.

DINIZ, S.; RIBEIRO, C. O. The Role of the Brazilian Congress in Foreign Policy: An Empirical Contribution to the Debate. *Brazilian Political Science Review*, São Paulo, v.2, n.2, p.10-38, 2008.

DRAIBE, S. M. O *Welfare State* no Brasil: características e perspectivas. *Ciências Sociais Hoje*. Rio de Janeiro: Anpocs; Rio Fundo, 1989.

______. *Rumos e metamorfoses*: um estudo sobre a constituição do Estado e as alternativas da industrialização no Brasil (1930-1960). Rio de Janeiro: Paz e Terra, 1985.

______. Uma nova institucionalidade das políticas públicas? Reflexões a propósito da experiência latino-americana recente de reformas dos programas sociais. *São Paulo em Perspectiva*, São Paulo, v.11, n.4, p.3-15, out.-dez. 1997.

______. *Welfare State* no Brasil: características e perspectivas. *Caderno de Pesquisas do Núcleo de Estudos de Políticas Públicas – NEPP*, 8, p.1-26, 1993.

DURKHEIM, É. *Da divisão social do trabalho*. Tradução de Eduardo Brandão. 2.ed. São Paulo: Martins Fontes, 1999.

______. *Moral Education*. Mineola: Dover, 2008.

DURNING, D. The Transition from Traditional to Postpositivist Policy Analysis: A Role for Q-Methodology. *Journal of Policy Analysis and Management*, Bloomington, v.18, n.3, p.389-410, Summer 1999.

EASTON, D. *A Framework for Political Analysis*. Englewood Cliffs: Prentice-Hall, 1965.

______. Categorias para a análise de sistemas em política. In: *Modalidades de análise política*. Rio de Janeiro: Zahar, 1970.

______. *The Political System*: An Inquiry into the State Of Political Science. New York: Alfred A. Knopf, 1953.

EBERHARD, C. Brief Reflections on What "Efficacy" of a Whole Legal Order Could Mean – In Contrast to the Efficacy of a Single Law. 1997. Disponível em: <http://www.dhdi.free.fr/recherches/etatdroitjustice/articles/eberefficacy.htm>.

EDWARDS, G.; SHARKANSKY, I. *The Policy Predicament*: Making and Implementing Public Policy. San Francisco: W. H. Freeman, 1978.

ELIAS, N. *A sociedade dos indivíduos*. Rio de Janeiro: Jorge Zahar, 1994.

______. *Os estabelecidos e os outsiders*. Rio de Janeiro: Jorge Zahar, 2000.

ELKINS, D. J. *Beyond Sovereignty*: Territory And Political Economy In The Twenty-First Century. Toronto: University of Toronto Press, 1995.

EMERY, F. E.; TRIST, E. L. *Towards a Social Ecology*. New York: Springer, 1975.

EMIRBAYER, M. Manifesto for a Relational Sociology. *The American Journal of Sociology*, Chicago, v.103, n.2, p.281-317, 1997.

ENGELBERT, E. A. University Education for Public Policy Analisis. *Public Administration Review*, Bloomington, v.37, n.3, p.228-236, May-Jun. 1977.

ENGLAND, P. A Feminist Critique of Rational-Choice Theories: Implications for Sociology. *The American Sociologist*, Morgantown, v.20, n.1, p.14-28, 1989.

EPSTEIN, L.; KING, G. The Rules of Inference. *The University f Chicago Law Review*, Chicago, v.69, n.1, p.1-133, 2002.

ERTMAN, T. *Birth of the Leviathan*. Cambridge: Cambridge University Press, 1997.

ESCOLA Brasileira de Administração Pública. Plano de trabalho para 1969. *Revista de Administração Pública*, Rio de Janeiro, v.3, n.1, p.147-170, 1969.

ETZIONI, A. Mixed Scanning: A Third Approach to Decision-Making. *Public Administration Review*, Bloomington, n.27, 1967.

EVANS, P. B.; JACOBSON, H. J.; PUTNAM, R. D. *Double-Edged Diplomacy*: International Bargaining and Domestic Politics. Los Angeles: University of California Press, 1993.

EVANS, P. B.; RUESCHEMEYER, D.; SKOCPOL, T. *Bringing the State Back in*. Cambridge; New York: Cambridge University Press, 1985.

EVANS, P. O Estado como problema e solução. *Lua Nova: Revista de Cultura e Política*, São Paulo, n.28/29, p.107-157, 1993.

EVANS-PRITCHARD, E. *Os nuer*. São Paulo: Perspectiva, 1988.

FARAH, M. F. S. Parcerias, novos arranjos institucionais e políticas públicas no nível local de governo. In: SARAVIA, E.; FERRAREZI, E. *Políticas Públicas*: coletânea. Brasília: Enap, 2006. v.2, p.187-217.

FARAH, M. F. S. Temas emergentes em gestão e políticas públicas: tendências gerais. *Cadernos Gestão Pública e Cidadania*, São Paulo, n.48, p.43-66, 2006.

FARAH, M. F. S.; SPINK, P. Subnational Government Innovation in a Comparative Perspective: Brazil. In: BORINS, S. (Ed.). *Innovations in Government*: Research, Recognition, and Replication. Washington: Brookings; Ash Institute for Democratic Governance and Innovation, 2008. p.71-93.

FARIA, C. A. P. (Org.). *Implementação de políticas públicas*: teoria e prática. Belo Horizonte: PUC-Minas, 2012.

______. A política de avaliação das políticas públicas. *Revista Brasileira de Ciências Sociais*, São Paulo, v.20, n.59, p.97-110, 2005.

______. Ideias, conhecimento e políticas públicas: um inventário sucinto das principais vertentes analíticas recentes. *Revista Brasileira de Ciências Sociais*, São Paulo, v.18, n.51, p.21-29, 2003.

______. Opinião pública e política externa: insulamento, politização e reforma na produção da política exterior do Brasil. *Revista Brasileira de Política Internacional*, Brasília, v.51, n.2, p.80-97, 2008.

FARIA, J. E. *Direito e Economia na democratização brasileira*. São Paulo: Malheiros, 1993.

______. Direito e justiça no século XXI: a crise da justiça no Brasil. In: Seminário Direito e Justiça no Século XI, 2003, Coimbra. Disponível em: <http://opj.ces.uc.pt/portugues/novidds/comunica/JoseEduarFaria.pdf>. Acesso em: 17 dez. 2010.

______. *O Direito na economia globalizada*. São Paulo: Malheiros, 1999.

FARIA, J. E. O ensino jurídico. In: ENCARNAÇÃO, J. B. da; MACIEL G. do E. S. (Orgs.). *Seis temas sobre o ensino jurídico*. São Paulo: Cabral, 1995.

FARR, R. M. *As raízes da Psicologia Social moderna*. Rio de Janeiro: Vozes, 1999.

FELD, S. On the Emergence of Social Norms. *Contemporary Sociology*, [S.l.], v.31, n.6, p.638-640, 2002.

FERNANDES, A. S. A. Path Dependency e os estudos históricos comparados. *Revista Brasileira de Informação Bibliográfica em Ciências Sociais-BIB*, São Paulo, n.53, p.79-102, 2002.

FERNANDES, F. *A função social da guerra na sociedade tupinambá*. São Paulo: [s.n.], 1952.

______. *A organização social dos tupinambá*. São Paulo: Instituto Progresso, 1949.

FERRAZ, T. S. *A ciência do Direito*. São Paulo: Atlas, 1995.

FIGUEIRA, A. C. R. *Processo decisório em política externa no Brasil*. São Paulo, 2009, 255f. Tese (Doutorado Ciência Política) – Faculdade de Filosofia, Letras e Ciências Humanas, Universidade de São Paulo.

FIGUEIREDO, A. Executivo e burocracia. In: LESSA, R. (Org.). *Horizontes das Ciências Sociais no Brasil*: ciência política. São Paulo: Discurso Editorial; Anpocs, 2010.

FIGUEIREDO, A. L. V. *O caminho quilombola*: interpretação constitucional e reconhecimento de direitos étnicos. Rio de Janeiro, 2008, 256p. Tese (Doutorado) – Instituto Universitário de Pesquisas do Rio de Janeiro.

FIGUEIREDO, A.; FIGUEIREDO, M. Avaliação política e avaliação de políticas: um quadro de referência teórica. *Análise & Conjuntura*, Belo Horizonte, v.1, n.3, p.107-127, set.-dez. 1986.

FIGUEIREDO, A.; LIMONGI, F. *Executivo e Legislativo na nova ordem constitucional*. Rio de Janeiro: FGV, 1999.

FINNEMORE, M. *National Interests in International Society*. Ithaca: Cornell University Press, 1996.

FINNEMORE, M.; SIKKINK, K. International Norm Dynamics and Political Change. *International Organization*, Madison, v.52, n.4, p.887-917, Sept. 1998.

FIORINA, M. *Congress*: Keystone of the Washington Establishment. Yale: Yale University Press, 1977.

FISCHER, F. Citizen Participation and the Democratization of Policy Expertise: From a Theoretical Inquiry to Practical Cases. *Policy Sciences*, Raleich, v.26, n.3, p.165-187, 1993.

______. *Democracy & Expertise*: Reorienting Policy Enquiry. Oxford: Oxford University Press, 2009.

______. Reframing Public Policy: Discursive Politics and Deliberative Practices. Oxford: Oxford University Press, 2003.

FISCHER, T. Administração Pública como área de conhecimento e ensino: a trajetória brasileira. *RAE-Revista de Administração de Empresas*, São Paulo, v.24, n.4, p.278-288, 1984.

FONSECA JÚNIOR, G. Mundos diversos, argumentos afins: notas sobre aspectos doutrinários da política externa independente e do pragmatismo responsável. In: ALBUQUERQUE, J. A. G. (Org.). *Sessenta anos de política externa brasileira*

(1930-1990): crescimento, modernização e política externa. São Paulo: Cultura, 1996. v.1. p.299-336.

FONSECA, C. M. O. *Saúde no governo Vargas (1930-1945)*: dualidade institucional de um bem público. Rio de Janeiro: Fiocruz, 2007.

FORTES, M.; EVANS-PRITCHARD, E. *African Political Systems*. London: Oxford University Press, 1940.

FOUCAULT, M. *Microfísica do poder*. Rio de Janeiro: Graal, 1979.

______. *Tecnologias del yo y otros textos afines*. Barcelona: Paidós; ICE; UAB, 1996.

______. *Vigiar e punir*: nascimento da prisão. Petrópolis: Vozes, 1987.

FRASER, N. Da redistribuição ao reconhecimento? Dilemas da justiça na era pós-socialista. In: SOUZA, J. (Org.). *Democracia hoje*. Brasília: UnB, 2001.

FREDERICKSON, H. G. John Gaus Lecture: The Repositioning Of American Public Administration. *PS: Political Science & Politics*, Washington, p.701-711, Dec. 1999.

FREZZA, M.; MARASCHIN, C.; SANTOS, N. S. Juventude como problema de políticas públicas. *Psicologia & Sociedade*, Florianópolis, v.21, n.3, p.313-323, Sept.-Dec. 2009.

FRIEND, J. K.; POWER, J. M.; YEWLETT, C. J. L. *Public Planning*: The Inter-Corporate Dimension. London: Tavistock Publications, 1974.

GASKARTH, J. Discourses and Ethics: The Social Construction of British Foreign Policy. *Foreign Policy Analysis*, Columbia, v.2, n.4, p.325-341, 2006.

GATES, R. M. Além das armas e do aço: a restauração dos instrumentos não-militares do poder norte-americano. In: CASEY JUNIOR, G. W. *Military Review*. Kansas: Forte Leavenworth; CAC, 2008. [Ed. Bras.]

GAUS, J. M. Trends in the Theory of Public Administration. *Public Adminsistration Review*, Bloomington, v.10, n.3, p.161-168, Summer 1950.

GEARTY, C. *Can Human Rights Survive?* Cambridge: Cambridge University Press, 2005.

GERGEN, K. J. *An Invitation to Social Construction*. 2.ed. Thousand Oaks: Sage, 2009.

GIDDENS, A. *A constituição da sociedade*. São Paulo: Martins Fontes, 1989.

______. *A terceira via*: reflexões sobre o impasse político atual e reflexões sobre a social democracia. Rio de Janeiro: Record, 2000.

______. *Para além da esquerda e da direita*. São Paulo: Unesp, 1996.

GIGERENZER, G.; SELTEN, R. Rethinking Rationality. In: *Bounded Rationality*: the adaptive toolbox. Cambridge: MIT Press, 2002.

GINNEKEN, J. P. *Crowds, Psychology & Politics, 1871-1899*. Cambridge: Cambridge University Press, 1992.

GIVISIEZ, G. H. N.; RIOS-NETO, E. L. G.; SAWYER, D. O. Projeção da demanda demográfica por domicílios: aplicação da metodologia das taxas de chefia baseada em modelos de idade-período-coorte. In: GUIMARÃES, J. R. S. (Org.). *Demografia de negócios*: campo de estudos, perpectivas e aplicações. Campinas: Abep, 2006. p.213-250. (Demographicas, 3).

GLUCKMAN, M. *Order and Rebellion in Tribal Africa*. London: Cohen and West, 1963.

GOFFMAN, E. *Asylums*: Essays on the Social Situation of Mental Patients and Other Inmates. New York: Doubleday Anchor, 1961.

GOFFMAN, E. *The Presentation of Self in Everyday Life*. New York: Anchor Books, 1959.

GOLGHER, A. B. O Modelo Profluxo e indicadores derivados. In: RIOS-NETO, E. L. G.; RIANI, J. L. R. (Orgs.). *Introdução à Demografia da Educação*. Campinas: Abep, 2004, p.159-207.

GONÇALVES, M. G. M. *Psicologia, subjetividade e políticas públicas*. São Paulo: Cortez, 2010.

GONTIJO, J. Coordenação, cooperação e políticas públicas: organizando percepções e conceitos sobre um tema caro à implementação. In: FARIA, C. (Org.). *Implementação de políticas públicas*: teoria e prática. Belo Horizonte: PUC-Minas, 2012.

GONZÁLES SALAS, E. *El laberinto institucional colombiano, 1974-1994*: fundamentos de Administración Pública. Santa Fé de Bogotá: Universidad Nacional de Colombia, 1997.

GOODIN, R. E.; REIN, M.; MORAN, M. The Public and its Policies. In: MORAN, M., REIN, M.; GOODIN, R. E. (Orgs.). *The Oxford Handbook of Public Policy*. Oxford: Oxford University Press, 2006, p.3-35

GOODNOW, F. *Politics and Administration*. New York: Macmillan, 1900.

GORDON, I.; LEWIS, J.; YOUNG, K. Perspectives on Policy Analysis. In: HILL, C. (Org.). *The Policy Process*: A Reader. New York: Harvester Wheatheaf, 1993.

GOUREVITCH, P. A. *Politics in Hard Times*: Comparative Responses to International Economic Crises. New York: Cornell University Press, 1986.

GRAMSCI, A. *Cadernos do cárcere*. 3.ed. Rio de Janeiro: Civilização Brasileira, 2004.

GRANJA, E.; MEDRADO, B. Homens, violência de gênero e atenção integral em saúde. *Psicologia & Sociedade*, Florianópolis, v.21, n.1, p.25-34, Jan.-Apr. 2009.

GRAU, E. R. *O direito posto e o direito pressuposto*. São Paulo: Malheiros, 1996.

GREENER, I. Agency, Social Theory and Social Policy. *Critical Social Policy*, [S.l.], v.22, n.4, p.688-705, Nov. 2002.

GREGORY, R. Political Rationality or Incrementalism? Charles Lindblom's Enduring Contribution to Public Policy Making Theory. *Policy & Politics*, Bristol, v.17, n.2, p.139-153, Apr. 1989.

GRYNSZPAN, M. A teoria das elites e sua genealogia consagrada. *Revista Brasileira de Informação Bibliográfica em Ciências Sociais – BIB*, São Paulo, n.41, p.35-83, 1º sem. 1996.

GUARESCHI, N. M. F. et al. *Psicologia, formação, política e produção em saúde*. Porto Alegre: EDIPUCRS, 2010.

GUARESCHI, P. A. *Psicologia Social crítica como prática de libertação*. Porto Alegre: EDIPUCRS, 2004.

GUARESCHI, P. A.; JOVCHELOVITCH, S. (Orgs.). *Textos em representações sociais*. Petrópolis: Vozes, 1994.

GUEDES, A. M.; FONSECA, F. (Orgs.). *Controle social da administração pública*: cenário, avanços e dilemas no Brasil. São Paulo: Unesp, 2007.

GUILHON ALBUQUERQUE, J. A. (Org.). *Sessenta anos de política externa brasileira (1930-1990)*. São Paulo: Cultura Editores Associados, 1996. 4v.

GUTMANN, A. Introduction. In: IGNATIEFF, M. *Human Rights as Politics and Idolatry*. Princeton: Princeton University Press, 2001.

HAAS, P. Introduction: Epistemic Communities and International Policy Coordination. *International Organization*, Madison, v.46, n.1, p.1-11, Dec. 1992.

HABERMAS, J. New Social Movements. *Telos*, n.49, p.33-37, Fall 1981.

______. *The Structural Transformation of the Public Sphere*. Cambridge: MIT Press, 1989.

HACKING, I. *The Social Construction of What?* Cambridge: Harvard University Press, 1999.

HAKKERT, R. Demografia de negócios: campo de estudos, tendências e possibilidades. In: GUIMARÃES, J. R. S. (Org.). *Demografia de negócios*: campo de estudos, perpectivas e aplicações. Campinas: Abep, 2006. p.19-73. (Demographicas, v.3).

______. *Fontes de dados demográficos*. Belo Horizonte: Abep, 1996.

HALL, P. A.; TAYLOR, R. C. R. The Potential of Historical Institutionalism: A Response to Hay and Wincott. *Political Studies*, v.46, n.5, p.958-962, Dec. 1998.

______. As três versões do neo-institucionalismo. *Lua Nova: Revista de Cultura e Política*, n.58, p.193-223, 2003.

______. Political Science and the Three New Institutionalisms. *Political Studies*, Nottingham, v.44, n.3, p.936-957, Aug. 1996.

HAM, C.; HILL, M. *The Policy Process in the Modern Capitalist State*. New York: Harvest Weatsheaf, 1993.

HAMPTON, B. Three Views on the Prole of Psychologists in Public Policy Making. *Professional Psychology*: Research And Practice, Detroit, v.1, n.5, p.473-476, Fall 1970.

HATTAM, V. 1993. Institutions and Political Change: Working Class Formation in England and the United States, 1820-1896. In: THELEN, K.; STEINMO, S. *Structuring Politics*: Historical Institutionalism In Comparative Perspective. New York: Cambridge University Press, 1992.

HAUSER, P. M.; DUNCAN, O. D. *El estudio de la población*. Santiago de Chile: Celade, 1975.

HAY, C. *Political Analysis*: A Critical Introduction. Hampshire: Palgrave, 2002.

HAY, C. *Re-stating Social And Political Change*. Buckingham; Philadelphia: Open University Press, 1996.

HAY, C.; WINCOTT, D. Structure, Agency and Historical Institutionalism. *Political Studies*, Nottingham, v.46, n.5, p.951-957, Dec. 1998.

HECLO, H. Issue Networks and the Executive Establishment. In: KING, A. *The New American Political System*. Washington: American Institute for Public Policy Research, 1978.

HENRY, L. L. Naspaa History: A Summary Report from the Naspaa Historical Project. NASPAA'S 25TH ANNIVERSARY CONFERENCE, 1995, Austin. Disponível em: <http://www.naspaa.org>. Acesso em: 20 maio 2010.

HENRY, N. Paradigms of Public Administration. *Public Administration Review*, Bloomington, v.35, n.4, p.378-386, 1975.

HERZ, M. O crescimento da área de Relações Internacionais no Brasil. *Contexto Internacional*, Rio de Janeiro, v.24, n.1, p.7-40, jun. 2002.

HEWITT, S. Discourse Analysis and Public Policy Research. Centre for Rural Economy, Discussion Paper Series No. 24. Oct. 2009. Disponível em: <http://www.ncl.ac.uk/cre/publish/discussionpapers/pdfs/dp24Hewitt.pdf.>.

HICKEY, S.; MITLIN, D. *Rights-Based Approaches to Development*: Exploring the Potential and Pitfalls. Sterling: Kumarian Press, 2009.

HILL, M.; HUPE, P. *Implementing Public Policy*. London: Sage Pub, 2009.

HINTZE, O. *The Historical Essays of Otto Hintze* (ed. Felix Gilbert e Robert M. Berdahl). New York: Oxford University Press, 1975.

HIRST, M. A política externa do segundo governo Vargas. In: GUILHON ALBUQUERQUE, J. A. (Org.). *Sessenta anos de política externa brasileira (1930-1990)*: crescimento, modernização e política externa. São Paulo: Cultura, 1996. v.1. p.211-230.

______. Área de Relações Internacionais no Brasil: experiência acumulada e potencialidades futuras. SEMINÁRIO TEMAS E PROBLEMAS DE INVESTIGAÇÃO EM CIÊNCIAS SOCIAIS, BRASIL E AMÉRICA LATINA, 1990, Campos do Jordão. São Paulo: Anpocs, dez. 1990b.

______. Continuidad y cambio del programa de integración Argentina-Brasil. In: *Documentos y informes de investigación*. Buenos Aires: Flacso, 1990a.

______. La intervención sudamericana en Haití. In: HIRST, M. (Org.). *Crisis del Estado y intervención internacional*: una mirada desde el sur. Buenos Aires: Edhasa, 2009.

______. *O processo de alinhamento nas relações Brasil-Estados Unidos*: 1942-1945. Rio de Janeiro, 1982. Dissertação (Mestrado) – IUPERJ.

HJERN, B.; PORTER, D. Implementation Structures: A New Unit of Administrative Analysis. *Organization Studies*, [S.l.], v.2, n.3, p.211-227, Jul. 1981.

HOCHMAN, G. Agenda internacional e políticas nacionais: uma comparação histórica entre programas de erradicação da malária e da varíola no Brasil. In: HOCHMAN, G.; ARRETCHE, M.; MARQUES, E. *Políticas públicas no Brasil*. Rio de Janeiro: Fiocruz, 2007.

HOCHMAN, G. O Brasil não é só doença: o programa de saúde pública de Juscelino Kubitschek. *História, Ciências, Saúde-Manguinhos*, 16 (suplemento), p.313-331, 2009.

HOCHMAN, G.; FARIA, C. (Orgs.). *Federalismo e políticas públicas no Brasil*. Rio de Janeiro: Fiocruz, 2013.

HOGGETT, P. Agency, Rationality and Social Policy. *Journal of Social Policy*, London, v.30, n.1, p.37-56, Jan. 2001.

HOGWOOD, B.; GUNN, L. Why "Perfect" Implementation in Unattainable. In: *Policy Analysis for the Real World*. Oxford: Oxford University Press, 1984.

HOLM, L.; SMIDT, S. Uncovering Social Structures and Status Differences in Health Systems. *The European Journal of Public Health*, Oxford, v.7, n.4, p.373-378, Dec. 1997.

HOMANS, G. *Social Behavior*: Its Elementary Forms. New York: Harcourt, Brace & World, 1961.

HONNETH, A. *Luta por reconhecimento*: a gramática moral dos conflitos sociais. São Paulo: Ed. 34, 2003.

HOOD, C. Emerging Issues in Public Administration. *Public Administration*, [S.l.], v.73, n.1, p.165-183, Mar. 1995.

HOOK, W.; SOBAL, J.; OAK, J. Frequency of Visitation in Nursing Homes: Patterns of Contact across the Boundaries of Total Institutions. *The Gerontologist*, Oxford, v.2, n.4, p.424-428, Aug. 1982.

HOUGHTON, D. P. Reinvigorating the Study of Foreign Policy Decision Making: Toward A Constructivist Approach. *Foreign Policy Analysis*, Missouri, v.3, n.1, p.24-45, Jan. 2007.

HOWLETT, M.; RAMESH, M. Policy Subsystem Configurations and Policy Change: Operationalizing The Postpositivist Analysis Of The Politics Of The Policy Process. *Policy Studies Journal*, Colorado, v.26, n.3, p.466-481, Sept. 1998.

______. *Studying Public Policy*: Policy Cycles and Policy Subsystems. Oxford: Oxford University Press, 1995.

HUDSON, V. M. Foreign Policy Analysis: Actor-Specific Theory and the Ground of International Relations. *Foreign Policy Analysis*, Missouri, v.1, n.1, p.1-30, Mar. 2005.

IANNI, O. *Estado e planejamento econômico no Brasil*. Rio de Janeiro: Civilização Brasileira, 1971.

IBAÑEZ, T. *Contra la dominación*. Barcelona: Gedisa Editorial, 2005.

______. *Municiones para disidentes*. Barcelona: Gedisa Editorial, 2001.

IBAÑEZ, T.; IÑIGUEZ, L. (Orgs.). *Critical Social Psychology*. London: Sage, 1997.

IGNATIEFF, M. *Human Rights as Politics and Idolatry*. Princeton: Princeton University Press, 2001.

IMMERGUT, E. *Health Politics*: Interests and Institutions in Western Europe. Cambridge: Cambridge University Press, 1993.

______. The Theoretical Core of the New Institutionalism. *Politics & Society*, [S.l.], v.26, n.1, p.5-34, Mar. 1998.

IÑIGUEZ, L. (Org.). *Manual de análise do discurso em Ciências Sociais*. Petrópolis: Vozes, 2004.

______. La Psicologia Social en la encrujijada postconstrucionista: historicidad, subjetividad, performatividad, acción. In: GUARESCHI, N. (Org.). Estratégias de invenção do presente: a Psicologia Social no contemporâneo. Porto Alegre: EDIPUCRS, 2004.

ISIN, E. F.; WOOD, P. K. *Citizenship & Identity*. London: Sage Publications, 1999.

JACKSON, P. T. The Present as History. In: TILLY, C.; GOODIN, R. (Eds.). *The Oxford Handbook of Contextual Political Analysis*. New York: Oxford University Press, 2006.

JACOBI, P.; PINHO, J. A. (Orgs.). *Inovação no campo da gestão pública local*: novos desafios, novos patamares. Rio de Janeiro: FGV, 2006.

JAGUARIBE, H. *Novo cenário internacional*. Rio de Janeiro: Guanabara, 1986.

______. *O nacionalismo na atualidade brasileira*. 2.ed. Rio de Janeiro: Educam, 2005.

JANIS, I. *Victims of Groupthink*. Boston: Houghton Mifflin Company, 1972.

JANNUZZI, P. *Indicadores sociais no Brasil*: conceitos, fontes de dados e aplicações. Campinas: Alinea, 2001.

JANNUZZI, P. *Manual para capacitação em indicadores sociais nas políticas públicas e em direitos humanos*: textos básicos e guia de uso e referência do material multimídia. São Paulo: Oficina Editorial, 2006.

______. Modelo alternativo para projeção de força de trabalho: dos condicionantes às taxas de atividade. Método e resultados para a Grande São Paulo. *Revista Brasileira de Estudos de População*, Campinas, v.17, n.1/2, jan.-dez. 2000.

JERVIS, R. *Perception and Misperception in International Politics*. Princeton: Princeton University Press, 1976.

JESSOP, B. *Bringing the State Back in (Yet Again)*: Reviews, Revisions, Rejections, and Redirections. Lancaster: Lancaster University, Department of Sociology, 2003. Disponível em: <http://www.com.lancs.ac.uk/sociology/papers/JessoBringing-the-State-Back-In.pdf>.

______. *State Theory*: Putting The Capitalist State In Its Place. Cambridge: Polity, 1990.

JOBERT, B.; MULLER, P. *L'État en Action*: politiques publiques et corporatismes. Paris: PUF, 1987.

JORDAN, B. Social Theory and Social Policy: Choice, Order and Well-Being. *European Journal of Social Theory*, Sussex, v.8, n.2, p.149-70, May 2005.

JOVCHELOVITCH, S. *Representações sociais e esfera pública*: a construção simbólica dos espaços públicos no Brasil. Petrópolis: Vozes, 2000.

KAHLER, M. Inventing International Relations. In: DOYLE, M. W.; IKENBERRY, G. J. (Eds.). *New Thinking in International Relations*. Boulder: Westview, 1997.

KARLQVIST, A. Going beyond Disciplines: The Meanings of Interdisciplinarity. *Policy Sciences*, Raleich, v.32, n.4, p.379-383, 1999.

KATZENSTEIN, P. *Small States in World Markets*: Industrial Policy in Europe. Ithaca: Cornell University Press, 1985.

KATZNELSON, I. *City Trenches*: Urban Politics and the Patterning of Class in the United States. Chicago: The University of Chicago Press, 1981.

KAYANO, J.; CALDAS, E. Indicadores para o diálogo. In: SPINK, P.; CACCIA BAVA, S.; PAULICS, V. *Novos contornos da gestão local*: conceitos em construção. São Paulo: Polis; Programa Gestão Pública e Cidadania, 2002.

KECK, M.; SIKKINK, K. *Activists beyond Borders*. Ithaca: Cornell University Press, 1998.

KEINERT, T. M. M. Os paradigmas da Administração Pública no Brasil (1900-92). *RAE-Revista de Administração de Empresas*, São Paulo, v.34, n.3, p.41-48, maio-jun. 1994

KEINERT, T. M. M.; VAZ, J. C. Histórico da RSP: a Revista do Serviço Público no pensamento administrastivo brasileiro (1937-1989). *Revista do Serviço Público*, Brasília, v.118, n.45, p.9-42, 1994.

KELLY, J. What Can Interdisciplinarity Offer to Policy Problems? Understanding the Public Policy of Obesity. *European Political Science*, [S.l.], v.8, n.1, p.47-56, Feb. 2009.

KEOHANE, R. O.; NYE, J. S. (Eds.). *Transnational Relations and World Politics*. Cambridge: Harvard University Press, 1972.

KEOHANE, R. O.; NYE, J. S. *Power and Interdependence*: World Politics in Transition. Boston: Little, Brown, 1977.

KINGDON, J. W. Agenda Setting. In: THEODOULOU, S. Z.; CAHN, M. A. C. *Public Policy*: The Essential Readings. Upper Saddle River: Prentice Hall, 1995.

KINGDON, J. W. *Agendas, Alternatives and Public Policies*. Boston: Little, Brown, 1984.

KNOKE, D. *Political Networks*: The Structural Perspective. New York: Cambridge University Press, 1990.

KOMESAR, N. *Imperfect Alternatives*: Choosing Institutions in Law, Economics and Public Policy. Chicago: University of Chicago Press, 1994

KORPI, W. The Power Resourses Model. In: CASTLES, F.; PIERSON, C. (Orgs.). *The Welfare State Reader*. Cambridge: Cambridge Polity Press, 2000.

KRASNER, S. Approaches to the State: An Alternative Conceptions and Historical Dynamics. *Comparative Politics*, New York, v.16, n.2, p.223-246, Jan. 1984.

KRASNER, S. D. (Ed.). *Problematic Sovereignty*: Contested Rules and Political Possibilities. New York: Columbia University Press, 2001.

KUBALKOVÁ, V. Foreign Policy, International Politics, and Constructivism. In: KUBALKOVÁ, V. (Ed.). *Foreign Policy in a Constructed World*. New York: Sharpe, M. e Inc., 2001. p.15-37.

KUPER, A. *Cultura*: a visão dos antropólogos. Bauru: Edusc, 2002.

KUSCHNIR, K. *Antropologia da política*. Rio de Janeiro: Jorge Zahar, 2007.

______. *O cotidiano da política*. Rio de Janeiro: Jorge Zahar, 2000.

LAFER, C. *Paradoxos e possibilidades*. Rio de Janeiro: Nova Fronteira, 1982.

LANE, S.; SAWAIA, B. B. Novas veredas da Psicologia Social. São Paulo: Educ; Brasiliense, 1995.

LANNA, M. *A dívida divina*. Campinas: Edunicamp, 1995.

LARSEN, H. *Foreign Policy and Discourse Analysis*. London: Routledge, 1997.

LASSWELL, H. On the Policy Sciences in 1943. Memorandum printed at Policy Studies Journal, Denver, v. 36, n.1, p.71-98, 2003.

LASSWELL, H.; LERNER, D. *The Policy Sciences*. Stanford: Stanford University Press, 1951.

LASSWELL. H. *Politics*: Who Gets What, When, How. Cleveland: Meridian Books, 1936.

LATOUR, B. *Reassembling the Social*. Oxford: Oxford University Press, 2005.

LAUMAN, E.; KNOKE, D. *The Organizational State*: Social Choice in the National Policy Domains. Madison: University of Wisconsin Press, 1987.

LAW, J.; HASSARD, J. (Orgs.). *Actor Network Theory and After*. Oxford: Oxford University Press, 1999.

LAW, J.; MOL, A. Notes on Materiality and Sociality. *The Sociological Review*, [S.l.], v.43, n.2, p.274-294, May 1995.

LE GRAND, J. Knights, Knaves or Pawns? Human Behaviour and Social Policy. *Journal of Social Policy,* London, v.26, n.2, p.149-169, 1997.

______. *Motivation, Agency, and Public Policy*: Of Knights and Knaves, Pawns And Queens. Oxford: Oxford University Press, 2003.

LEACH, E. R. *Sistemas políticos da Alta Birmânia*: um estudo da estrutura social Kachin. São Paulo: Edusp, 1997.

LEE, R. Demography Abandons its Core. Berkeley, 2001. Disponível em: <http://www.ceda.berkeley.edu/Publications/pdfs/rlee/FormalDemog.pdf>. Acesso em: 10 out. 2010.

LEIRNER, P. A etnografia como extensão da guerra por outros meios: notas sobre a pesquisa com militares. *Mana*, Rio de Janeiro, v.15, n.1, p.59-89, Apr. 2009.

LESSA, A. C.; COUTO, L. F.; FARIAS, R. S. Política externa planejada: os planos plurianuais e a ação internacional do Brasil, de Cardoso a Lula (1995-2008). *Revista Brasileira de Política Internacional*, Brasília, v.52, n.1, p.89-109, jan.-jun. 2009.

LÉVI-STRAUSS, C. *Antropologia estrutural*. Rio de Janeiro: Tempo Brasileiro, 1974.

LIEBERMAN, E. S. Causal Inference in Historical Institutional Analysis: A Specification of Periodization Strategies. *Comparative Political Studies*, [S.l.], v.34, n.9, p.1011-1035, Nov. 2001.

LIMA JÚNIOR, O. B.; SANTOS, W. G. Esquema geral para a análise de políticas públicas: uma proposta preliminar. *RAP-Revista de Administração Pública*, Rio de Janeiro, v.10, n.2, p.241-256, abr.-jun. 1976.

LIMA, A. *Um grande cerco de paz*. Petrópolis: Vozes, 1995.

LIMA, M. R. S. Enfoques analíticos de política exterior: el caso brasileño. In: RUSSELL, R. (Ed.). *Enfoques teóricos y metodológicos para el estudio de la política exterior*. Buenos Aires: Grupo Editor Latinoamericano, 1992. p.53-83.

______. Instituições democráticas e política exterior. *Contexto Internacional*, Rio de Janeiro, v.22, n.2, p.265-303, jul.-dez. 2000.

______. *The Political Economy of Brazilian Foreign Policy*: Nuclear Energy, Trade and Itaipu. Nashville, 1986, 443f. Tese (Doutorado em Political Science) – Vanderbilt University.

LIMA, M. R. S.; SANTOS, F. O congresso e a política de comércio exterior. *Lua Nova: Revista de Cultura e Política*, São Paulo, n.52, p.121-149, 2001.

LIMONGI, F. O novo institucionalismo e os estudos legislativos: a literatura norte-americana recente. *Revista Brasileira de Informação Bibliográfica em Ciências Sociais – BIB*, São Paulo, n.37, p.3-38, 1º sem. 1994.

LINDBLOM, C. Still Muddling, Not yet Through. *Public Administration Review*, Bloomington, v.39, n.6, p.517-526, Nov.-Dec. 1979.

LINDBLOM, C. The Science of Muddling Through. *Public Administration Review*, Bloomington, v.19, n.2, p.79-88, Spring 1959.

LINDERT, P. H. *Growing Public*: Social Spending and Economic Growth since The Eighteenth Century. Cambridge: Cambridge University Press, 2004.

LIPSKY, M. *Street-Level Bureaucracy*: Dilemmas of the Individual in Public Services. New York: Russell Sage Foundation, 1980.

LOBEL, O. The Renew Deal: The Fall of Regulation and the Rise of Governance in Contemporary Legal Tought. *Minnesota Law Review*, San Diego, v.89, p.262-390, Nov. 2004.

LOPES, J. R. L. *Direitos sociais*: teoria e prática. São Paulo: Método, 2006.

LOTTA, G. Burocracia implementadora e o combate à pobreza: agentes comunitários de saúde em três cidades brasileiras. In: MARQUES, E. (Org.). *Redes sociais no*

Brasil: sociabilidade, organizações civis e políticas públicas. Belo Horizonte: Fino Traço, 2012b.

______. Desvendando o papel dos burocratas de nível de rua no processo de implementação: o caso dos agentes comunitários de saúde. In: FARIA, C. (Org.). *Implementação de políticas públicas*: teoria e prática. Belo Horizonte: PUC-Minas, 2012a.

LOWI, T. American Business, Public Policy Case Studies and Political Theory. *World Politics*, 16. 1964.

LUHMANN, N. *Sistemas sociales*: lineamentos para una teoría general. Barcelona: Anthropos; Universidad Iberoamericana; Ceja, Pontificia Universidad Javeriana, 1998. (Autores, Textos y Temas. Ciencias Sociales, 15)

______. *The Differentiation of Society*. New York: Columbia University Press, 1982.

LUKES, S. *Power*: A Radical View. 2.ed. Great Britain: Palgrave Macmillan, 1974.

LYNN JÚNIOR, L. E. A Place at the Table: Policy Analysis, Its Postpositivie Critics, and the Future of Practice. *Journal of Policy Analysis and Management*, Bloomington, v.18, n.3, p.411-424, 1999.

LYONS, G. M.; MASTANDUNO, M. (Eds.). *Beyond Westphalia?* State Sovereignty and International Intervention. Baltimore: The Johns Hopkins University Press, 1995.

MACIEL, D. A.; KOERNER, A. Sentidos da judicialização da política: duas análises. *Lua Nova: Revista de Cultura e Política*, São Paulo, n.57, p.113-133, 2002.

MAGNANI, J. Quando o campo é a cidade: fazendo antropologia na metrópole. In: MAGNANI, J. G.; TORRES, L. L. (Orgs.). *Na metrópole*: textos de antropologia urbana. São Paulo: Edusp, 1996.

MAHONEY, J. Comparative-Historical Methodology. *Annual Review of Sociology*, Palo Alto, v.30, p.81-101, Aug. 2004.

MAHONEY, J. Path Dependence in Historical Sociology. *Theory and Society*, [S.l.], v.29, n.4, p.507-548, 2000.

MAHONEY, J. *The Legacies of Liberalism Path Dependence and Political Regimes in Central America*. Baltimore: Johns Hopkins University Press, 2001.

MAHONEY, J.; RUESCHMEYER, D. *Comparative Historical Analysis in the Social Sciences*. Cambridge, New York: Cambridge University Press, 2003.

MAHONEY, J.; TERRIE, P. L. Comparative-Historical Analysis in Contemporary Political Science. In: BRADY, H.; BOX-STEFFENSMEIER, J. M.; COLLIER, D. (Eds.). *Oxford Handbook of Political Methodology*. Oxford: Oxford University Press, 2008.

MAHONEY, J.; THELEN, K. (Eds.). *Explaining Institutional Change*: Ambiguity, Agency, and Power. Cambridge: Cambridge University Press, 2010.

MAIA, C. C.; CÉSAR, S. E. M. A diplomacia congressual: análise comparativa do papel dos legislativos brasileiro e norte-americano na formulação da política exterior. *Revista de Informação Legislativa*, Brasília, v.41, n.163, p.363-388, 2004.

MALINOWSKI, B. War and Weapons among the Natives of the Trobriand Islands. *Man*, London, v. 20, p.10-12, Jan. 1920.

MALLOY, J. Política de bem-estar social no Brasil: histórico, conceitos, problemas. *Revista de Administração Pública*, v.10, n.2, 1976.

MARICATO, E. *Política habitacional no regime militar*. Petrópoles: Vozes, 1987.

MARQUES NETO, F. A. A nova regulamentação dos serviços públicos. *Revista Eletrônica de Direito Administrativo e Econômico*, Salvador, v.1, p.1-18, fev. mar.-abr. 2005

MARQUES, E. *Estado e redes sociais*: permeabilidade e coesão nas políticas urbanas no Rio de Janeiro. Rio de Janeiro: Revan, 2000.

______. Notas críticas a literatura sobre Estado, políticas estatais e atores políticos. *Revista Brasileira de Informação Bibliográfica em Ciências Sociais – BIB*, São Paulo, n.43, p.67-102, 1º sem. de 1997.

______. Public Policies, Power and Social Networks in Brazilian Urban Policies. *Latin American Research Review*, Baltimore, v.47, n.2, p.27-50, 2012.

______. *Redes sociais, instituições e atores políticos no governo da cidade de São Paulo*. São Paulo: Annablume, 2003.

MARSHALL, T. H. *Citizenship and Social Class*. London: Pluto, 1950.

MARTIN, L. *Democratic Commitments*: Legislatures and International Cooperation. Princeton: Princeton University Press, 2000.

MARTIN, L. Legislative Influence and International Engagement. In: KAHLER, M. (Ed.). *Liberalization and Foreign Policy*. New York: Columbia University Press, 1997.

MARTINS, C. E. A evolução da política externa brasileira na década de 64/74. *Estudos Cebrap*, São Paulo, n.12, p.55-98, 1975.

MARTINS, C. Notas sobre o sentimento de embaraço em Erving Goffman. *Revista Brasileira de Ciências Sociais*, São Paulo, v.23, n.68, p.137-144. Oct. 2008.

MARX, K. *El Capital*: crítica de la economía política. 3.ed. Traducción de Wenceslao Roces. México: FCE, 1964.

MATTOS, P. T. L. *O novo Estado regulador*: eficiência e legitimidade. São Paulo: Singular; Fapesp, 2006.

MAYNARD-MOODY, S.; MUSHENO, M. State Agent or Citizen Agent: Two Narratives of Discretion. *Journal of Public Administration Research & Theory*, [S.l.], v.10, n.2, p.329-358, Apr. 2000.

McADAM, D. Beyond Structural Analysis: Toward A More Dynamic Understanding Of Social Movements. In: DIANI, M.; McADAM, D. (Orgs.). *Social Movements And Networks*: relational approaches to collective action. Oxford: Oxford University Press, 2003.

McANNULA, S. Structure and Agency. In: MARSH, D.; STOKER, G. (Orgs.). Theory and Methods in Political Science. London: Palgrave Macmillan, 2002. p.271-291.

McCAMY, J. L. Analysis of the Process of Decision-Making. *Public Administration Review*, 1947, p.41-48.

______. *Science and Public Administration*. Tuscaloosa: University of Alabama Press, 1960.

McCOOL, D. The Subsystem Family of Concepts: A Critique and a Proposal. *Political Research Quarterly*, [S.l.], v.51, n.2, p.551-570, Jun. 1998.

McDONALD, T. *The Historic Turn in the Human Sciences*. Ann Arbor: University of Michigan Press, 1996.

McKNIGHT, K.; SECHREST, L.; McKNIGHT, P. E. Psychology, Psychologists and Public Policy. *Annual Review of Clinical Psychology*, Los Angeles, v.1, p.557-576, 2005.

MEAD, L. From Welfare to Work: Lessons from America. In: COOK, D. (Ed.). From Welfare to Work: Lessons from America, Choice in Welfare. N.39. London: IEA, 1997.

______. The New Politics of the New Poverty. In: CASTLES, F. G.; PIERSON, G. (Eds.). *The Welfare State Reader*. Cambridge: Polity Press, 2000. p.107-118.

MELLO E SOUZA, A. Saúde pública, patentes e atores não-estatais: a política externa do Brasil frente à epidemia de Aids. In: PINHEIRO, L.; MILANI, C. R. (Orgs.). *Política externa brasileira*: as práticas da política e a política das práticas. Rio de Janeiro: Fundação Getúlio Vargas, 2011. (no prelo)

MELLO, C. A. B. de. *Curso de Direito Administrativo*. São Paulo: Malheiros, 2001.

MELLUCI, A. *A invenção do presente*: movimentos sociais nas sociedades complexas. Petrópolis: Vozes, 2001.

______. The Symbolic Challenge of Contemporary Movements. *Social Research*, New York, v.53, n.4, p.798-816, Winter 1985.

MELO, M. A. Estado, governo e políticas públicas. In: MICELI, S. (Org.). *O que ler na Ciência Social brasileira (1970-1995)*: ciência política. São Paulo, Brasília: Sumaré; Anpocs; Capes, 1999. v.3. p.59-100.

MELO, M. *As reformas constitucionais no Brasil*: instituições políticas e processo decisório. Rio de Janeiro: Revan, 2002.

MELO, M. O padrão brasileiro de intervenção pública no saneamento básico. *RAP--Revista de Administração Pública*, Rio de Janeiro, v.23, n.1, 1989.

MENDES, C. H. La escuela de Derecho de São Paulo de la Fundación Getulio Vargas. *Cadernos Unimetanos*, 15, p.16-32, 2008.

MENICUCCI, T. M. G. *Público e privado na política de assistência à saúde no Brasil*: atores, processos e trajetória. Rio de Janeiro: Fiocruz, 2007.

MENICUCCI, T.; BRASIL, F. Construção de agendas e inovações institucionais: análise comparativa das reformas sanitária e urbana. ENCONTRO ANUAL DA ANPOCS, 29, 2005, Caxambú. *Anais*... São Paulo: Anpocs, 2005.

MICELI, S. A aposta numa comunidade científica emergente. In: MICELI, S. (Org.). *A Fundação Ford no Brasil*. São Paulo: Sumaré; Fapesp, 2003.

MILITÃO, M.; PINTO, C. Governamentalidade, cultura política e a reflexividade dos riscos sociais: o caso da política portuguesa de inclusão social. CONGRESSO PORTUGUÊS DE SOCIOLOGIA. Mundos sociais: saberes e práticas, 6, 2008.

MILLER, E.; BANASZAK-HOLL, J. Cognitive and Normative Determinants of State Policymaking Behavior: lessons from the sociological institutionalism. *Publius*, [S.l.], v.35, n.2, p.191-216, Spring 2005.

MILNER, H. *Interests, Institutions, and Information*: Domestic Politics and International Relations. Princeton: Princeton University Press, 1997.

______. Rationalizing Politics: The Emerging Synthesis of International, American, And Comparative Politics. In: KATZENSTEIN, P. J.; KEOHANE, R. O.; KRASNER, S. D. (Eds.). *Exploration and Contestation in the Study of World Politics*. Cambridge: The MIT Press, 1999. p.119-146.

MINOGUE, M. Theory and practice in public policy and administration. *Policy & Politics*, Bristol, v.11, n.1, p.63-85, Jan. 1983.

MINTROM, M. The Policy Analysis Movement. In: DOBUZINSKIS, L.; HOWLETT, M.; LAYCOCK, D. (Eds.). *Policy Analysis in Canada*: The State Of The Art. Toronto: University of Toronto Press, 2007. p.145-162.

MITCHELL, W. Fiscal Behavior of the Modem Democratic State: Public Choice Perspectives and Contributions. In: WADE, L. (Ed.). *Political Economy*: Recent Views. Boston: Kluwer-Nijhoff, 1983. p.69-122.

MIYAMOTO, S. O estudo das Relações Internacionais no Brasil: estado da arte. *Revista de Sociologia e Política*, Curitiba, n.12, p.83-98, 1999.

MOL, A. Ontological Politics: A Word and Some Questions. In: LAW, J.; HASSARD, J. *Actor Network Theory and After*. Oxford: Blackwell, 1999. p.74-89.

MORAES, M.; ARENDT, R. Materialidade e socialidade no cotidiano: múltiplos modos de ordenamento da deficiência visual. In: MORAES, M.; SOUZA, S. J. (Orgs.). *Tecnologias e modos de ser no contemporâneo*. Rio de Janeiro: PUC-Rio; 7 Letras, 2010. p.53-74.

MORAN, M.; REIN, M.; GOODIN, R. (Orgs.). *The Oxford Handbook of Public Policy*. Oxford: Oxford University Press, 2006.

MOREIRA, J. B. Redemocratização e direitos humanos: a política para refugiados no Brasil. *Revista Brasileira de Política Internacional*, Brasília, v.53, n.1, p.111-129, 2010.

MOSCOVICI, S. *A representação social da Psicanálise*. Rio de Janeiro: Zahar, 1978.

MOURA, G. *Autonomia na dependência*: a política externa brasileira de 1935 a 1942. Rio de Janeiro: Nova Fronteira, 1980.

MOURA, G. *Sucessos e ilusões*: Relações Internacionais do Brasil durante e após a Segunda Guerra Mundial. Rio de Janeiro: FGV, 1991.

MUÑOZ, A. P. *Introdução à Administração Pública*. São Paulo: FGV, 1958.

MURRAY, C. The Two Wars against Poverty in the Welfare State Reader. In: CASTLES, F. G.; PIERSON, C. (Eds.). *The Welfare State Reader*. Cambridge: Polity Press, 2000. p.96-106.

NARDI, H. C. Políticas públicas, governamentalidade e diversidade sexual: as tecnologias da educação como campo de investimento e inflexão do dispositivo da sexualidade. In: MORAES, M.; SOUZA, S. (Orgs.). *Tecnologias e modos de ser no contemporâneo*. Rio de Janeiro: PUC-Rio; 7 Letras, 2010. p.75-98.

NEACK, L. *The New Foreign Policy*: Power Seeking In a Globalized Era. New York: Rowman & Littlefield, 2008.

______. *The New Foreign Policy*: U.S. And Comparative Foreign Policy in the 21st Century. New York: Rowman & Littlefield, 2003.

NEACK, L.; HEY, J. A. K.; HANEY, P. J. *Foreign Policy Analysis*: Continuity and Change in Its Second Generation. Englewood Cliffs: Prentice Hall, 1995.

NELSON, P. J.; DORSEY, E. *New Rights Advocacy*: Changing Strategies of Development and Human Rights. Washington: Georgetown University Press, 2008.

NEUSTADT, R. E.; MAY, E. R. *Thinking in Time*: The Uses of History for Decision-Makers. New York; London: Free Press; Collier Macmillan, 1988.

NEVES, J. A. C. O papel do Legislativo nas negociações do Mercosul e Alca. *Contexto Internacional*, Rio de Janeiro, v.25, n.1, p.103-138, jan.-jun 2003.

NISSIM-SABAT, D. Psychologists, Congress and Public Policy. *Professional Psychology*: research and practice, Detroit, v.28, n.3, p.275-280, 1997.

NOBRE, M. Apontamentos sobre a pesquisa em Direito no Brasil. *Cadernos Direito GV*, São Paulo, n.1, p.145-154, set. 2004.

NORTH, D. C. *Institutions, Institutional Change, and Economic Performance*: The Political Economy of Institutions and Decisions. Cambridge; New York: Cambridge University Press, 1990.

NORTH, D. C. *Structure and Change in Economic History*. New York: Norton, 1981.

NUNES, E. *A gramática política do Brasil*: clientelismo e insulamento burocrático. Rio de Janeiro; Brasília: Jorge Zahar; Enap, 1997.

O'DONNELL, G. Reflections on Contemporary South American Democracies. *Journal of Latin American Studies*, [S.l.], v.33, n.3, p.599-609, ago. 2001.

OFFE, C. *Capitalismo desorganizado*: transformações contemporâneas do trabalho e da política. São Paulo: Brasiliense, 1989.

OHNESORGE, J. K. Developing Development Theory: Law and Development Orthodoxies and the Northeast Asian Experience. *University of Pennsylvania Journal of International Law*, [S.l.], 2, p.219-208, 2007.

OLIVEIRA, A. J. Eleições, partidos políticos e política externa no Brasil. *Revista Política Hoje*, Recife, v.19, n.1, p.144-185, 2010,

OLIVEIRA, A. J.; ONUKI, J. (Orgs.). *Coalizões Sul-Sul e as negociações multilaterais*: os países intermediários e a coalizão IBSA. São Paulo: Mídia Alternativa, 2007.

OLIVEIRA, J.; TEIXEIRA, S. *(IM)Previdência social*: 60 anos de história da previdência social no Brasil. Petrópolis: Vozes, 1985.

OLIVEIRA, K. *Demografia da pobreza em Sergipe*: migração, renda e características municipais a partir dos anos 80. Campinas, 2009, 266f. Tese (Doutorado em Demografia) – Instituto de Filosofia e Ciências Humanas, Universidade Estadual de Campinas.

OLIVEIRA, M. F. *Mercosul, atores políticos e grupos de interesse brasileiros*. São Paulo: Unesp, 2003.

______. Multilateralismo, democracia e política externa no Brasil: contenciosos das patentes e do algodão na OMC. *Contexto Internacional*, Rio de Janeiro, v.29, n.1, p.7-38, 2007.

OMRAM, A. The Epidemiologic Transition Theory: A Preliminary Update. *Journal of Tropical Pediatrics*, [S.l.], v.29, n.6, p.305-16, Dec. 1983.

ORR, S. Policy Subsystems and Regimes: Organized Interests and Climate Change Policy. *The Policy Studies Journal*, Denver, v.34, n.2, p.147-169, 2006.

OSLAK, O. Políticas públicas e regimes políticos: reflexões a partir de algumas experiências latino-americanas. *RAP-Revista de Administração Pública*, Rio de Janeiro, v.16, n.1, p.17-60, jan.-mar 1982.

OSPINA BOZZI, S. M. La Administración Pública como comunidad discursiva: algunas lecciones del caso estadounidense para América Latina. *Reforma y Democracia*, [S.l.], n.10, p.85-112, Feb. 1998.

OSTROM, E. Institutional Rational Choice. In: SABATIER, P. (Org.). *Theories of the Policy Process*. Cambridge: Westview Press, 2007. p.21-64.

______. Coping with Tragedies of the Commons. *Annual Review of Political Science*, 2, 1999, p.493-535.

OSZLAK, O. Políticas públicas e regimes políticos: reflexões a partir de algumas experiências latino-americanas. *RAP-Revista de Administração Pública*, Rio de Janeiro, v.16, n.1, p.17-60, jan.-mar. 1982.

OVERBYE, E. Disciplinary Perspectives. In: CASTLE, F. G., et al. (Eds.). *The Oxford Handbook of the Welfare State*. Oxford: Oxford University Press, 2010.

OWEN-SMITH, J.; POWELL, W. Networks and Institutions. In: GREENWOOD, R. et al. (Eds.). *The Sage Handbook of Organizational Institutionalism*. London: Sage, 2008. p.594-621.

PACHECO, R. S. Administração Pública nas revistas especializadas: Brasil, 1995-2002. *RAE-Revista de Administração de Empresas*, São Paulo, v.43, n.4, p.63-71, out.-dez 2003.

PAIVA, V. Prevenção PositHIVa? A abordagem psicossocial, emancipação e vulnerabilidade. In: RAXACH, J. C. et al. (Orgs.). *Prevenção posithiva*: estado da arte. Rio de Janeiro: Abia, 2009. p.33-49.

PANTOJA, W. Relatório situação da saúde e Plano Nacional de Saúde. *RAP-Revista de Administração Pública*, Rio de Janeiro, v.3, n.1, 1969.

PARSONS, W. *Public Policy*: An Introduction to the Theory and Practice of Policy Analysis. Cheltenham: Edward Elgar, 1995.

PASQUARELLI, B. V. L. Política externa como política pública: uma análise da atuação diplomática brasileira durante o governo Lula. *Revista Política Hoje*, Recife, v.19, n.1, p.188-221, 2010.

PATARRA, N. L.; FERREIRA, C. E. C. Repensando a transição demográfica. *Textos NEPO 10*. Campinas: Nepo; Unicamp, 1986.

PAVEZ, T.; TOLEDO, D.; GONÇALVEZ, R. Atores e redes no debate da segurança. In: MARQUES, E. (Org.). *Redes sociais no Brasil*: sociabilidade, organizações civis e políticas públicas. Belo Horizonte: Fino Traço, 2012.

PEILLON, M. Bourdieu's Field and the Sociology of Welfare. *Journal of Social Policy*, v.27, n.2, p.213-29. 1999.

PEIRANO, M. Brazil: therness in context. In: POOLE, D. (Ed.). *A Companion to Latin American Anthropology*. Oxford: Blackwell, 2008.

PEIXOTO, A. C. L. La Montée em Puissance du Brésil. *Revue Française de Science Politque*, Paris, v.30, n.2, 1980.

PETERS, G.; PIERRE, J.; KING, D. The Politics of Path Dependency: Political Conflict in Historical Institutionalism. *The Journal of Politics*, [S.l.], v.67, n.4, p.1275-1300, 2005.

PIAGET, J. Epistemologie des Rélations Interdisciplinaires. In: CERI (Eds.). *L'Interdisciplinarité*: problèmes d'enseignement et de recherche dans les Universités. Paris: Unesco; OCDE, 1972. p.131-144.

PIERSON, P. Increasing Returns, Path Dependence, and the Study of Politics. *American Political Science Review*, [S.l.], v.94, n.2, p.251-267, 2000.

PIERSON, P. *Politics in Time*: History, Institutions, and Social Analysis. Princeton: Princeton University Press, 2004.

PIERSON, P.; SKOCPOL, T. Why History Matters. *APSA-CP Newsletter*. [S.l.], p.29-31, 1999.

PINHEIRO, L. Foreign Policy Decision-Making under the Geisel Government: The President, the Military and the Foreign Ministry. London, 1995. Tese (Doutorado) – LSE.

______. Unidades de decisão e processo de formulação de política externa durante o regime militar. In: GUILHON ALBUQUERQUE, J. A. (Org.). *Sessenta anos de política externa brasileira (1930-1990)*. São Paulo: Annablume, 2000. v.4. p.449-474.

PINHEIRO, L.; MILANI, C. R. S. (Orgs.). *Política externa brasileira*: as práticas da política e a política das práticas. Rio de Janeiro: Fundação Getúlio Vargas, 2012.

PIRES, R. Burocracias, gerentes e suas "histórias de implementação": narrativas do sucesso e fracasso de programas federais. In: FARIA, C. (Org.). *Implementação de políticas públicas*: teoria e prática. Belo Horizonte: PUC-Minas, 2012a.

PIRES, R. Estilos de implementação e resultados de políticas públicas: fiscais do trabalho e o cumprimento da lei trabalhista no Brasil. In: FARIA, C. (Org.). *Implementação de políticas públicas*: teoria e prática. Belo Horizonte: PUC-Minas, 2012b.

PIRES, R. R. C. Beyond the Fear of Discretion: Flexibility, Performance, and Accountability in the Management of Regulatory Bureaucracies. *Regulation & Governance*, [S.l.], v.5, n.1, p.43-69, Mar. 2011.

PIRES-ALVES, F.; PAIVA, C. H.; HOCHMAN, G. História, saúde e seus trabalhadores: da agenda internacional as políticas brasileiras. *Ciência & Saúde Coletiva*, Rio de Janeiro, v.13, n.3, p.819-29, 2008.

POGREBINSCHI, T. Foucault, para além do poder disciplinar e do biopoder. *Lua Nova: Revista de Cultura e Política*, n.63, p.179-201, 2004.

PORTUGAL, F. T. Psicologia Social em George Herbert Mead, na Escola de Chicago e em Erving Goffman. In: JACÓ-VILELA, A. M.; FERREIRA, A. A. L.; PORTUGAL, F. T. (Orgs.). *História da Psicologia*: rumos e percursos. Rio de Janeiro: Nau, 2007. p.463-472.

POWER, M. *The Audit Society*. Oxford: Oxford University Press, 1999.

PRESSMAN, J.; WILDAVSKY, A. *Implementation*: How Great Expectations in Washington Are Dashed in Oakland; Or, Why It's Amazing That Federal Programs Work At All. 3.ed. London: University of California Press, 1973.

PUTNAM, R. *Bowling Alone*: The Collapse and Revival of American Community. New York: Simon e Schuster, 1999.

______. Diplomacy and Domestic Politics: The Logic of Two-Level Games. *International Organization*, Madison, v.42, n.3, p.231-252, 1988.

______. *Making Democracy Work*: Civic Tradition in Modern Italy. New Jersey: Princeton University, 1993a.

______. The Prosperous Community: social capital and public life. *The American Prospect*, Washington, n.13, p.517-532, 1993b.

RABELL, L. S. Tendencias curriculares en la enseñanza de la Administración Pública en los Estados Unidos. *Reforma y Democracia*, [S.l.], n.17, p.235-264, Jun. 2000.

RAMOS, G. A nova ignorância e o futuro da Administração Pública na América Latina. *RAP-Revista de Administração Pública,* Rio de Janeiro, v.4, n.2, p.7-47, 2º sem. 1970.

RAMOS, M. Apoio social e saúde entre idosos. *Sociologias,* Porto Alegre, n.7, p.156-175, jan.-jun. 2002. Disponível em: <http://www.scielo.br/scielo.php?script=sci_issuetoc&pid=151745222002000l&lng=en&nrm=iso>. Acesso em: 21 nov. 2010.

RAPAPORT, A. Algumas abordagens de sistema para a teoria política. In: EASTON, D. (Org.). *Modalidades de análise política.* Rio de Janeiro: Zahar, 1970.

REICH, N. *Derecho y mercado.* Barcelona: Ariel Derecho, 1985.

REIFF, R. Psychology and Public Policy. *Professional Psychology*: Research And Practice, Detroit, v.1, n.4, p.315-330, 1970.

REIS, E. *Processos e escolhas*: estudos de sociologia política. Rio de Janeiro: Contracapa, 1998.

REIS, E. Reflexões transversas sobre transdisciplinaridade e ensino de ciências sociais. In: BOMENY, H. et al. (Orgs.). *As assim chamadas Ciências Sociais*: formação do cientista social no Brasil. Rio de Janeiro: UERJ; Relume Dumará, 1991. p.243-249.

REIS, E. The Agrarian Roots of Conservative Modernization in Brazil: 1880-1930. Cambridge, 1979. Dissertation (Ph.D. in Political Science) – Massachusetts Institute of Technology.

REIS, F. Política e políticas. *RAP-Revista de Administração Pública,* Rio de Janeiro, v.10, n.2, p.52-63, abr.-jun, 1976.

REMOND, R. (Org.). *Por uma história política.* Rio de Janeiro: FGV, 2003.

RIOS-NETO, E. L. G. O método Probabilidade de Progressão por Série. In: RIOS-NETO, E. L. G.; RIANI, J. L. R. (Orgs.). *Introdução à Demografia da Educação.* Campinas: Abep, 2004. p.145-158.

RIOS-NETO, E. Questões emergentes na análise demográfica: o caso brasileiro. *Revista Brasileira de Estudos de População,* São Paulo, v.22, n.2, p.371-408, jul.-dez. 2005.

RISSE, T.; ROPP, S. C.; SIKKINK, K. (Eds.). *The Power of Human Rights*: International Norms And Domestic Change. New York: Cambridge University Press, 1999.

RISSE-KAPPEN, T. Public Opinion, Domestic Structure, and Foreign Policy in Liberal Democracies. *World Politics,* [S.l.], v.43, n.4. p.479-512, 1991.

ROCHA, C.; FARIA, C. Cooperação intermunicipal, reterritorialização da gestão pública e provisão de bens e serviços sociais no Brasil contemporâneo: a experiência dos consórcios de saúde em Minas Gerais. *Cadernos Metrópole,* São Paulo, n.11, p.73-105, 2004.

RODES, R. *The National World of Local Government.* Oxford: Allen and Unwin, 1986.

RODRIGUES, A. *Psicologia Social.* Petrópolis: Vozes, 1972.

RODRIK, D.; SUBRAMANIAN, A. The Primacy of Institutions (and What This Does and Does Not Mean). *Finance and Development (IMF),* Washington, v.40, n.3, p.31-34, Jun. 2003.

RORTY, T. *Philosophy and the Mirror of Nature.* Princeton: Princeton University Press, 1979.

ROSE, G. Neoclassical Realism and Theories of Foreign Policy. *World Politics*, [S.l.], v.51, n.1, p.144-172, 1998.

ROSE, N. *Inventing Our Selves*: Psychology, Power and Personhood. Cambridge: Cambridge University Press, 1996.

ROSE, N. *Powers of freedom*. Cambridge: Cambridge University Press, 1999.

ROSEN, G. *A History of Public Health*. 2.ed. Baltimore: The Johns Hopkins University Press, 1993.

______. What is Social Medicine? A Genetic Analysis of the Concept. In: *From Medical Police to Social Medicine*: Essays on the History of Health Care. New York: Science History Publications, 1974.

ROSENBERG, C. E. *Our Present Complaint*: American Medicine, Then and Now. Baltimore: Johns Hopkins University Press, 2007.

ROTH, A.-N. *Políticas públicas*: formulación, implementación y evaluación. Bogotá: Aurora, 2007.

RUZ, L.; HILLESHEIM, B.; GUARESCHI, N. M. F. Infância e políticas públicas: um olhar sobre as práticas psi. *Psicologia e Sociedade*, Belo Horizonte, v.17, n.3, p.42-49, 2005.

SÁ, C. Interdisciplinary Strategies in U.S Research Universities. *Higher Education*, [S.l.], v.55, n.5, p.537-552, 2008.

SÁ, C. P. As representações sociais na história recente e na atualidade da Psicologia Social. In: JACÓ-VILELA, A. M.; FERREIRA, A. A. L.; PORTUGAL, F. T. (Orgs.). *História da Psicologia*: rumos e percursos. Rio de Janeiro: Nau, 2007. p.587-602.

SAAD, P. O envelhecimento populacional e seus reflexos na área de saúde. In: ENCONTRO NACIONAL DE ESTUDOS POPULACIONAIS, 7, 1990, Caxambu. *Anais*... Belo Horizonte: Abep, 1990.

SABATIER, P. A.; JENKINS-SMITH, H. C. *Policy Change and Learning*: An Advocacy Coalition Approach. Boulder: Westview Press, 1993.

SABATIER, P. An Advocacy Coalition Framework of Policy Change and the Role of Policy-Oriented Learning Therein. *Policy Sciences*, Raleich, v.21, n.2-3, p.129-168, 1988.

______. Political Science and Public Policy. In: SABATIER, P. A.; JENKINS--SMITH, H. C.; STEWARD JR., J. Toward Better Theories of the Policy Process (Simpósio). *PS: Political Science and Politics*, v.24, n.2, jun. 1991.

______. Top-Down and Bottom-Up Approaches to Implementation Research. *Journal of Public Policy*, [S.l.], v.6, n.1, p.21-48, jan. 1986.

SABATIER, P.; WEIBLE, C. The Advocacy Coalition Framework: Innovations and Clarifications. In: SABATIER, P. (Org.). *Theories of the Policy Process*. Cambridge: Westview, 2007.

SABEL, C. Beyond Principal-Agent Governance: Experimentalist Organizations, Learning and Accountability. In: ENGELEN, E.; HO, M. S. D. (Eds.). *De Staat van de Democratie*: democratie voorbij de staat. Amsterdam: Amsterdam University Press, 2004. p.173-195. (Verkenning, 3)

______. Bootstrapping Development: Rethinking the Role of Public Intervention in Promoting Growth. In: NEE, V.; SWEDBERG, R. (Eds.). *On Capitalism*. Stanford: Stanford University Press, 2007.

SABEL, C.; REDDY, S. Learning to Learn: Undoing the Gordian Knot Of Development Today. *Columbia Law and Economics Working Paper*, [S.l.], n. 308, p.1-14, 2003

SAHLINS, M. *Ilhas de história*. Rio de Janeiro: Zahar, 1990.

______. O "pessimismo sentimental" e a experiência etnográfica: por que a cultura não é um "objeto" em via de extinção (parte I). *Mana*, Rio de Janeiro, v.3, n.1, abr. 1997.

SALOMON, M.; NUNES, C. A ação externa dos governos subnacionais no Brasil: os casos do Rio Grande do Sul e de Porto Alegre. Um estudo comparativo de dois tipos de atores mistos. *Contexto Internacional*, Rio de Janeiro, v.29, n.1, 2007.

SANCHEZ, M. R. et al. Política externa como política pública: uma análise pela regulamentação constitucional brasileira (1967-1988). *Revista de Sociologia e Política*, Curitiba, n.27, p.125-143, nov. 2006.

SANTANA, H. R. P. Grupos de interesse e a política externa brasileira para a Alca. *Contexto Internacional*, Rio de Janeiro, v.23, n.1, p.167-196, 2001.

SANTOS, M. Integração e diferença em encontros disciplinares. *Revista Brasileira de Ciências Sociais*, São Paulo, v.22, n.65, p.51-60, 2007. Disponível em: <http://www.scielo.br/scielo.php?script=sci_arttext&pid=S0102-69092007000300005>.

SANTOS, N. B.; FONSECA, F. E. A pós-graduação em Relações Internacionais no Brasil. *Contexto Internacional*, Rio de Janeiro, v.31, n.2, p.353-380, 2009.

SANTOS, W. G. dos. *Cidadania e justiça*: a política social na ordem brasileira: contribuições em Ciências Sociais. Rio de Janeiro: Campus, 1979.

SARAIVA, M. G. As estratégias de cooperação Sul-Sul nos marcos da política externa brasileira de 1993 a 2007. *Revista Brasileira de Política Internacional*, Brasília, v.50, n.2, p.42-59, 2007.

SARAIVA, M. G.; RUIZ, J. B. Argentina, Brasil e Venezuela: as diferentes percepções sobre a construção do Mercosul. *Revista Brasileira de Política Internacional*, Brasília, v.52, n.1, p.149-166, 2009.

SARAVIA, E. Introdução à teoria da política pública. In: SARAVIA, E.; FERRAZERI, E. (Eds.). *Políticas Públicas*: coletânea. Brasília: Enap, 2007. v.1. p.21-42.

SARAVIA, E. Política pública: dos clássicos às modernas abordagens. Orientação para a leitura. In: SARAVIA, E.; FERRAZERI, E. (Orgs.). *Políticas Públicas*: coletânea. Brasília: Enap, 2006. p.13-19.

SOCIEDADE BRASILEIRA DE SOCIOLOGIA. Documento de Área: Sociedade Brasileira de Sociologia (SBS). Rio de Janeiro, 2010.

SCHAPIRO, M. G. Development Bank, Law and Innovation Financing in a New Brazilian Economy. *The Law and Development Review*, [S.l.], v.3, n.2, p.78-121, May, 2010. Doi 10.2202/1943-3867.1045.

SCHELLING, T. Hockey Helmets, Concealed Weapons, and Daylight Saving: A Study of Binary Choices with Externalities. *Journal of Conflict Resolution*, [S.l.], n.17, p.381-428, Sept. 1973.

SCHERER-WARREN, I. *Redes de movimentos sociais*. São Paulo; Rio de Janeiro: Loyola; Centro João XXIII, 1993.

SCHLAGER, E. A Comparison of Frameworks: Theories and Models of Policy Processes. In: SABATIER, P. (Org.). *Theories of the Policy Process*. Cambridge: Westview, 2007.

SCHNEIDER, D. *A Critique of the Study of Kinship*. Ann Arbor: The University of Michigan Press, 1984.

SCHWARTZMAN, S. *Bases do autoritarismo brasileiro*. Rio de Janeiro: Campus, 1982.

SEITENFUS, R. A. S. *O Brasil de Getúlio Vargas e a formação dos blocos*: 1930-1942. São Paulo: Companhia Editora Nacional, 1985.

SENNES, R. U. *Brasil, México e Índia na rodada Uruguai do Gatt e no Conselho de Segurança da ONU*: um estudo sobre os países intermediários. São Paulo, 2001. Tese (Doutorado) – Universidade de São Paulo.

SEWELL, W. *Logics of History*: Social Theory and Social Transformation. Chicago: University of Chicago Press, 2005. (Chicago studies in practices of meaning)

SHARPF, F. Games Real Actors Play: Actor-Centered Institutionalism. In: *Policy Research*. Boulder: Westview Press, 1997.

SIKKINK, K. Las capacidades y la autonomía del Estado em Brasil e Argentina: un enfoque neoinstitucionalista. *Desarrollo Economico*, [S.l.], v.32, n.128, 1993.

SILVA, B. O Dasp como propulsor do *managerialismo* no Brasil. *RAP-Revista de Administração Pública*, Rio de Janeiro, n.4, p.222-234, 1968.

SILVA, C. M. da; AMBONI, N.; CUNHA, V. Produção acadêmica em administração pública: perído 1983-1988. In: ENCONTRO ANUAL DA ASSOCIAÇÃO NACIONAL DOS PROGRAMAS DE PÓS-GRADUAÇÃO EM ADMINISTRAÇÃO, 18, 1989. Belo Horizonte. *Anais*... Belo Horizonte: Anpad, 1989, p.1599-618.

SILVA, J. A. da. *Aplicabilidade das normas constitucionais*. São Paulo: Malheiros, 1968.

SILVA, M. V. de O. (Org.). *Seminário Nacional de Psicologia e Políticas Públicas*: políticas públicas como um desafio para os psicólogos, 1, 2001, Salvador. *Relatório*. Salvador: Conselho Federal de Psicologia, maio 2001.

______. *Seminário Nacional de Psicologia e Políticas Públicas*: políticas públicas, psicologia e protagonismo social, 2, João Pessoa. *Relatório*. João Pessoa: Conselho Federal de Psicologia, maio 2003.

SILVA, M. V. et al. (Orgs.). *Psicologia Social e políticas públicas*: saberes e práticas psicossociais. Associação Brasileira de Psicologia Social, Minas Gerais. São João del-Rey: UFSJ, 2006.

SILVA, V. A. O judiciário e as políticas públicas: entre transformação social e obstáculo à realização dos direitos sociais. In: SOUZA NETO, C. P.; SARMENTO, D. (Orgs.). *Direitos sociais*: fundamentação, judicialização e direitos sociais em espécies. Rio de Janeiro: Lumen Júris, 2008. p.587-599.

SILVA, V. A.; TERRAZAS, F. V. Claiming the Right to Health in Brazilian Courts: The Exclusion of the Already Excluded? *Law & Social Inquiry*, Chicago, v.36, n.4, p.825-853, Fall 2011.

SIMON, H. A. A Comment on "The Science of Public Administration". *Public Admnistration Review*, Bloomington, v.7, Summer 1947.

______. *Administrative Behavior*: A Study of Decision-Making Processes in Administrative Organizations. New York: Free Press, 1945.

______. *Models of Man, Social and Rational*: Mathematical Essays on Rational Human Behavior in a Social Setting. New York: John Wiley, 1957.

SIMON, H.; MARCH, J. *Teoria das organizações*. Rio de Janeiro: Usaid, 1967.

SINGER, J. D. The Level of Analysis Problem in International Relations. In: KNORR, K.; VERBA, S. *The International System*: Theoretical Essays. Princeton University Press, 1961.

SKINNER, Q. *The Place of History in Public Life. History and Policy*. 2005. Disponível em: <http://www.historyandpolicy.org/papers/policy-paper-35.html>. Acesso em: 10 ago. 2012.

SKOCPOL, T. (Org.). *Vision and Method in Historical Sociology*. Cambridge: Cambridge University Press, 1985.

SKOCPOL, T. Bringing the State Back In: Strategies of Analysis in Current Research. In: EVANS, P.; RUESSCHMEYER, D.; SKOCPOL, T. (Org.). *Bringing the State Back in*. Cambridge: Cambridge University Press, 1985.

______. *Protecting Soldiers and Mothers*: The Political Origins of Social Policy in The United States. Cambridge: Harvard University Press, 1992.

SKOCPOL, T.; PIERSON, P. Historical Institutionalism in Contemporary Political Science. In: KATZNELSON, I.; MILNER, H. V. (Eds.). *Political Science*: State of the Discipline. New York: W. W. Norton, 2002.

SKOCPOL, T.; SOMERS, M. The Uses of Comparative History in Macrosocial Inquiry. *Comparative Studies in Society and History*, Ann Arbor, v.22, n.2, p.174-197, 1980.

SMITH, S. R.; LIPSKY, M. *Nonprofits for Hire*: The Welfare State in the Age of Contracting. Cambridge: Harvard University Press, 1993.

SNYDER, R. C.; BRUCK, H. W.; SAPIN, B. Decision-Making as an Approach to the Study of International Politics. In: SNYDER, R. C.; BRUCK, H. W.; SAPIN, B. (Eds.). *Foreign Policy Decision-Making*. New York: Free Press, 1963.

SOARES, R. Pobreza, segregação e redes sociais: um estudo sobre o impacto da remoção dos moradores da favela Guinle, Guarulhos/SP. In: MARQUES, E. (Org.). *Redes sociais no Brasil*: sociabilidade, organizações civis e políticas públicas. Belo Horizonte: Fino Traço, 2012.

SOBEL, S. B.; RUSSO, N. F. Equality, Public Policy and Professional Psychology. *Professional Psychology*: Research And Practice. Detroit, v.112, n.1, p.180-189, 1981.

SOUZA NETO, C. P.; SARMENTO, D. *Direitos sociais*: fundamentos, judicialização e direitos sociais em espécie. Rio de Janeiro: Lúmen Júris, 2010.

SOUZA NETO, D. M. A política brasileira para as operações de paz e intervenções humanitárias: normas, ética e regionalização no envolvimento brasileiro na Minustah. Rio de Janeiro, 2010. Dissertação (Mestrado) – Instituto de Relações Internacionais, PUC-Rio.

SOUZA, A. *A agenda internacional do Brasil*: a política externa brasileira de FHC a Lula. Rio de Janeiro: Elsevier; Cebri, 2009.

SOUZA, C. Estado da arte da pesquisa em políticas públicas. In: HOCHMAN, G.; ARRETCHE, M.; MARQUES, E. (Orgs.). *Políticas públicas no Brasil*. Rio de Janeiro: Fiocruz, 2007. p.65-86.

SOUZA, C. Estado do campo da pesquisa em políticas públicas no Brasil. *Revista Brasileira de Ciências Sociais*, São Paulo, v.18, n.51, p.15-20, fev. 2003.

SOUZA, C. Pesquisa em Administração Pública no Brasil: uma agenda para o debate. *RAP-Revista de Administração Pública,* Rio de Janeiro, v.32, n.4, p.43-61, 1998.

SPEARS, R. Introduction. In: IBAÑEZ, T.; IÑIGUEZ, L. (Orgs.). *Critical Social Psychology*. London: Sage, 1997.

SPEKTOR, M. *Kissinger e o Brasil.* Rio de Janeiro: Jorge Zahar, 2009.

SPINK, M. J. P. (Org.). Práticas discursivas e produção de sentidos no cotidiano. São Paulo: Cortez, 1998.

SPINK, M. J. P. Do rato não! Materialidades e socialidades na compra de cigarros. *Psico* (PUC-RS), 40, p.110-120, 2009.

SPINK, M. J. P. et al. The Language of Risk in Psychology: A Social Constructionist Analysis of a Psychological Debate. *Interamerican Journal of Psychology*, [S.l.], v.41, p.151-160, 2007.

SPINK, M. J. P. Ser fumante em um mundo antitabaco: reflexões sobre riscos e exclusão social. *Saúde e Sociedade,* São Paulo, v.19, n.3, p.481-496, 2010.

SPINK, M. J. P.; GARCIA, M.; GALINDO, D. *A Comissão Nacional de Aids*: a presença do passado na construção do futuro. Brasília: Ministério de Saúde, 2003.

SPINK, M. J. P.; MENEGON, V. M. Práticas discursivas como estratégias de governamentalidade: a linguagem dos riscos em documentos de domínio público. In: IÑIGUEZ, L. (Org.). *Manual de análise do discurso em Ciências Sociais.* Petrópolis: Vozes, 2004. p.258-311.

SPINK, M. J. P.; SPINK, P. K. A Psicologia Social na atualidade. In: JACÓ-VILELA, A. M.; FERREIRA, A. A. L.; PORTUGAL, F. T. (Orgs.). *História da Psicologia*: rumos e percursos. Rio de Janeiro: Nau, 2007. p.565-586.

SPINK, P. A perda, redescoberta e transformação de uma tradição de trabalho: a teoria sociotécnica nos dias de hoje. *Organizações e Sociedade*, Salvador, v.10, n.28, p.117-129, 2003.

______. *Avaliação democrática*: propostas e práticas. Rio de Janeiro: Abia, 2001. (Coleção Abia: Fundamentos de Avaliação, 3)

______. Los psicologos y las políticas publicas en America Latina: el Big Mac y los caballos de Troia. *Psicoperspectivas*: indivíduo y sociedad, Valparaiso, v.8, n.2, p.12-34, 2009.

SPINK, P.; BEST, N. Local Democratic Governance, Poverty Reduction and Inequality: The Hybrid Character of Public Action. *IDS Bulletin*, [S.l.], v.40, n.6, p.1-12, 2009.

STATION, E.; WELNA, C. J. Da Administração Pública à participação democrática. In: BROOKE, N.; WITOSHYNSKY, M. (Orgs.). *Os 40 anos da Fundação Ford.* São Paulo; Rio de Janeiro: Edusp; Fundação Ford, 2002. p.167-200.

STEINMO, S.; THELEN, K.; LONGSTRENTH, F. *Structuring Politics*: Historical Institutionalism in Comparative Analysis. New York: Cambridge University Press, 1992. (Cambridge studies in comparative politics)

STEVENS, R.; ROSENBERG, C. E.; BURNS, L. R. *History and Health Policy in the United States*: Putting the Past Back In. New Brunswick: Rutgers University Press, 2006. (Critical issues in health and Medicine)

STRAUSS, A. *Creating Sociological Awareness*: Collective Images and Symbolic Representations. New Brunswick: Transaction, 1991.

SULLIVAN, M. J. et al. Public Policy Leadership Opportunities for Psychologists. *Professional Psychology*: Research And Practice, Detroit, v.29, n.4, p.322-337, 1998.

SUNDFELD, C. A. Apresentação. In: SUNDFELD, C. A. (Org.). *Direito Administrativo Econômico*. São Paulo: Saraiva, 2000.

SZINOVACZ, M. Family Power. In: SUSSMAN, M. B.; STEINMETZ, S. K. (Eds.). *Handbook of Marriage and the Family*. New York: Plenum Press, 1987. p.651-693.

TAYLOR, C. *Multiculturalismo*: examinando a política de reconhecimento. Lisboa: Instituto Piaget, 1994.

TAYLOR-GOOBY, P. In Defence of Second-Best Theory: State, Class And Capital In Social Policy. *Journal of Social Policy*, London, v.26, n.2, p.171-192, 1997.

TEUBNER, G. Juridification: Concepts, Limits, Aspects, Solutions. In: *Jurification of Social Spheres*: A Comparative Analysis in the Areas of Labor, Corporate, Antitrust and Social Welfare Law. Berlin: New York: Walter de Gruyter. 1987.

THELEN, K. *How Institutions Evolve*: The Political Economy Of Skills In Germany, Britain, the United States, and Japan. Nova York: Cambridge University Press, 2004. (Cambridge studies in comparative politics)

THELEN, K.; STEINMO, S. *Structuring Politics*: Historical Institutionalism In Comparative Perspective. Nova York: Cambridge University Press, 1992.

THEODOULOU, S. The Contemporary Language of Public Policy: A Starting Point. In: THEODOULOU, S.; CAHN, M. (Eds.). *Public Policy*: The Essential Readings. Upper Sadle River: Prentice Hall, 1995. p.1-9.

TILLY, C. *Coerção, capital e estados europeus*. São Paulo: Edusp, 1996.

______. *Explaining Social Processes*. Boulder: Paradigm, 2008.

______. Why and How History Matters. In: TILLY, C.; GOODIN, R. (Eds.). *The Oxford Handbook of Contextual Political Analysis*. New York: Oxford University Press, 2006.

TORFING, J. Discourse Theory: Achievements, Arguments and Challenges. In: HOWARTH, D. R.; TORFING, J. (Eds.). *Discourse Theory in European Politics*: Identity, Policy and Governance. Basingstoke: Palgrave, 2004.

TORGESON, D. Between Knowledge and Politics: Three Faces Of Policy Analysis. *Policy Sciences*, [S.l.], v.19, n.1, p.33-59, 1986.

TORRES, H. Demografia urbana e políticas sociais. *Revista Brasileira de Estudos de População*, São Paulo, v.23, n.1, p.27-42, jan.-jun. 2006.

TORRES, H. et al. Pobreza e espaço: padrões de segregação em São Paulo. *Estudos Avançados*, São Paulo, v.17, n.47, p.97-128, jan.-abr. 2003.

TOSH, J. *The Pursuit of History*: Aims, Methods, And New Directions In The Study Of Modern History. 5.ed. New York: Pearson Longman, 2010.

______. *Why History Matters*. Basingstoke: Palgrave Macmillan, 2008.

TOURAINE, A. *The Voice and the Eye*: An Analysis of Social Movements. Cambridge: Cambridge University Press, 1981.

TRUBEK, D. M. Developmental States and the Legal Order: Towards a New Political Economy of Development and Law. *University of Wisconsin Legal Studies Research Paper* 1075, Madison, p.1-34, Dec. 2008.

TRUBEK, D. M. Law, Planning and the Development of the Brazilian Capital Market: A Study Of Law In Economic Change. *Yale Law School Studies in Law and Modernization*, 3, Bulletin n.72/73, 1971.

TRUE, J.; JONES, B.; BAUMGARTNER, F. Ponctuated-Equilibrium Theory: Explaining Stability And Change In Public Policymaking. In: SABATIER, P. (Org.). *Theories of the Policy Process*. Cambridge: Westview, 2007.

TURRA, C.; QUEIROZ, B. Before it's Too Late: Demographic Transition, Labor Supply, and Social Security Problems in Brazil. In: UNITED NATIONS EXPERT GROUP MEETING ON SOCIAL AND ECONOMIC IMPLICATIONS OF CHANGING POPULATION AGE STRUCTURES, México, 2005. Mexico City: Population Division, 2005.

UNGER, R. M. Uma nova faculdade de Direito no Brasil. *Cadernos FGV Direito*, Rio de Janeiro, n.1, p.1-29, 2005. (Texto Para Discussão, 1)

UN-HABITAT. The Fifth Session of the World Urban Forum. *The Right to the City*: Bridging the Urban Divide. Background Document. HSP/WUF/5/2. 2010.

UNITED NATIONS. *Manual X*: Indirect Techniques for the Demographic Estimation. New York, United Nations, 1983. (Population Studies, 81)

VAZ, A. C. *Cooperação, integração e processo negociador*: a construção do Mercosul. Brasília: Ibri, 2002.

VELASCO E CRUZ, S. C.; MENDONÇA, F. O campo das Relações Internacionais no Brasil. In: MARTINS, B.; LESSA, R. (Orgs.). *Horizontes das Ciências Sociais no Brasil*: ciência política. São Paulo: Anpocs, 2010.

VELHO, O. *Frentes de expansão e estrutura agrária*. Rio de Janeiro: Zahar, 1972.

VIANA, A. Abordagens metodológicas em políticas públicas. *RAP-Revista de Administração Pública*, Rio de Janeiro, v.30, n.2, 1996.

VIANNA, L. W. et al. *A judicialização da política e das relações sociais no Brasil*. Rio de Janeiro: Renavan, 1999.

VIANNA, L. W. *Liberalismo e sindicato no Brasil*. Rio de Janeiro: Paz e Terra, 1976.

VIGEVANI, T. et al. *Brasil e integração regional*: Mercosul e Alca. São Paulo: Cedec, 2001.

VIGEVANI, T. *Mercosul*: impactos para trabalhadores e sindicatos. São Paulo: LTr, 1998.

______. O papel da integração regional para o Brasil: universalismo, soberania e percepção das elites. *Revista Brasileira de Política Internacional*, Brasília, v.51, n.1, p.5-27, 2008.

VILLELA, J. *Eleições e política no sertão de Pernambuco*: o povo em armas. Campinas: Pontes, 2008.

VINCENT, J. *Anthropology and Politics*: Visions, Traditions and Trends. Tucson: University of Arizona Press, 1990.

VIVEIROS DE CASTRO, E. *Araweté*: os deuses canibais. Rio de Janeiro: Zahar, 1986.

______. Etnologia brasileira. In: MICELI, S. (Org.). *O que ler em Ciências Sociais no Brasil*: Antropologia. São Paulo: Anpocs, 1999.

VIZENTINI, P. F. A evolução da produção intelectual e dos estudos acadêmicos de Relações Internacionais no Brasil. In: SARAIVA, J. F. S.; CERVO, A. L. (Orgs.).

O crescimento das Relações Internacionais no Brasil. Brasília: Instituto Brasileiro de Relações Internacionais, 2005. p.17-32.

______. *A política externa do regime militar brasileiro*: multilateralização, desenvolvimento e construção de uma potência média (1964-1985). Porto Alegre: UFRGS, 1998.

______. *Relações Internacionais e desenvolvimento*: o nacionalismo e a política externa independente (1951-1964). Petrópolis: Vozes, 1995.

VON BÜLOW, M. The Politics of Transnational Networking: Civil Society and the Governance of Trade in the Americas. Apsa Annual Meeting, 2005, Washington.

WAEVER, O. European Integration and Security: Analysing French and German Discourses on State, Nation and Europe. In: HOWARTH, D. R.; TORFING, J. (Eds.). *Discourse Theory in European Politics*: identity, policy and governance. Basingstoke: Palgrave, 2004.

WAGNER, R. *A invenção da cultura*. São Paulo: Cosac Naify, 2010.

WAIZBORT, L. (Org.). *Dossiê Norbet Elias*. São Paulo: Edusp, 1999.

WALDO, D. The Administrative State Revisited. *Public Administration Review*, Bloomington, v.25, n.1, p.5-30, Mar. 1965.

WALTZ, K. *Man, the State, and War*. New York: Columbia University Press, 1959.

______. *Theory of International Politics*. Reading: Addison-Wesley, 1979.

WAMPLER, B. *Participatory Budgeting in Brazil*: Contestation, Cooperation, and Accountability. University Park: Pennsylvania State University Press, 2009.

WARLEIGH-LACK, A.; CINI, M. Interdisciplinarity and the Study of Politics. *European Political Science*, Basingstoke, v.8, n.1, p.4-15, 2009.

WARLICH, B. *A reforma administrativa na era de Vargas*. Rio de Janeiro: Fundação Getulio Vargas, 1983.

______. Formação em Administração Pública e de Empresas: programas específicos ou integrados numa sociedade em desenvolvimento. *RAP-Revista de Administração Pública*, Rio de Janeiro, v.1, n.2, p.239-265, 1967.

WEBER, M. A objetividade do conhecimento nas Ciências Sociais. In: COHN, G. (Org.). *Weber*. São Paulo: Ática, 1982. p.79-127. (Coleção Grandes Cientistas Sociais, 13)

WEBER, M. *Economía y sociedad*. México: Fondo de Cultura Económica, 1979 [1977].

WEINSTEIN, R. Goffman's Asylums and the Social Situation of Mental Patients. *Journal of Orthomolecular Psychiatry*, [S.l.], v.11, p.267-74, 1982.

WELDES, J. Constructing National Interests. *European Journal of International Relations*, [S.l.], v.2, n.3, p.275-318, 1996.

WELSHMAN, J. The Unknown Titmuss. *Journal of Social Policy*, London, v.33, n.2, p.225-247, 2004.

WILLIAMS, F. Good-Enough Principles for Welfare. *Journal of Social Policy*, London, v.28, n.4, p.667-687, 1999.

WILSON, J. The Moral Sense: Presidential Address, American Political Science Association, 1992. *The American Political Science Review*, Texas, v.87, n.1, p.1-11, 1993.

WILSON, R. R. et al. *Governance in the Americas*: Decentralization, Democracy and Subnacional Government in Brazil, Mexico and the USA. Notre Dame: University of Notre Dame Press, 2008. v.1. 352p.

WILSON, W. The Study of Administration. *Political Science Quarterly*, New York, v.2, n.2, p.197-222, jun. 1887. Reproduzido no v.56, n.4, p.481-506, Dec. 1941.

WOHLFORTH, W. C. *The Elusive Balance*: Power and Perception during the Cold War. Ithaca: Cornell University Press, 1993.

WONG, L. (Org.). *O envelhecimento da população brasileira e o aumento da longevidade*: subsídios para políticas orientadas ao bem-estar do idoso. Belo Horizonte: UFMG; Cedeplar; Abep, 2001.

WONG, L.; CARVALHO, J. O rápido processo de envelhecimento populacional do Brasil: sérios desafios para as políticas públicas. *Revista Brasileira de Estudos de População*, São Paulo, v.23, n.1, p.5-26, 2006.

WOOLCOCK, M.; SZRETER, S.; RAO, V. How and Why Does History Matter for Development Policy? *Journal of Development Studies*, [S.l.], v.47, n.1, p.70-96, 2011.

WORSHAM, J. Up in Smoke: Mapping Subsystem Dynamics in Tobacco Policy. *The Policy Studies Journal*, Denver, v.34, n.3, p.437-452, 2006.

______. Wavering Equilibriums: Subsystem Dynamics and Agenda Control. *American Politics Quarterly*, Milwaukee, v.26, n.4, p.485-512, 1998.

WUNSCH, G.; TERMOTE, M. G. *Introduction to Demographic Analysis*: Principles and Methods. New York: Plenum Press, 1978.

YAMAMOTO, O. H. Políticas sociais, "terceiro setor" e "compromisso social": perspectivas e limites do trabalho do psicólogo. *Psicologia & Sociedade*, Porto Alegre, v.19, n.1, p.30-37, jan.-abr. 2007.

______. Psicologia e políticas sociais (públicas) no Brasil. *Psicologia*, Braga, v.9, n.1, p.99-117, 2004.

YAMAMOTO, O. H.; OLIVEIRA, I. F. Política Social e Psicologia: uma trajetória de 25 anos. *Psicologia: teoria e pesquisa*, Brasília, v.26, n. esp., p.9-24, 2010.

ZAKARIA, F. *From Wealth to Power*: The Unusual Origins of America's World Role. Princeton: Princeton University Press, 1998.

Sobre os autores

Carlos Aurélio Pimenta de Faria é doutor em Ciência Política (Instituto Universitário de Pesquisas do Rio de Janeiro – Iuperj, 1997). Professor e pesquisador dos programas de pós-graduação em Ciências Sociais da PUC Minas. Pesquisador do Conselho Nacional de Desenvolvimento Científico e Tecnológico (CNPq) e da Fundação de Amparo à Pesquisa do estado de Minas Gerais (Fapemig). carlosf@pucminas.br.

Diogo R. Coutinho é professor do Departamento de Direito Econômico, Financeiro e Tributário da Faculdade de Direito da Universidade de São Paulo (USP) e pesquisador do Centro Brasileiro de Análise e Planejamento (Cebrap). diogocoutinho@usp.br.

Eduardo Cesar Leão Marques é professor livre-docente do Departamento de Ciência Política da USP (DCP/USP) e pesquisador do Centro de Estudos da Metrópole (CEM). É autor, entre outros, de *Redes sociais, segregação e pobreza* (Editora Unesp/CEM, 2010) e *Políticas públicas no Brasil* (Editora Fiocruz, 2007), em coautoria com Gilberto Hochman e Marta Arretche.

Gilberto Hochman é pesquisador e professor da Casa de Oswaldo Cruz/Fundação Oswaldo Cruz e doutor em Ciência Política (Instituto Universitário de Pesquisas do Rio de Janeiro, 1996). É autor, entre outros, de *A era do saneamento*: as bases da política de saúde pública no Brasil (3.ed., Hucitec, 2012); co-organizador, com Diego Armus, de *Cuidar, controlar, curar* (1ª reimpressão, Editora Fiocruz, 2012) e, com Marta Arretche e Eduardo Marques, de *Políticas públicas no Brasil* (3ª reimpressão, Editora Fiocruz, 2012).

José Marcos Pinto da Cunha é demógrafo, com mestrado em Demografia pelo Centro Latino-Americano de Demografia (Celade) e doutorado em

Ciências Sociais pela Universidade Estadual de Campinas (Unicamp). É professor-associado do Departamento de Demografia do Instituto de Filosofia e Ciências Humanas (IFCH) e pesquisador do Núcleo de Estudos de População (Nepo), ambos da Unicamp. Presidente da Associação Brasileira de Estudos Populacionais nas gestões 2009/2010 e 2011/2012.

Maria Regina Soares de Lima é doutora em Ciência Política pela Vanderbilt University (1986), professora do Programa de Pós-Graduação em Ciência Política e Sociologia da Universidade do Estado do Rio de Janeiro (Uerj) e coordenadora do Observatório Político Sul-Americano (Opsa). Foi professora do Iuperj de 1975 a 2010 e do Instituto de Relações Internacionais da PUC-RJ de 1987 a 2010. Suas publicações recentes incluem: *Brasil, Índia e África do Sul: desafios e oportunidades para novas parcerias* (Paz e Terra, 2009), em coedição com Monica Hirst, e *Desempenho de governos progressistas no Cone Sul* (org., Edições Iuperj, 2008). mrslima@iesp.uerj.br.

Marta Ferreira Santos Farah é professora do departamento de Gestão Pública da Fundação Getúlio Vargas–Escola de Administração de Empresas de São Paulo (FGV-Eaesp) e coordenadora dos cursos de mestrado e doutorado em Administração Pública e Governo dessa instituição. Publicou diversos artigos no Brasil e no exterior sobre políticas públicas e gestão pública no nível local de governo. É doutora em Sociologia pela USP.

Peter Spink é psicólogo social, com doutorado pela Birkbeck College – Universidade de Londres e professor titular da FGV-Eaesp, onde também é membro do Centro de Estudos em Administração Pública e Governo.

Piero de Camargo Leirner é antropólogo, doutor pela USP (2001) e professor do departamento de Ciências Sociais da Universidade Federal de São Carlos (UFSCar). Publicou, entre outros: *Meia-volta, volver: um estudo antropológico sobre a hierarquia militar* (FGV, 1997) e *Hierarquia e individualismo em Louis Dumont* (Jorge Zahar Ed., 2003).

Soraya Vargas Cortes é socióloga e doutora em Social Policy and Administration pela London School of Economics and Political Science. É professora associada do Departamento de Sociologia e Diretora do Instituto de Filosofia e Ciências Humanas da UFRGS. Entre outras publicações, é organizadora de *Participação e Saúde no Brasil* (Editora Fiocruz, 2009).

SOBRE O LIVRO
Formato: 16 x 23 cm
Mancha: 27,5 x 49,0 paicas
Tipologia: Horley Old Style 11/15
Papel: Pólen Bold 70g/m² (miolo)
Cartão Supremo 250 g/m² (capa)
1ª edição: 2013

EQUIPE DE REALIZAÇÃO

Capa
Estúdio Bogari

Edição de texto
Mariana Pires (Copidesque)
Vivian Miwa Matsushita (Revisão)

Editoração eletrônica
Eduardo Seiji Seki

Assistência editorial
Alberto Bononi